L'INVENTION DE SOI

DU MÊME AUTEUR

L'Entretien compréhensif (Jean-Claude Kaufmann dir.), Armand Colin, 2004.

Premier matin. Comment naît une histoire d'amour, Armand Colin, 2002, rééd. Pocket, 2004.

Sociologie du couple, PUF, 2003.

La Femme seule et le Prince charmant. Enquête sur la vie en solo, Nathan 1999, rééd. Pocket, 2003.

La Trame conjugale. Analyse du couple par son linge, Pocket, 2002.

Le Cœur à l'ouvrage. Théorie de l'action ménagère, Pocket, 2001.

Corps de femmes, regards d'hommes. Sociologie des seins nus, Pocket, 2001.

JEAN-CLAUDE KAUFMANN

L'INVENTION DE SOI

Une théorie de l'identité

HACHETTE
Littératures

Collection fondée par Georges Liébert
et dirigée par Joel Roman

Introduction

Les livres ont une âme solitaire. Ils aiment se présenter en oubliant les liens qui les ont constitués. Ils s'inscrivent pourtant dans un long cheminement intellectuel. Dont il me paraît dommageable de priver le lecteur. Ils s'inscrivent dans un enchaînement d'idées (quelques bribes nous en sont parfois livrées), et dans une petite histoire, des péripéties méthodologiques (beaucoup plus rarement narrées). Excepté quand il publie son journal [Lourau, 1988], le chercheur, artisan qui s'ignore, n'apprécie guère que l'on entrevoie le désordre de son atelier ; seul compte pour lui le résultat final, son bel ouvrage. Il fait donc disparaître salissures et copeaux À l'occasion de ce grand ménage, de discrets trésors sont malheureusement perdus. Notamment ce qui fait suite d'un livre à l'autre. Pour modestement corriger une telle perte, j'ai pensé qu'il serait utile ici de commencer par ce récit trop souvent oublié.

Je rêve de pouvoir un jour fabriquer la théorie sociologique de façon nouvelle, plus concrète, en partant des faits. Depuis longtemps déjà, Barney Glaser et Anselm Strauss [1967] ont lancé cette idée d'une *Grounded Theory* [Cefaï, 2003]. Hélas, il faut bien convenir que la mise en pratique de ce magnifique programme s'avère particulièrement difficile. Le terrain d'enquête a une force si grande qu'il interdit l'envol trop audacieux des idées. Les concepts restent collés aux faits, limités à un faible niveau d'abstraction, incapables de s'articuler entre eux pour former un véritable cadre théorique. Pour contourner cet obstacle, j'avais imaginé partir d'une question générale et de revoir sous cet angle théorique le résultat de mes enquêtes précédentes. Il en résulta un livre, *Ego*, publié en 2001. Qui alla au-delà de mes espérances sur le plan des idées, mais fut décevant concernant la méthode : ce qui relève de la théorie fondée sur les faits y demeure à l'évidence minoritaire, l'abstraction avait été trop brutale.

D'où l'idée (brièvement signalée dans l'introduction d'*Ego*) qui me vint alors d'intervenir à plusieurs niveaux théoriques sur une même enquête, de revenir et revenir encore sur le matériau pour le traiter différemment. Il fallait évidemment trouver un terrain et un questionnement suffisamment riches. Par bonheur, l'occasion se présenta aussitôt. Les éléments recueillis dans ma recherche sur le matin après une première nuit d'amour étaient en effet à la fois drôles et vivants, susceptibles donc de donner matière à un livre pouvant toucher un assez large public, et extraordinairement denses du point de vue théorique. Notamment sur la question des ruptures biographiques. Comment s'explique un soudain changement du cours de l'existence ? Est-ce le simple produit d'un aléatoire grain de sable comme l'avancent les théories du chaos ? Est-ce un effet du contexte et de sourdes déterminations traçant les lignes de la vie ? Ou bien le sujet intervient-il lui-même dans ce basculement, et si oui, de quelle façon ? Une infinité de réponses concrètes et précises m'étaient apportées, révélant plusieurs surprises de taille. Par exemple celle-ci, qui devait être l'idée centrale du livre théorique dont je pensais qu'il ferait suite à *Premier matin* : la construction sociale de l'individu opère selon deux modalités très différentes.

Lorsqu'une nouvelle hypothèse se dégage ainsi avec force, il est nécessaire de la nommer pour qu'elle constitue un repère clair dans le mouvement incertain du brassage d'idées. Or il est justement difficile à ce moment d'être rigoureux dans les définitions, l'instrument étant encore flottant et provisoire. J'utilise alors (et je pense ne pas être le seul dans ce cas) une sorte de « nom de code » secret et personnel, suffisamment imagé pour créer motivation et énergie, mais destiné à être remplacé lors de la rédaction finale. En l'occurrence, le nom de code de cette hypothèse nouvelle sera sans doute condamné comme scientifiquement incorrect par Sokal et Bricmont [1997], puisqu'il s'agit de « double hélice », très librement emprunté à la biologie. Je précise donc qu'il est prévu qu'il disparaisse quand, je l'espère, un jour, cette théorie sera officiellement exposée dans un livre.

Mais pour l'instant, puisqu'il s'agit de montrer copeaux et salissures, que l'on me pardonne de l'employer publiquement. Je dis « hélice », parce que la structuration de l'existence n'a rien de statique ou de linéaire. Au contraire, elle se forme dans un mouvement tournoyant, croisant manège des événements et des idées. Je dis « double hélice », parce que ce mouvement tournoyant se développe selon deux modalités très différentes, chacune héritière d'un pan d'histoire spécifique, mais, au quotidien, inextricablement mélangées, de manière parallèle ou alternative. La première modalité est ce que l'on pourrait appeler une socialisation pure, sans véritable intervention de la pensée réflexive, héritage des sociétés holistes[1], où le destin social conférait le sens de la vie. « C'est la logique des choses » me dit-on alors, « Ça se passe tout seul » ou encore « C'est comme ça ! »[2]. Y compris quand la vie bascule soudainement dans une nouvelle direction. La

1. Il existe une certaine confusion autour du terme « holiste », à cause d'un double usage, qui n'est pas toujours distingué. L'opposition entre holisme et individualisme renvoie en effet parfois à un débat de type épistémologique et méthodologique à propos de l'analyse sociologique de la société actuelle. Les travaux de Pierre Bourdieu par exemple, qui prête une attention forte aux déterminismes sociaux, sont qualifiés de « holistes», et opposés à l' « individualisme métholologique » de Raymond Boudon.
Je me réfère ici à un tout autre usage, popularisé par Louis Dumont [1983] où « holiste » qualifie la forme sociale elle-même, en l'inscrivant dans un processus historique qui débouche sur la société moderne-individualiste.

2. L'analyse de contenu des cassettes enregistrées me permet de dégager ce que j'appelle des « phrases récurrentes » [Kaufmann, 1996], spécifiques à chaque enquête, les mêmes mots particuliers revenant presque à l'identique d'une personne à l'autre. Au-delà de leur banalité apparente, elles ont toujours une signification profonde, qu'il est essentiel de découvrir. Les trois phrases récurrentes citées ici résultent de trois enquêtes différentes. Avec de subtiles variations, elles désignent des processus proches. « C'est comme ça ! » est tirée du livre *Le Cœur à l'ouvrage.* Pourquoi repasse-t-on ou non les torchons ? Répondre (et se répondre à soi-même) « C'est comme ça ! » permet de maintenir les schèmes incorporés qui conduisent l'action dans l'infraconscient, évitant ainsi toute surcharge mentale. Comment toutefois les structures infraconscientes (qui sont strictement individuelles) évoluent-elles dans la confrontation conjugale ? « Ça se passe tout seul » exprime l'art complexe de l'ajustement implicite, que j'ai étudié dans *La Trame conjugale.* Mais au *Premier matin*, se dit-on, il est sans doute impossible de parvenir encore à refouler le fonctionnement réflexif, alors que c'est rien moins que la vie elle-même qui est susceptible de changer son cours. Et bien si ! Par la vertu de la « logique des choses », le simple enchaînement des petits événements ordinaires réussit à être vécu comme un destin.

seconde modalité fait intervenir, à l'inverse, la subjectivité, la mise en images ou en pensées des orientations possibles, et, au final, une décision (plus ou moins consciente) sur les éventuelles rectification du cours de l'existence.

En ces moments particuliers, l'individu ne fait rien d'autre que tenter de répondre à la question « Qui suis-je, et qui serai-je dans l'avenir, quel est le sens de ma vie ? » En d'autres termes, il s'interroge sur son identité. Je débouchais donc sur cette conclusion assez intrigante que l'identité parfois agit comme opérateur de l'action, mais pas toujours. Il est possible ou non de faire usage de l'identité pour s'orienter et se construire comme individu.

L'identité, donc, comme instrument concret de l'activité ordinaire. À l'évidence, cela m'éloignait des représentations habituelles de ce qu'est une identité. Quelles étaient exactement ces représentations, et comment les travaux scientifiques la définissaient-elle ? Il me fallait inévitablement procéder au « point de la question », selon le jargon en usage. Exercice d'ordinaire assez pénible, mais qui en l'occurrence ne me rebutait point. J'avais une curiosité, un vrai appétit de découverte, exalté par la facilité avec laquelle j'accumulais de nouvelles références, en apparence toutes plus intéressantes les unes que les autres. L'identité se révélait un concept dynamique, opératoire, un instrument de stimulation intellectuelle, répondant par ailleurs à des attentes sociales nombreuses et diverses. Il servait à tout et était souvent efficace, il était partout.

Il était partout mais il était nulle part. Il était nulle part justement parce qu'il était partout.

Rapidement je pris conscience que le concept était très rarement défini de façon explicite, qu'il constituait au contraire « une des évidences les mieux partagées et les moins interrogées, du côté des acteurs mais aussi des univers savants » [Corcuff, 2003, p. 71], qu'il était « polysémique » et « vague » [Ferréol, 1991, p. 109]. Asséné d'emblée, comme s'il s'agissait d'une donnée naturelle, comme si chacun savait ce qu'est une identité. Alors que les significations du terme sont en réalité très diverses, quand ce n'est pas antagoniques. L'identité est-elle une donnée stable voire fixe, ou bien très changeante ? Est-elle définie sur une base objective ou bien résulte-t-elle de la pure subjectivité ? Est-elle principalement individuelle ou collective ? Chacun a sa petite idée sur ces questions. Les meilleurs auteurs (les rares s'étant prudemment avancés dans quelques tentatives de définition) avançant l'hypothèse selon laquelle l'identité pourrait être un mélange de tous ces aspects très divers. Un mélange ? Mais structuré selon quels principes ? Pas ou peu de réponses, sinon qu'il s'agirait d'un mélange complexe et mouvant. Ce que, reprenant à ma manière une formule d'Erving Goffman, j'appelle l'identité « barbe à papa »[1].

Je ne pus m'empêcher de penser à ce qu'Albert Hirschman avait dit de l'intérêt (Cf. *Post-scriptum* « La fable du Système ») : quand une idée est largement utilisée dans la vie courante et joue un rôle social de premier plan, il devient difficile pour le scientifique de prendre une distance critique. « C'est souvent le cas pour les concepts que l'on pousse d'un coup au milieu de la scène ». La notion devient si « claire et distincte » que « personne ne se souciera de la définir avec précision » [Hirschman, 1980, p. 43]. Justement parce qu'elle n'est pas anodine socialement. Or l'identité est précisément dans cette situation. C'est pourquoi elle a « une tonalité particulière par rapport à d'autres concepts » [Lipiansky, Taboada-Leonetti, Vasquez, 1990, p. 10]. En l'espace d'une génération, son usage s'est diffusé de façon impressionnante dans le langage commun, créant par son simple emploi l'impression d'un supplément interprétatif. Elle donne,

1. Il s'agit non pas véritablement d'une notion, mais d'une simple formule imagée, lancée à la volée par l'auteur. Ce qui m'autorise, sans trop de mauvaise conscience, à en détourner quelque peu le sens. Erving Goffman parle surtout des aspects objectifs de l'identité, pour un individu donné, de la « combinaison unique de faits biographiques » qui s'accrochent à lui. L'identité personnelle pouvant alors apparaître sous la forme d'un « enregistrement unique et ininterrompu de faits sociaux qui vient s'attacher, s'entortiller, comme de la « barbe à papa », comme une substance poisseuse à laquelle se collent sans cesse de nouveaux détails biographiques » [Goffman, 1975, p.74]. Or le concept, pour les scientifiques qui l'utilisent, est devenu aujourd'hui exactement ce type de substance poisseuse, qui colle et entortille autour d'elle tout et n'importe quoi, le rendant très difficilement utilisable dans un travail rigoureux. Il me semble urgent de sortir de cette confusion. Comme il me paraît nécessaire de rompre avec l'idée (à première vue pourtant séduisante) que pour un individu son identité pourrait se construire par un mol entortillement informel, telle une barbe à papa.

semble-t-il, à comprendre plus profond. Un mot étrangement magique. Magique aussi dans l'univers scientifique. Il traverse les barrières disciplinaires, pourtant habituellement si étanches. Il pétille de modernité et déclenche l'excitation intellectuelle, tandis que la passion ailleurs a déserté les laboratoires. Il se prête à tous les traitements et manipulations avec une docilité déconcertante, alors que l'époque est dominée par un autoritarisme méthodologique étroit et tatillon. Nous devrions davantage nous demander « comment il se fait que l'on puisse en proposer tant de définitions, pas forcément compatibles entre elles, mais qui cependant nous paraissent vraisemblables, sans jamais épuiser les problèmes » [Mucchielli, 2002, p. 7]. À l'identité tout est permis. Parce qu'elle est une évidence socialement nécessaire.

J'avais ouvert cette boîte noire conceptuelle non sans une certaine délectation ; j'étais moi aussi pris par la magie. Il me fallut déchanter. J'avais besoin d'un instrument, simple, clair, efficace, pour progresser dans le traitement théorique de l'enquête sur le premier matin, pour comprendre avec précision le fonctionnement de la « double hélice ». Je ne voulais rien de plus. Et voilà que de toutes parts j'étais englué dans la barbe à papa. Les définitions s'obscurcissaient au lieu de s'éclaircir. Il me fallait me rendre à l'évidence : l'ouvrage théorique sur les ruptures biographiques, pour le moment et dans ces conditions, était devenu impossible à écrire.

Chercheur, j'aime me vivre dans la peau de l'artisan [Kaufmann, 1996]. Et le bon artisan commence toujours par préparer ses outils. Les miens étaient dans un état lamentable. Telle est donc la petite histoire qui déboucha sur le projet du présent livre. Il me fallait d'abord travailler sur la boîte à outils. Tenter de ranger un peu les données conceptuelles, de faire le clair sur ce qu'est au juste une identité. « Toute utilisation de la notion d'identité commence par une critique de cette notion » écrit Claude Lévi-Strauss [1977, p. 331]. Commence, ou plus exactement, devrait commencer.

C'est donc ce que j'ai fait, et qui explique la forme prise par cet ouvrage en son début. J'ai d'abord beaucoup lu, classé, essayé de comprendre quelles avaient été les diverses définitions (ou plus souvent les significations implicites), dans l'idée d'exposer une histoire du concept. Ce type d'histoire, avec ses rebondissements et détournements divers, me passionne. J'avais écrit dans *Ego* celle du concept d'habitus/habitude, dont l'intrigue, vraiment, est digne d'un roman policier. Hélas pour l'identité, la tâche s'avérait quasiment impossible. Bien que beaucoup plus récent, le concept a connu une telle inflation disparate qu'il était très difficile d'en faire le tour de façon un peu exhaustive. Le récit se serait perdu dans les sables hétéroclites d'une accumulation de détails. J'ai donc choisi de ne pas tout raconter, mais de prendre ce qui me semblait le plus intéressant. Et surtout ce qui permettait de tisser un fil d'Ariane explicatif. Y étant je pense parvenu, la suite du livre prendra une forme moins descriptive et s'attachera à exposer mes propres thèses sur l'identité. Je débouche en effet sur la conclusion que cette dernière (loin de toute barbe à papa) résulte d'un processus très précis, clairement délimité (tout n'est pas identité), et strictement daté dans l'histoire. Telle est ma conviction, que je pense pouvoir sérieusement argumenter. Je suis bien conscient toutefois qu'elle risque fort de ne pas faire l'unanimité. Tant mieux. Car il est grand temps de sortir du consensus mou entre chercheurs, et d'ouvrir le débat. J'espère qu'il pourra se mener de façon rigoureuse, argument par argument, sur la base des écrits. Nous devons apprendre à davantage et mieux nous lire, pour bien critiquer.

PREMIÈRE PARTIE

L'IDENTITÉ ET SON HISTOIRE

1

D'où vient le concept d'identité ?

Brefs prolégomènes philosophiques

Le concept d'identité est à première vue relativement récent. Son usage scientifique a soudainement explosé il y a quelques dizaines d'années, alors même qu'il se répandait tout aussi rapidement dans le sens commun[1] ; nous verrons cela plus loin. Mais commencer son récit si près de nous serait une erreur. Car sa préhistoire plus lointaine peut livrer des clés utiles à sa compréhension. Il y aurait là par ailleurs une certaine injustice concernant la philosophie. Dans cette discipline en effet, le concept d'identité n'a rien d'une nouveauté ; il y est même en discussion depuis l'Antiquité.

Certes il ne s'agit pas exactement de l'identité telle que majoritairement entendue aujourd'hui dans les sciences humaines : l'interrogation, du point de vue de l'individu (ou du groupe), sur sa propre définition (« Qui suis-je ? »). Mais plutôt d'un problème de pure logique, autour de la fausse évidence de la « mêmeté », pour reprendre l'expression de Paul Ricœur, du

1. J'emploie le terme de « sens commun » sans la moindre connotation péjorative. Le sens commun désigne les significations communes à une société donnée, ce qui fait la vérité d'une époque, l'axe de la construction sociale de la réalité. Avec le développement de la réflexivité démocratique, il est devenu aujourd'hui extraordinairement complexe, intelligent, contradictoire [Kaufmann, 2001]. La pensée théorique ne lui est pas (ni moralement, ni techniquement) supérieure ; elle se positionne ailleurs, en rupture avec ces vérités partagées.

caractère de ce qui est identique. L'individu n'est dans ce questionnement qu'un exemple parmi d'autres. Pourtant, malgré la généralité du propos, bien des développements peuvent s'appliquer à l'identité vue sous un angle plus existentiel. Il aurait donc été non seulement injuste mais aussi néfaste d'oublier la philosophie. Le survol ne pourra toutefois être que très rapide.

L'enseignement le plus important de la philosophie sur l'identité me semble pour l'essentiel contenu dans les questions posées, articulées autour d'une tentative de définition. Alors que les usages récents s'emparent du concept comme s'il s'agissait d'une évidence inutile à questionner, deux mille ans de débats philosophiques confrontant des définitions divergentes auraient dû nous inciter à davantage de prudence et d'esprit critique. Le point de vue le plus radical est sans doute celui de David Hume [1968], pour qui la notion d'identité n'est rien d'autre qu'une illusion engendrée par le temps. Alors que tout élément est qualitativement variable, nous le percevons dans la durée à travers le prisme d'une constance et d'une permanence des impressions. Nous parvenons à le fixer ainsi par des perceptions fausses, non véritablement observées. L'identité est une fiction.

La réalité de l'être cependant, ne peut se concevoir sans la substance qui le constitue. Aristote ramène à ces catégories fondatrices que sont notamment, pour l'individu, les habitudes (*ethos* et *hexis*) : il ne saurait être défini par le seul monde des idées. Comment situer l'identité entre substance et perception, entre changement permanent et fixité ? Kant reprend l'idée de substance et la transforme en « invariant relationnel » [Ricœur, 1990, p. 143]. Ce qui demeure alors est « l'organisation d'un système combinatoire », qui par sa permanence dans le temps, se fait « transcendantal de l'identité » [*idem,* p. 142]. L'identité est-elle une substance, un transcendantal ou un effet de perception ? Bien des questions d'aujourd'hui sont déjà posées.

Émile Meyerson [1908] s'est appuyé sur le concept d'identité pour analyser la démarche scientifique. Face au foisonnement qualitatif et à la réalité mouvante du monde, le travail du scientifique consisterait à résorber la diversité en identifiant (imparfaitement et provisoirement) des permanences créant de l'intelligibilité. Ni substance, ni transcendantal, ni pure illusion, l'identité serait alors un (nécessaire) instrument de fixation, dans un univers devenu insaisissable. La portée de cette conclusion dépasse l'univers scientifique. Comme nous allons le voir à propos des papiers d'identités.

Identités de papier

Le saut pourra paraître brutal entre les hautes sphères de la spéculation philosophique, et la matière administrative pour le moins triviale des papiers d'identité. Mais l'histoire d'un concept ne se limite jamais au pur domaine des idées. Très souvent au contraire, et c'est le cas ici, le détour par des contrées exotiques représente un épisode tout à fait décisif.

Nous verrons plus loin à quel point l'identité est un processus marqué historiquement, et intrinsèquement lié à la modernité. L'individu intégré dans la communauté traditionnelle, tout en se vivant concrètement comme un individu particulier, ne se posait pas de problèmes identitaires tels que nous les entendons aujourd'hui. La montée des identités provient justement de la déstructuration des communautés, provoquée par l'individualisation de la société. J'ai montré dans *Ego* que les individus ne s'étaient pas historiquement émancipés des cadres de la tradition par leur seule force ni leur seule volonté, et comment l'individualisation était en fait un produit du social. J'y ai sans doute insuffisamment insisté sur le rôle central de l'État naissant et du droit dans ce processus, comme l'a remarqué Marcel Gauchet [2002b]. Ceci est particulièrement valable pour l'émergence de l'identité, qui ne résulte de rien d'autre au début que d'un effort administratif pour réguler la nouvelle société.

La communauté subordonnée à la tradition s'autorégulait ; elle définissait les individus en les construisant socialement, dans un même mouvement. Société d'interconnaissance aux codes de comportement communément reconnus et transmis oralement. L'autonomisation du politique créa à l'inverse une rupture irrémédiable [Gauchet, 1985]. L'État inventait son propre monde en se séparant de ses administrés. Il lui fallait dès lors les connaître, les mesurer, les compter. L'épopée bureaucratique commençait. Mais comment agir face à cette matière, vivante, touffue, insaisissable, qu'est une société ? Seule la sélection de quelques critères, fixés sur papier, permit alors de constituer des repères. À partir desquels furent élaborés les droits [Pousson-Petit, 2002]. Il était nécessaire d'identifier pour administrer, de réduire la complexité du réel en attribuant une réalité qui se fondait sur quelques éléments enregistrés sur papier. Un des paradoxes de l'identité était déjà tout entier dans ces débuts : en trompant sur le réel, en filtrant de façon sélective sa propre vérité, elle crée les conditions d'une action efficace. Elle est un mensonge nécessaire.

Les premiers usages communs de la notion furent liés à ces manifestations étatiques, à diverses inscriptions sur papier ou autres supports, telles les plaques métalliques des soldats morts sur les champs de bataille. Étrangement, ce n'est pas le centre de la société qui fut d'abord visé mais plutôt ses extrêmes : les très riches et les très pauvres. Les très riches, de façon involontaire, parce que l'individu s'est historiquement constitué par ses supports matériels [Castel, Haroche, 2001]. Ils ne souhaitaient pas être identifiés par l'État, ils voulaient simplement que leurs propriétés et la transmission de ces dernières soient protégées. Or en accumulant des actes sur ces biens, ils entraient malgré eux, en tant qu'individus, dans le processus d'identification par les papiers.

Les très pauvres au contraire, tels les esclaves américains, furent directement visés. À leur corps défendant, ils préfigurèrent les procédés modernes d'identification qui allaient ensuite être généralisés. La pauvreté n'était pas en elle-même ce qui attira ainsi l'intérêt de l'État, mais plutôt la mobilité qu'elle induisait ; les miséreux, peuple errant, étaient tentés pour mieux vivre de quitter leurs communautés d'origine. Les premiers papiers d'identité furent généralement liés à une rupture de lien avec ces communautés. Il fallait pouvoir suivre d'une autre manière les désaffiliés, par les marques disant quelque chose de leur parcours et de leur personnalité. Selon l'ordonnance royale de 1775 évoquée par Tocqueville [1986, p. 1067], « les paysans qui s'éloignaient de leur paroisse sans être munis d'une attestation signée par le curé et le syndic, devaient être poursuivis, arrêtés et jugés prévôtalement comme vagabonds ». Quelques années plus tard, vers 1781, apparaissait le livret ouvrier, qui devait être visé par les autorités administratives au moindre déplacement. « Nécessaire à l'embauche, servant de passeport auprès des autorités de police, il porte de surcroît les dettes que l'ouvrier a pu contracter auprès de son ancien patron » [Castel, 1995, p. 258]. Plus que l'administration, c'est d'ailleurs le patronat qui au début fut à l'offensive, avec pour objectif non la simple identification, mais la restauration d'un nouvel ordre tutélaire. Utopie vite balayée par l'histoire. Les papiers, eux, resteront.

Les papiers d'identité ont une autre origine, plus lointaine et plus centrale à la fois, bien que, là non plus, non maîtrisée au début par l'État : les registres paroissiaux, qui allaient donner naissance à l'état civil. Depuis le XIVᵉ siècle, les registres de baptêmes étaient tenus par le clergé, pour des raisons religieuses (savoir si les personnes postulant un bénéfice ecclésiastique étaient majeures). En 1539 (date pouvant être considérée comme fondant l'état civil français), ils furent généralisés et rendus obligatoires, par l'ordonnance de Villers-Cotterêts. Mais il ne concernaient toujours que les baptêmes. En cas de contestation concernant par exemple un mariage, la coutume voulait que l'on fit appel à des témoins. Une nouvelle ordonnance (1579) élargit donc leur compétence aux mariages et sépultures. Puis une troisième imposa un double des registres, dès lors quittant les églises pour être déposé au greffe (1667), et bientôt obligatoirement rédigés sur du papier timbré (1674). En 1792, par décret de l'Assemblée Nationale qui définit un nouveau « mode de constater l'état civil des citoyens », les anciens registres furent remis par les curés aux municipalités. Les identités étaient désormais gardées par les autorités administratives.

La carte d'identité

Dans tous les pays peut être observé ce même processus d'accumulation et de centralisation progressive de supports-papier concentrant en quelques signes et enregistrant la mémoire de l'« identité » des personnes. Partout les signes sont à peu près les mêmes. Le baptême a été remplacé par la date et le lieu de naissance, auxquels s'ajoute l'adresse de résidence. Souvent des descriptions physiques. Enfin, les deux éléments majeurs que sont une photo d'« identité » et un numéro d'identification renvoyant à des archives diverses, souvent assez volumineuses.

Dans tous les pays cependant, la phase ultime que représente l'attribution d'un document synthétique unique que chacun est censé porter sur lui, n'a pas été atteinte. Généralement au nom de la défense des libertés individuelles [Lemieux, 1997]. C'est notamment le cas en Angleterre, au Canada et aux États-Unis, où le passeport, le permis de conduire, la carte d'assurance maladie, et d'autres papiers divers, jouent ce rôle d'identifiant. L'émergence de la carte d'identité n'est donc pas anodine. Il paraît utile de s'y attarder un instant, à partir du cas français.

Contrairement à l'état civil, qui est une mémoire conservée par l'administration, la carte d'identité est un document attaché à la personne, dont la fonction est de prouver que celui qui le possède est bien celui qu'il prétend être. Bien que dans les deux cas la vérité ultime soit dans le papier, la carte d'identité est plus proche de la personne, lui collant à la peau. Elle est son double. Du point de vue de l'administration, elle devient même l'original, dont la personne en chair et en os n'est qu'un double.

Définie ainsi, la carte d'identité trouve son origine assez loin dans l'histoire, aux premiers livrets ouvriers. Cette marque de naissance se précisera par la suite : chaque nouvelle étape de sa mise en place sera occasionnée par la méfiance envers des populations nomades ou différentes, perçues comme potentiellement dangereuses. Les vrais criminels serviront d'ailleurs de matière première aux spécialistes pour la mise au point des techniques d'identification. Après l'interdiction du marquage au fer rouge par la loi de 1832, et la création du casier judiciaire en 1850, il devient nécessaire d'inventer de nouvelles méthodes sur papier [Corbin, 1987]. Alphonse Bertillon codifie alors le signalement anthropométrique. Et surtout, la photographie d'identité commence à s'imposer à la fin du siècle.

Du point de vue des techniques policières, criminels, anarchistes ou populations nomades sont traités de façon semblable. Les Tsiganes notamment. Arrivés en Europe occidentale au début du XVe siècle, il ne furent pas mal accueillis au début. Mais progressivement l'opinion se retourna, et l'hostilité envers eux connut son paroxysme avec la montée des identités nationales et du nationalisme agressif, à la fin du XIXe siècle (Cf. *Post-scriptum* « La fable du Système »). Les « bohémiens » et autres « romanichels » faisaient peur. Un recensement général, organisé en 1895, s'avéra bien difficile à réaliser : comment en effet identifier ces sans domicile, sans état civil, sans papiers ? Par une loi de juillet 1912, les parlementaires instaurèrent un « Carnet anthropométrique d'identité », que tout nomade, « tenu de justifier son identité », devait obligatoirement porter sur lui. Outre quelques renseignements patronymiques et sur les origines géographiques, l'essentiel des identifiants était constitué par deux photographies (face et profil), des empreintes digitales complètes, et une description physique extraordinairement détaillée, comprenant, entre autres, « (...) l'envergure, la longueur et la largeur de la tête, le diamètre bizygomatique, la longueur de l'oreille droite, la longueur des doigts médius et auriculaires gauches (...) »[1]. L'idée d'un marquage identitaire indélébile avait fait un pas décisif.

La naissance officielle de la carte d'identité pour tous les français, trente ans plus tard, sera elle aussi occasionnée par une nouvelle peur et une nouvelle haine de type xénophobe, visant une population violemment stigmatisée, les juifs. Le 3 octobre 1940, le régime de Vichy instaure le premier statut des juifs, les excluant notamment de la fonction publique. Une carte d'identité spéciale est créée pour ce faire, portant en très gros la mention « Juif ». Par une loi du 27 du même mois, dans l'élan de cette politique discriminatoire qui bientôt

1. Décret du 16 février 1913 portant réglementation publique pour l'exécution de la loi du 16 juillet 1912 sur l'exercice des professions ambulantes et la réglementation de la circulation des nomades, *Bulletin officiel du ministère de l'intérieur,* février 1913.

submergera le pays de larmes et de sang, c'est une « carte d'identité de français » qui est instituée. Pour la première fois, l'identification ne visait plus seulement un ennemi de l'intérieur, mais s'élargissait à l'ensemble de la population ordinaire. La carte d'identité était née.

Identité et identifiants

Le texte de la loi mérite d'être cité : « Tout français (...) ne peut justifier de son identité (...) que par la production d'une carte d'identité, dite « Carte d'identité de français » »[1]. Il révèle deux éléments importants. D'abord que les premières identités assignées par l'État ont été essentiellement dominées par les références nationales (Cf. *Post-scriptum* « La fable du Système »). Ensuite une confusion inaugurale, aux lourdes conséquences. Toute la réalité d'une personne serait désormais censée pouvoir être concentrée en un seul papier, l'identité apparaissant ainsi comme une donnée extrêmement simple et contrôlable. Alors qu'elle est à l'inverse extraordinairement complexe, mouvante, insaisissable.

La vision simplificatrice de l'identité est très compréhensible, et même nécessaire, du point de vue de l'État. Car ce dernier doit obligatoirement définir des catégories pour y classer ses administrés et les divers éléments à gérer. « Un acte d'identification implique que la chose dont on parle soit située dans une catégorie » [Strauss, 1992a, p. 21]. Il n'est pas de gouvernement possible sans identification claire et maniable. Le problème est que cette vision simplificatrice, par un effet du substantialisme ambiant, s'étendit rapidement aux points de vue individuels : certes la carte ne disait pas tout, mais d'une certaine manière elle apparaissait comme résumant quand même l'essentiel. Le présent détour par la petite histoire administrative de l'identité n'est donc absolument pas hors de propos. Car c'est elle (et non un mouvement plus intellectuel des idées) qui popularisa le terme « iden-

1. *Journal Officiel de la République Française* du 20 novembre 1940.

tité » (dans la première moitié du XXe siècle), et l'imposa dans le langage ordinaire. Car c'est elle également qui sournoisement en installa profondément une conception substantialiste et simplificatrice. Il faut remonter à cette origine administrative pour comprendre la force actuelle de l'emploi du concept sans distance critique, sous forme d'évidence. Exceptés dans les débats philosophiques (qui n'eurent guère d'influence au-delà d'un cercle étroit), l'identité avait été une catégorie administrative et un mot usuel avant de devenir un concept.

La confusion inaugurale de la « carte d'identité » était en ce qu'il ne s'agissait nullement d'identité, mais de simples identifiants, d'une petite série de critères permettant à la fois de retrouver une personne et de la décrire sommairement à partir d'attributs physiques. Il y avait tromperie sur le terme, la carte d'identité aurait dû s'appeler « carte d'identification ». Car l'identité, tellement mouvante et contradictoire, tellement incommensurable qu'il est impossible même pour son propriétaire d'en faire le tour, ne saurait être ainsi fixée, à tout jamais, en quelques mots et une image sur un bout de papier timbré.

Il n'est pas inutile, pour terminer sur ce point, d'ajouter un commentaire sur l'évolution actuelle des identifiants. Il est en effet intéressant de constater que deux tendances inverses se dessinent. Renouant d'une certaine manière avec les origines anthropométriques, une première tendance revient au corps, en tentant de mettre au point et de développer de nouveaux marqueurs biologiques (ADN, reconnaissance d'iris, etc.). Elle résulte bien sûr des innovation scientifiques, mais aussi et surtout de la moindre fiabilité des données juridiques et d'état civil, mises en mouvement par l'individualisation de la société [Pousson-Petit, 2002]. Le domicile est de plus en plus mobile, le visage relooké, le nom reformulé[1]. Seul le corps semble offrir une garantie incontestable, apportant en plus l'illusion de refléter, au-delà de simples critères d'identification, l'identité elle-même, imaginée profonde et véritable.

1. Par les femmes qui, au mariage, choisissent entre nom du père et nom du mari dans certains pays, entre des possibilités encore plus variées et moins patronymiques (au sens étymologique) dans d'autres. Et par l'ensemble des citoyens, qui de plus en plus, comme au Royaume-Uni, peuvent librement décider d'un changement de nom.

La seconde tendance au contraire rompt radicalement avec cette illusion et avec l'idée même d'identité, en mettant en avant de purs identifiants techniques, essentiellement sous forme numérique. Le numéro de sécurité sociale n'en fait pas véritablement partie. Car il renvoie à des archives qui à nouveau peuvent faire croire qu'elles recèlent le cœur de la vérité sur la personne. Le modèle de ces nouveaux marqueurs est plutôt à rechercher sur Internet, où les identifiants codés peuvent permettent de garder une mémoire autour des opérations effectuées tout en exprimant le moins possible de la vie personnelle [Caprioli, 2002]. Une des raisons du succès de ce nouveau média, particulièrement dans les forums de discussion, est justement qu'il est possible à tout individu de se dégager des marques qui le suivent et le précèdent, de se dégager de son histoire (qui tend à décider pour lui, à l'avance, ce qu'il devrait être), pour se présenter aux autres enfin libre de s'inventer. Tout est apparemment possible sur la toile, notamment se créer de toutes pièces une nouvelle identité (pseudonyme, fausses informations sur soi). L'anonymat total (garantit par un changement de pseudonyme) ne permet pas toutefois de s'inscrire efficacement dans un réseau relationnel [Revillard, 2000]. Et les mensonges les plus grossiers ne peuvent guère s'installer dans la durée. Car progressivement, et par recoupements successifs, une image de la personne finit par s'installer, une réputation, dessinant une trajectoire de vie qui fait sens [*idem*]. Les identifiants, mémoire des mots dits et des positions prises (et non d'un passé emprisonnant l'avenir), peuvent alors devenir, au-delà du monde virtuel, les instruments d'une reformulation de la personnalité. L'identité n'est plus donnée à l'avance.

Freud, inventeur lointain

Sigmund Freud était contemporain des premiers emplois ordinaires du terme « identité » ; qui n'eurent guère d'influence sur lui. Il parle d'ailleurs rarement en tant que telle d'identité. Et quand il le fait, c'est (dans un sens précis qui doit à l'évidence beaucoup à la philosophie) à propos de relations logiques : les identités de pensée et les identités de perception [Freud, 2003]. Le sujet tend à répéter les perceptions qui lui procurent une satisfaction. Il tisse mentalement pour cela des équivalences entre objets et entre représentations, par cet opérateur qu'est l'identité de pensée : il relie des pensées identiques.

Nous voici en apparence bien loin de ce qui nous occupe. Et pourtant, c'est bien à partir d'ici que Freud va introduire à la réflexion moderne sur l'identité. Il peut être considéré en effet comme le père fondateur du concept dans les sciences humaines.

La logique de la mêmeté constitua l'instrument intellectuel poussant Freud à s'intéresser de près à un mécanisme psychique : l'identification. Ce concept freudien est moins connu que d'autres, qui jouissent aujourd'hui d'une célébrité véritablement universelle. Cela tient sans doute à l'imprécision et à la variabilité de ses définitions successives (dont Freud fut le premier à convenir). Pourtant, « le concept d'identification a pris progressivement dans l'œuvre de Freud la valeur centrale qui en fait, plus qu'un mécanisme psychologique parmi d'autres, l'opération par laquelle le sujet humain se constitue » [Laplanche, Pontalis, 1967, p. 188]. L'identification, permet de concevoir l'individu comme un processus, continuel et mouvant, ouvert sur son environnement social. Elle est beaucoup plus qu'une simple imitation : une appropriation véritable. L'individu structure son moi par des échanges identificatoires avec ce qui l'entoure, en intériorisant des modèles et des images[1]. « (...) De telle façon que la psychologie individuelle se présente dès le début comme étant en même temps, par un certain côté, une psychologie sociale dans le sens élargi, et pleinement justifié du mot » [Freud, 1987, p. 83].

Sans trop parler *stricto sensu* d'identité (et peut-être justement parce qu'il n'en parla pas trop), Freud avait réussi à lancer

1. Il manqua cependant à Freud les instruments sociologiques adéquats qui lui auraient permis de concrétiser de façon crédible cette intuition. Comme le note Anthony Giddens [1987, p.108], il « (...) se servit de travaux de sociologie totalement inappropriés, telles les discussions menées à cette époque sur la psychologie des foules ».

(un peu malgré lui) sur la piste d'une analyse dynamique et constructiviste de celle-ci, sous-tendant une possible définition du concept très éloignée du substantialisme des papiers d'identité. Bien que ne l'ayant pas explicitement dit, il pouvait laisser penser que l'identité était non pas un donné préalable mais se constituait jour après jour par des identifications.

Erikson, l'alchimiste

Freud est parfois brièvement cité lorsqu'est fait référence aux origines du concept d'identité. Mais surtout au titre d'inspirateur du véritable père officiel de la découverte, unanimement reconnu, Erik Erikson. « E. Erikson a introduit ce concept dans les sciences humaines, en 1950, avec son ouvrage *Enfance et société* » [Mucchielli, 2002, p. 6].

Les conditions de la découverte en question sont pour tout dire assez étranges du point de vue de la vie des idées. Car, exceptés ses lointains emprunts freudiens, elle donne curieusement l'impression d'être soudainement sortie de rien ou presque, se diffusant ensuite aussi vite (le concept s'imposant en quelques années, tant dans le monde scientifique que dans la société) qu'elle était soudainement apparue. Certes cela advient quelquefois (très rarement) quand une œuvre originale et majeure, par son architecture intellectuelle si imposante que les idées ordinaires doivent s'y subordonner, atteint pour ses adorateurs les sommets de la fascination. Mais, y compris en ce cas, beaucoup d'années lui sont souvent nécessaires pour s'imposer, souvent à travers les polémiques. La théorie freudienne elle-même ne connut guère du vivant de son auteur le type d'accueil large, consensuel et immédiat, d'une idée nouvelle que fut celui (un demi-siècle plus tard) du concept d'identité. Et ce n'est guère, je pense, faire offense à Erik Erikson que de dire de ses écrits qu'il est difficile de les inscrire dans la courte liste des monuments théoriques ayant marqué le siècle. Il s'agit d'un très beau travail, tout d'intelligence et de finesse, aux intuitions claires, aux formules qui sonnent juste et font mouche. Bien des énoncés ultérieurs plus incertains auraient d'ailleurs intérêt à revenir à Erikson (pour son insistance à partir de la sensation subjective[1] tout en la reliant au contexte social, pour l'accent mis sur la quête d'unité et le besoin de confiance dans la quête identitaire[2], etc.). Cela n'en fait pas pour autant un monument théorique. D'ailleurs, à y regarder de près, il est beaucoup plus souvent invoqué que vraiment lu, référencé que débattu sur ses arguments, preuve qu'il joua davantage un rôle social important qu'il ne forgea des instruments conceptuels décisifs. La façon de citer un auteur n'est jamais anodine.

Alors, que s'est-il donc passé ?

Il est à nouveau nécessaire, pour répondre à cette question, de sortir de l'univers scientifique et intellectuel et du pur mouvement des idées ; il faut plonger dans la société. L'usage commun du terme avait continué à se diffuser et à se banaliser dans la première moitié du XXe siècle (voir l'histoire de la carte d'identité). Dans la période qui suivit la Seconde Guerre mondiale, ce ne fut plus seulement le terme mais la question par lui désignée qui commença à pointer. Les individus, qui étaient restés intégrés dans des ensembles sociaux relativement stables lors de la première phase de la modernité, « organisée » [Wagner, 1996] et « institutionnelle » [Dubet, 2002], se trouvèrent alors livrés à eux-mêmes pour définir le sens de leur vie. D'où une angoisse nouvelle, et une quête d'appartenances, censées remplacer les cadres perdus. D'où un questionnement sur soi, particulièrement sensible dans les contextes de changements existentiels. De l'adolescent en crise aux communautés culturelles déracinées, la question identitaire se manifestait de façon multiple mais coordonnée et convergente, et n'allait pas tarder à occuper les devants de la scène.

Erik Erikson fut celui qui dit ce qu'il fallait dire, comme il fallait le dire, au moment où il fallait le dire. Par sa connaissance de l'identification freudienne et son ouverture

---

1. Il parle de « sentiment d'identité (...), comme pour mieux souligner la dimension indéfectiblement subjective à l'œuvre » [Martuccelli, 2002 , p.373].

2. « C'est bien le sentiment et la possibilité de la constitution d'un moi bien organisé, fondé sur une réelle estime de soi non narcissique, au milieu d'une réalité sociale, que Erikson a désigné comme l'identité du moi. La notion nomme ce qui permet à l'individu d'entretenir une personnalité cohérente mais aussi une continuité de l'expérience de soi. » [*idem* , p. 372].

au social de son temps[1], il était situé à une conjonction, et il fut le cristallisateur dont avait besoin l'époque, l'alchimiste d'un concept venu comme par magie de partout et de nulle part, et pourtant immédiatement reconnu comme évident.

Tout sembla se conjuguer pour qu'il fut l'homme de la situation. Sa trajectoire biographique d'abord, qui le rendit lui-même personnellement sensible aux questions identitaires. Il naquit à Francfort en 1902, d'un père inconnu, dont il sut seulement qu'il était Danois. Sa mère, Karla Abrahamsen, se maria avec le pédiatre d'Erik, le Docteur Homberger, alors qu'il avait trois ans. Les circonstances familiales de sa naissance furent encore plus renvoyées dans le secret. Il s'appela dès lors Erik Homberger. Il était officiellement juif, mais un juif étrange, grand, blond, aux yeux bleus. Dans la rumeur des préaux d'écoles, certains l'appelaient « juif » et d'autres « nordique ». Il rêva de devenir artiste. N'ayant pu y parvenir, il se lança dans un tour d'Europe, visitant musées et dormant sous les ponts. Par les hasards de diverses rencontres, il entra en contact avec la Société Psychanalytique de Vienne, et se fit analyser par Anna Freud elle-même. Puis commença une carrière de professeur, à Vienne, Copenhague (à nouveau le Danemark), puis Boston, Yale, Berkeley. Quand il devint citoyen américain, il s'inventa une nouvelle identité patronymique, prenant le nom d'Erikson, sous lequel il est désormais connu.

Il fut nomade aussi pour l'ouverture et la curiosité aux autres disciplines, notamment l'anthropologie, travaillant par exemple avec Ruth Benedict, Margaret Mead et Gregory Bateson. Par la psychologie et la psychanalyse, il était très proche des questions identitaires individuelles qui commençaient à s'exprimer. Par l'anthropologie, des questions iden-

1. Psychanalyste de formation et freudien convaincu, il évolua vers une interdisciplinarité et une préoccupation pour les questions d'organisation sociale qui l'incitèrent à un retour critique pour développer sa conception de l' « identité du moi ». « Erikson critique les formulations de Freud relatives au moi et à ses relations avec la société en partie à cause de leurs faiblesses conceptuelles sur le plan sociologique. (...) En proposant le concept d'identité du moi, Erikson vise à compléter les concepts traditionnels de la psychanalyse » [Giddens, 1987, p.108]. Il est un des rares chercheurs en sciences humaines à être reconnu à l'intérieur de la discipline psychanalytique comme en dehors.

titaires collectives qui elles aussi apparaissaient. Il ne peut s'agir d'un hasard : ses terrains d'enquête (l'adolescence et l'affrontement à la modernité des indiens Lakota) furent choisis juste là où ce qui fut appelé la crise des identités pointait avec le plus de vigueur. Toute sa vie et son œuvre semblent ne faire qu'un avec la question identitaire. Nourri des instruments conceptuels freudiens, il occupa par sa trajectoire personnelle et scientifique une position idéale pour entendre les nouvelles préoccupations de la société, qui lui permirent d'élaborer une synthèse, autour d'un concept apparemment tout simple : l'identité. La société reconnut ce langage clair qui lui manquait jusque-là pour exprimer des phénomènes difficiles à cerner. L'identité s'imposa d'emblée, à la fois dans le sens commun et dans la recherche en sciences humaines.

Mais cette conjonction entre les usages ordinaires et les usages savants de l'identité n'allait pas rester sans conséquences. Il était impossible en effet que la posture scientifique ne soit pas influencée par la puissante demande sociale qui l'enserrait de toutes parts[1]. À travers l'identification, Erikson reprit de Freud l'idée de processus, et l'ouvrit plus concrètement au contexte social. Entre les lignes, il laissa cependant se dégager une autre lecture possible, où « l'identité est envisagée comme un produit » [Lipiansky, Taboada-Leonetti, Vasquez, 1990, p. 11]. Ainsi, après avoir dégagé de façon quelque peu rigide les huit étapes du développement de la vie humaine, notamment dans l'enfance [Erikson, 1966], souligne-t-il que l'intégration dans la vie adulte débouche sur la formation de « l'identité finale, fixée au terme de l'adolescence » [Erikson, 1972, p. 168]. « Du processus au produit », s'opère manifestement là un « glissement de perspective » [Lipiansky, Taboada-Leonetti, Vasquez, 1990, p. 11]. Glissement de perspective accentué par le jeu de miroir continuel entre monde de la recherche et usages ordinaires, ces derniers

1. J'ai expliqué dans *Ego* pourquoi la généralisation de la réflexivité dans la société contemporaine rendait paradoxalement plus difficile l'élaboration théorique dans les sciences humaines, en imposant des cadres de pensée ramenant la démarche scientifique aux questions sociales du moment. L'identité en offre un des meilleurs exemples.

étant avant tout en quête d'une identité de type substantiel pour conjurer les angoisses et dissiper les doutes. Les processus ne sont alors acceptés que dans la mesure où ils permettent d'imaginer que puisse être atteint un produit final ; l'identité, unique, véritable, stabilisée, telle que résumée sur les papiers éponymes.

L'alchimie n'avait donc réussi qu'en apparence. Aussi brillant soit-il, le concept était en réalité profondément ambigu. Erikson était d'ailleurs le premier à en être conscient : « Plus on écrit sur ce thème et plus les mots s'érigent en limite autour d'une réalité aussi insondable que partout envahissante » [1972, p. 5]. Le concept ne brillait en fait que dans la mesure où il était simplifié, où les détours par la philosophie et les identifications freudiennes étaient oubliés. Ce qui émergeait aussi soudainement était dominé non par les préoccupations intellectuelles d'un programme de recherche mais par des aspirations sociales qui imposaient leur forme aux questions posées. En 1961, alors même que le mouvement commençait à se manifester avec force et clarté, Ronald D. Laing [1991, p. 105] soulignait que « la recherche moderne de l'"identité", si fréquemment décrite, devient un scénario fantasmatique de plus ». Pour les sciences humaines, la conséquence fut l'installation d'une conception statique et fermée du concept, ne parvenant pas à se dégager d'un arrière-plan substantialiste. « Quelle que soit la discipline concernée : psychologie, psychologie sociale, sociologie, anthropologie, (...) la notion d'identité s'est principalement structurée autour de concepts comme la stabilité, la permanence et la totalité, et, à un moindre degré, la singularité » [Kastersztein, 1990, p. 27].

Un autre aspect des travaux d'Erikson donna prise à ce glissement : l'accent mis sur la crise des identités[1]. Non que cette question ne soit pas importante. Elle se situe même au

1. « Ce n'est pas de l'identité dont parle Erikson, mais de ses crises, ce n'est pas une structure qu'il décrit, mais une rupture (...). De cette façon, les aspects pathologiques de l'identité l'on emporté sur sa conceptualisation globale, si bien qu'on peut se demander, aujourd'hui, si l'identité n'est une identité qui ne deviendrait apparente qu'en situation de crise » [Lipiansky, Taboada-Leonetti, Vasquez, 1990, p.10].

cœur de la demande sociale : c'est bien parce qu'il y a « crise », mise en flottement des repères de définition de soi, que se développe avec tant de vigueur la quête identitaire. « La vie se transforme en maladie identitaire chronique » [Ehrenberg, 1998, p. 205]. Erik Erikson, très à l'écoute des problèmes de son temps, avait su discerner et exprimer cette nouvelle forme de question sociale, idéalement en se plaçant sous l'angle de la crise, de la difficulté contemporaine à stabiliser les repères du moi[1]. Cette perspective laisse malheureusement entière la possibilité de se représenter l'identité comme une substance, ou du moins comme une entité relativement isolable. Si l'identité est un processus, continuellement ouvert et interactif, il est impossible, jamais, de la stabiliser et encore moins d'y découvrir à l'intérieur sa vérité ultime. Si par contre le mouvement identitaire est une crise, elle peut être dépassée, et laisser penser que la véritable identité est susceptible d'être atteinte au-delà. C'est bien cet espoir d'ailleurs que l'on retrouve dans les différentes quêtes identitaires en situation de crise. Prenant l'exemple de l'adolescence, et s'articulant autour des mots phares d'« identité » et de « crise », le titre du grand livre d'Erikson (*Identity : Youth and Crisis*)[2] était en lui-même une sorte d'étendard pour le mouvement naissant.

Quel qu'ait été précisément le rôle personnel d'Erikson dans cet événement (il est difficile de le mesurer exactement), une soudaine cristallisation se produisit sur le thème de l'identité autour des années 1960. Le concept était à la fois étrangement évident et insaisissable (contradiction très agaçante pour ceux qui tentaient de mieux le définir). Mais il était aussi séduisant, stimulant, porté par une vague montante. Avant d'étudier cela de plus près, il faut toutefois remonter un peu dans le temps, sur une toute autre scène conceptuelle, où l'identité était mise en travail de façon différente.

---

1. Ses terrains étaient de ce point de vue privilégiés : la transition de l'adolescence, où la personnalité ne cesse de se reformuler, et les indiens américains, individus situés sur des lignes de confrontation culturelle entre tradition et modernité.
2. Peut-être encore davantage dans sa traduction française : *Adolescence et crise, la quête de l'identité.*

Mead, un esprit à part

Dans son positionnement social par rapport au concept d'identité, George Herbert Mead peut être vu comme l'exact opposé d'Erik Erikson. Alors que ce dernier fut le cristallisateur d'un mouvement multiforme, établissant les bases d'un consensus autour de formules claires, George Herbert Mead s'était engagé, quelques décennies plus tôt, dans un type de pensée (un cheminement intellectuel à la fois complexe et original, ambitieux et très personnel) dont le risque habituel est de s'enfermer dans l'autisme. Bien malgré lui d'ailleurs. Il s'inscrivait en effet à la croisée de traditions reconnues, mais à un moment où n'allait pas tarder à s'opérer un tournant dans le mouvement des idées, le laissant un peu seul sur les questions de fond qu'il avait posées. Certes Mead est aujourd'hui largement cité et profondément respecté, considéré comme un fondateur. Mais sans être guère mieux lu qu'Erikson[1]. Chacun tend à l'utiliser par le menu, comme simple référence de légitimation, ou en ne prenant qu'un seul aspect de ses idées : ce qui est peut-être l'essentiel chez Mead, l'inscription historique des processus, est généralement oublié.

Pour George Herbert Mead [1963, p. 15], « le soi est moins une substance qu'un processus ». Un immense processus. L'individu est un vaste système d'interactions internes en prise sur un environnement social lui-même profondément marqué par un contexte historique précis. Aucun des ces trois éléments (individu, société, histoire) ne doit être séparé dans l'analyse. Il prône pour cela une science de l'évolution humaine (qu'il ne faut surtout pas confondre avec l'évolutionnisme biologique), projet aujourd'hui violemment combattu par les idées dominantes [Kaufmann, 2001]. Cet aspect de ses travaux a donc été ignoré. Il ne l'aurait sans doute pas été s'il avait parlé d'historicité ; les mots ont une charge symbolique, qui oriente fortement la lecture.

1. Où l'on constate ici que, curieusement, une position trop centrale dans un questionnement socialement reconnu ou au contraire trop marginale et personnalisée, peuvent avoir à subir quasiment les mêmes effets pervers de réception.

À propos du rôle des mots, il est important de signaler que Mead ne parle pas, ou très peu (de façon usuelle, et non conceptualisée) d'identité[1]. Question d'époque bien sûr ; le terme n'était pas encore vraiment disponible. Pourtant, il suffit de relire *L'Esprit, le soi et la société,* pour constater à quel point il y avait dans ce livre les rudiments d'un programme de recherche fondé sur une conception ouverte et dynamique, qui aurait évité bien des ambiguïtés ultérieures si ce programme avait été développé.

Dire qu'il ne fut pas du tout appliqué est d'ailleurs exagéré. L'influence de Mead sur le développement ultérieur de l'interactionnisme symbolique fut considérable, notamment autour de la négociation identitaire. Et le terme d'identité lui-même fut introduit (plus ou moins nettement) par des héritiers de Mead aussi différents qu'Erving Goffman, Anselm Strauss ou Howard Becker. Un courant scientifique, original et innovant, se structurait pour la première fois en sociologie, de façon explicite autour de l'identité. Conservant de Mead le meilleur, le caractère interactif et processuel de la construction identitaire. Mais aussi, hélas, écartant l'élément décisif pour ne pas perdre pied dans l'analyse du concept : l'inscription historique. Après 1935-1940, l'École de Chicago diminua la focale d'étude en se fixant sur l'interaction en face à face, et en se dégageant du contexte historique. Au mieux en

1. Mead parle de « Soi ». Quelques décennies plus tard, l'air du temps aurait certainement pu l'inciter à employer le terme d'« identité » à sa place. Le « Soi » est un processus, qui résulte notamment de l'interaction entre « le « Moi » comme moment de perception et d'interprétation de la « série organisée des attitudes d'autrui », et le « Je » comme moment de réponse active du sujet à ces attitudes » [de Queiroz, Ziolkovski, 1994, p.41]. Le Moi est donc ce qui est le plus extérieur et objectivable, proche des rôles sociaux [Gurvitch, 1963]. Dans le langage des sciences humaines d'aujourd'hui, « Soi » et « Moi » sont souvent employés comme des équivalents d'« identité ». Effet d'héritages disciplinaires séparés : « Soi » plutôt en sociologie, « Moi » en psychologie, à l'opposé de la conception objectivante de Mead. « Moi » était le terme employé par Freud (*Ich*), dès ses premiers travaux, mais avec des significations qui ont changé par la suite. Notamment après 1920, quand le « Moi » (en interaction avec le « Ca » et le « Surmoi ») désignera souvent une instance spécifique dans le psychisme. Selon les emplois, le « Moi » désigne chez Freud soit cette instance, soit la personnalité dans son ensemble.
Excepté quand il sera question des travaux de Mead, j'emploie personnellement les termes de « Moi » et de « Soi » de façon indistincte, comme des mots usuels commodes plus que des concepts précis. Il est déjà suffisamment compliqué de tenter de faire le clair sur le seul terme d'« identité » !

réduisant l'histoire aux histoires personnelles, vues sous l'angle de trajectoires biographiques et autres « carrières » [Terrail, 1995]. Elle y gagna une visibilité exceptionnelle, dans la discipline et en dehors, une capacité à faire passer un message largement compréhensible, une interconnexion avec le mouvement social qui commençait juste à se former autour de l'identité. Elle y perdit ce qui n'est rien d'autre que la clé de compréhension centrale : le marquage historique de la production identitaire.

Soudain, des identités partout

Dire que l'identité est apparue de façon soudaine ne force-t-il pas quelque peu le trait ? C'est en effet pendant toute la seconde moitié du XXe siècle que le thème n'a cessé de s'imposer, de plus en plus fort et largement, par vagues successives. Son installation a donc été graduelle. Pourtant, à chacun des épisodes, elle a bien pris pour l'opinion le caractère de la soudaineté, à cause des formes d'émergence du concept, proches de la génération spontanée. Aujourd'hui, après cinquante ans de naissance permanente, l'identité s'affirme encore comme une thématique placée sous le sceau de la nouveauté.

Portée par la mentalité de l'époque, elle surgit, sans avoir à se présenter, se rendant aussitôt évidente, en un langage que chacun reconnaît sans pour autant l'avoir avant parlé. Dans la vie ordinaire, où elle est passée dans le langage courant, porteuse d'une supposée épaisseur intellectuelle jamais définie. Dans l'univers scientifique aussi, où elle est immédiatement admise, sans protocole (alors que d'autres concepts sont sommés de garantir un minimum de rigueur). Où également les conceptualisations semblent participer d'un même arrière-plan involontairement partagé ; elle est un concept fluide et circulant. Sheldon Stryker (dont nous analyserons plus loin les arguments précis et précieux) raconte cette anecdote [Stryker, Burke, 2000]. En 1966, il présenta au congrès de l'*American Sociological Association* la substance de l'article sur l'identité qu'il allait publier deux ans plus tard [Stryker, 1968]. Après la communication, George McCall s'approcha de lui et s'exclama : « Vous venez de présenter mon livre ! ». Livre qui était lui-même sur le point d'être publié [McCall, Simmons, 1966]. « Clairement, les idées fondamentales étaient dans l'air du temps »[1] [Stryker, Burke, 2000].

L'air du temps en question se caractérisait (et se caractérise toujours) par un mélange intime du sens commun et des usages savants de l'identité. Le concept n'est pas fluide et circulant à l'intérieur du seul univers scientifique, mais aussi largement au-delà, franchissant sans obstacles toutes les frontières, signifiant en apparence toujours la même chose, alors qu'il désigne en réalité des phénomènes extrêmement divers. Dans la vie ordinaire, il est ainsi fréquemment employé (outre les usages administratifs) pour traiter de la cohérence du sujet et du sens de la vie. Renvoyant parfois à une position de type réflexif par rapport à soi-même (qui suis-je ?), parfois à une position de type plus spirituel et métaphysique, l'identité se transformant en équivalent moderne de l'âme. Cette seconde position rejoint curieusement le substantialisme le plus sommaire. La quête de l'identité peut dès lors être assimilée à la « simple » (mais pouvant devenir obsessionnelle) recherche d'un objet vital dont ego a été dépossédé. Il suffirait par conséquent de le trouver pour que l'identité ne pose plus problème. Conception qui a par exemple poussé un groupe minoritaire de la Cour européenne des droits de l'homme à invoquer, à propos de l'accouchement sous X, la défense d'un « droit à l'identité »[2].

1. Traduction JCK
2. « Nous sommes fermement convaincus que le droit à l'identité, comme condition essentielle du droit à l'autonomie, fait partie du noyau dur du droit au respect de la vie ». Communiqué de la minorité (sept juges contre dix) à la Cour européenne des droits de l'homme, *Libération,* 14 février 2003.
Je ne commente pas ici la question complexe du maintien du secret pour les nés sous X, mais le fait que le droit à l'information sur les conditions de la naissance devienne un « droit à l'identité ». Ce glissement de sens n'est d'ailleurs pas pour rien dans l'augmentation de la souffrance (très réelle) de ceux qui dès lors ne sont plus seulement à la recherche d'informations importantes qui leurs sont cachées mais de ce qui doit leur délivrer les significations essentielles, les condamnant à n'être que des fantômes sans cette « identité » dont ils sont privés.

Les usages variés de l'identité ne s'arrêtent cependant pas aux personnes. Ils peuvent renvoyer aussi à toutes sortes d'entités et groupements les plus divers, l'identité devenant parfois un instrument de la construction de ces entités (au-delà des individus), parfois une ressource collective mise à la disposition des individus pour se construire eux-mêmes. « Identité » peut alors devenir l'équivalent de « culture » [Vinsonneau, 2002]. Mais aussi d'« ethnie », « région », « nation », « religion », etc. Plus largement encore, le terme fait office de cristallisateur magique pour toutes sortes de minorités cherchant à se faire reconnaître. Dans cette variante, la thématique apparaît plutôt dans les mouvances de la gauche et de l'extrême gauche. Dans une autre variante, on la retrouve au contraire à l'extrême droite, autour bien sûr de l'idée nationale, mais aussi ces dernières années dans une revendication générique, sans autre qualificatif accolé à « identité ». Comme s'il n'était plus besoin pour l'extrême droite de faire référence à la nation ou à la race : « identitaire » suffit.

Il n'existe plus aujourd'hui une organisation qui ne travaille son « identité » (devenant ici l'équivalent d'« image »). Les entreprise notamment l'ont bien compris, qui investissent et s'investissent dans le logo comme « figure d'identité » [Heilbrunn, 2001]. Le succès du terme est devenu tel dernièrement que les usages se sont encore diversifiés. Ajoutant à la confusion quand « identité » devient un marqueur généraliste abstrait, désignant toutes sortes de phénomènes : des pratiques, des objets, des espaces, des moments, des groupements d'idées, des catégories de classement. Il y a à l'évidence inflation foisonnante des emplois du terme « identité », « sans qu'on sache toujours si on parle de la même chose » [Vasquez, 1990, p. 143].

Les sciences humaines, je l'ai dit, se sont laissées emporter par cette vague sociale sans parvenir jamais à la maîtriser[1].

1. Erikson était un précurseur. La soudaine irruption du thème dans l'univers scientifique n'adviendra en effet véritablement qu'un peu plus tard, sous l'impulsion du mouvement social. « C'est E. Erikson qui a eu le mérite, vers 1950, d'introduire dans les sciences humaines une réflexion systématique sur l'identité personnelle et sociale. Malgré cette ouverture, les scientifiques ont boudé les recherches sur le sujet, qui n'a connu un regain d'intérêt que depuis la fin des années soixante-dix, à la suite de mouvements divers centrés sur la perte, la quête ou l'affirmation d'identités multiples » [Tap, 1985, p.756].

Dès le début, les usages savants du concept ont été caractérisés par les mêmes symptômes, qui s'expliquent par cette subordination : il est mis en vedette bien qu'il ne soit pas défini. Non défini sans que cela soit dit, en toute bonne conscience. Car l'évidence communément partagée empêche de prendre conscience du manque de définition. Anselm Strauss [1992a, p. 12] est un des rares (à propos d'un livre entièrement consacré à l'identité) à l'avouer ouvertement (dans la préface à l'édition française) : « Si j'ai décidé d'écrire sur le concept d'identité, c'est pour faire sortir la réflexion des sentiers battus. (...) Je n'essayai pas de définir le terme, employé à seule fin d'ouvrir et d'approfondir le débat sur les relations réciproques entre individus et société ». Nombre d'autres chercheurs feront le même constat : l'identité est un concept efficace et stimulant, permettant de dégager une vision plus dynamique, de lier plus étroitement individu et société. Le prix à payer est cependant de l'utiliser sans se poser trop de questions à son sujet. Or en laissant la définition dans l'ombre, en travaillant par le menu, sans vue d'ensemble, arrive inéluctablement un temps où la bulle intellectuelle spéculative finit par éclater. Ce temps est sans doute aujourd'hui sur le point d'arriver ; beaucoup commencent à se méfier de l'identité et à lui demander des gages.

L'effet de saturation a été en outre accéléré par la starisation exagérée du concept. L'identité ne parvient pas à se tenir à une petite place modeste, se refusant à être un concept ordinaire. Il lui faut absolument se mettre en avant. Et si possible au plus haut de l'affiche, en titre, y compris quand elle est peu présente par la suite à l'intérieur des pages. Kaj Noschis [1982, p. 33-34] prend l'exemple d'un livre[1], parmi beaucoup d'autres, « où le terme d'identité, contrairement à ce que le lecteur est en droit d'attendre, ne figure qu'une seule fois »,

1. « Cf. G. Bell, J. Thyrwitt, *Human Identity in th Urban Environment,* Harmondsworth, Penguin Books, 1972. Dans ce recueil, il est question de l'urbanisme confronté à l'anthropocosmos, à l'écologie globale, à la société planétaire, à l'œcumenopolis, au développement écosystématique – et tout cela, on nous le laisse imaginer, est brillamment ramassé et synthétisé sous le terme d'identité humaine » [Noschis, 1982, p.33].

dans le titre[1]. Ce qu'il serait possible d'appeler un « réflexe de l'affichage » est particulièrement net dans les travaux d'étudiants, qui peuvent ainsi se donner l'impression d'ajouter un surplus conceptuel à peu de frais. Mais il touche aussi les productions les plus nobles et légitimes, preuve de sa puissance (et du caractère particulier du concept). J'en prendrai pour seule illustration[2] le célèbre livre de Charles Taylor *Les Sources du moi,* véritable monument d'érudition sur le mouvement des idées ayant préparé l'individualisation et la modernité. Ce riche et gros livre parle de beaucoup de choses, mais pas d'identité *stricto sensu.* Pourtant cette dernière ne peut s'empêcher ici aussi de s'afficher en sous-titre (*La formation de l'identité moderne*). Et dès les premières lignes, Charles Taylor annonce que son entreprise « vise à définir l'identité moderne[3] » [1998, p. 9]. Promesse hélas, comme souvent, non tenue.

Chacun chez soi

Mon propos doit être bien compris. Il ne consiste pas à critiquer individuellement des collègues (j'ai moi aussi employé le terme d'identité sans trop le définir et avec légèreté), mais

1. « Les auteurs – et les exemples pourraient être multipliés – supposent *a priori* que le lecteur sait de quoi il s'agit, qu'écrire le mot d'identité est suffisant, voire qu'il permet de synthétiser tout ce qui sera dit ultérieurement – le titre d'un écrit, comme chacun le sait, ne survenant qu'après la rédaction du texte. Mais n'est-on pas fondé de soupçonner que cet emploi scénique du terme d'identité – la scène étant pour la métaphore théâtrale ce qui encadre le texte – cache en réalité une impuissance à en dire plus : que sa mise en évidence n'est en somme qu'une manière de s'en défaire pour ne plus avoir à en discuter » [*idem,* p.34].
2. Mes excuses auprès de Charles Taylor de le clouer ainsi, seul, au pilori. Mais il me fallait un exemple parmi les plus prestigieux. Cette critique est donc à voir en même temps comme une révérence.
3. Le terme étant parfois employé comme mot de liaison commode, le lecteur peut penser qu'il n'a été mis là que pour soutenir et valoriser « moderne » ; simple péché véniel. Mais l'auteur précise : « On pourrait donner une idée approximative de ce projet en affirmant qu'il s'agit de distinguer les divers aspects de ce que nous entendons maintenant par agent humain, personne ou moi » [Taylor, 1998, p.15]. Que l'identité puisse être assimilée à la notion d'agent pousse ici la confusion à son comble. La non définition du concept, mis de surcroît sans raison en avant, devient dès lors une faute impardonnable.

à pointer un phénomène collectif, qui révèle la nature particulière du concept. D'ailleurs, nombre de chercheurs ont lutté contre le flou. Parfois en tentant des rudiments de définition (mais rarement en les inscrivant dans un perspective large et synthétique). Souvent en analysant dans le détail des mécanismes précis. Ce qui était perdu en vue d'ensemble était ainsi compensé par des observations et des argumentations fines. Le processus a rapidement produit une spécialisation et un cloisonnement entre domaines traitant chacun de l'identité de manière spécifique ou d'un aspect de l'identité. La division la plus nette a séparé recherches sur les identités individuelle et recherches sur les identités collectives [Deschamps, 1991]. Ces dernières, plus récentes, se sont elles-mêmes très vite fractionnées en une infinité de subdivisions [Cerulo, 1997]. Parmi lesquelles, pour prendre le seul exemple de ce thème actuellement ascendant, la construction d'identités à partir de mouvements sociaux [Larana, Johnston, Gusfield, 1995 ; Snow, 2001]. Un tel courant, comme beaucoup d'autres, se structure en développant un espace d'échanges intellectuels et d'interdépendances, fixant des repères collectifs et un contrôle mutuel, installant progressivement une mémoire, forgeant des outils : l'identité semble perdre de son flou et gagner en rigueur. Le partage d'une méthodologie commune peut parfois suffire à créer ces conditions disciplinaires ; le travail apparaît sérieux et mené selon les règles. Ou l'affiliation à une école de pensée bien organisée, comme le courant dit de la « Théorie de l'identité » [Stryker, Burke, 2000], à ne pas confondre avec celui de la « Théorie sociale de l'identité » [Tajfel, 1982]. Il ne faut pas voir trop d'ironie dans mes phrases (juste un zeste). Car le travail est bien réel, et apporte des instruments précieux. Par exemple, quand des mécanismes sont mis en évidence, notamment sous forme d'oppositions à l'intérieur du processus identitaire : entre identité personnelle et identité sociale chez Erving Goffman [1975] ; entre mêmeté et ipséité chez Paul Ricœur [1990] ; entre identité pour soi et identité pour autrui chez Claude Dubar [1991], entre soi intime et soi statutaire chez François de Singly [1996], etc. Le seul problème est l'absence de vue d'ensemble, permettant de dire ce qu'est exactement l'identité. Non pas tel détail de son fonctionnement, mais sa place dans l'ensemble de la machinerie sociale. C'est un peu comme si nous étions tous de bons ouvriers, honnêtes et consciencieux, les uns rasant les collines, les autres nivelant le gravier, les derniers étalant parfaitement leur macadam. Mais sans savoir vers où doit mener la route.

Les arrimages de la psychologie sociale

La psychologie sociale est sans conteste la discipline qui a le plus œuvré dans le sens de cette construction scientifique « de l'intérieur », évitant sans doute que le concept « barbe à papa » ne devienne encore pire : une véritable tarte à la crème idéologique, sans aucun arrimage à des acquis collectivement contrôlés et discutés. Certes, pour un sociologue, les méthodes employées apparaissent souvent très réductrices, effaçant la complexité des situations concrètes et les déterminations sociales. Mais en l'occurrence, elles ont sans doute joué un rôle de contre-poids nécessaire pour contrer le flottement du concept, permettant de créer un point de fixation, et d'accumulation relative du savoir. Il fallait ces références, cette stabilisation, et la confiance qu'elles procurent, pour que soient tentées des définitions un peu globale, moins rares en psychologie sociale que dans d'autres disciplines.

L'identité apparaît comme un concept reliant des courants de recherche disparates, « et dont il resterait à trouver une définition consensuelle [Lipiansky, Taboada-Leonetti, Vasquez, 1990, p. 7]. Le paradoxe étant que les tentatives les plus sérieuses et développées débouchent généralement dans une impasse, s'empêtrant dans des barbes à papa gigantesques. Alors que des phrases plus brèves semblent parfois parvenir à s'approcher de ce qui pourrait faire consensus. La raison en est que la définition partant « de l'intérieur » trouve très vite ses limites.

Une première option des définitions brèves consiste à se focaliser sur ce qui semble décisif. La tradition de la psychologie sociale, confortée par les résultats des travaux de laboratoire, pousse alors à mettre en avant la subjectivité à l'œuvre ; l'identité résulterait avant tout du domaine de la représentation et s'articulerait autour du sentiment de soi. Elle est « un système de sentiments et de représentations de soi » [Tap, 1979, p. 8], un « fait de conscience, subjectif », un « « sentiment d'être » par lequel un individu éprouve qu'il est un « moi », différent des « autres » » [Taboada-Leonetti, 1990, p. 43].

Mais aussitôt se pose le problème de la réalité objective de l'individu. Serait-il envisageable qu'il puisse inventer son identité sans tenir compte des éléments biographiques qui le caractérisent (les « porte-identité » pour reprendre l'expression de Goffman [1975, p. 74]) ? Le moindre bon sens incite à dire non. Un bon sens adossé aux usages ordinaires : rien ne sert de se penser beau quand la photo d'identité dit manifestement le contraire. La subjectivité seule apparaît donc indéfendable, il faut ajouter d'autres critères. Ainsi, sournoisement, commence très vite à s'enrouler la barbe à papa. Les définitions les plus simples semblent, sans trop d'efforts, faire le tour du problème : « L'identité est un ensemble de critères de définitions d'un sujet et un sentiment interne » [Mucchielli, 2002, p. 41]. Elles ne font en réalité que pudiquement masquer une difficulté considérable, qui, tant qu'elle ne sera pas résolue, empêchera d'avancer dans la clarification de ce qu'est exactement l'identité.

Le consensus mou

La difficulté à résoudre est celle de l'articulation subjectivité/objectivité, et de la place précise de l'identité dans cette articulation. Traversant la psychologie sociale, la sociologie, et d'autres disciplines, un consensus implicite et approximatif est progressivement parvenu à se dégager[1], prenant ses dis-

---

1. Cf. par exemple Didier Demazière et Claude Dubar [1997, p.304], pour qui l'identité est un « processus de construction et de reconnaissance d'une définition de soi qui soit à la fois satisfaisante pour le sujet lui-même et validée par les institutions qui l'encadrent et

tances avec les conceptions fondées sur la simple accumulation de critères, avec les amalgames informes de type barbe à papa. Il peut être résumé en trois points :

1. L'identité est une construction subjective.
2. Elle ne peut cependant ignorer les « porte-identité », la réalité concrète de l'individu ou du groupe, matière première incontournable de l'identification.
3. Ce travail de malaxage par le sujet se mène sous le regard d'autrui, qui infirme ou certifie les identités proposées.

Un tel type de définition consensuelle est précieux, à plus d'un titre. Il offre (enfin) un outil collectif évitant les excès de flou du concept. Il positionne cet outil contre le substantialisme latent [Camilleri *et al.*, 1990], sans cesse réalimenté par le sens commun. Il propose une conception dynamique et ouverte de l'identité, vue comme un processus plutôt qu'une entité [Costalat-Founeau, 1997].

Le consensus est cependant fragile, et sa portée limitée. Il ne parvient vraiment à se former que dans la mesure où les définitions restent brèves ; il est superficiel et temporaire. Car les tentatives plus développées se perdent régulièrement dans des amalgames informes, laissant deviner par cet échec que la solution au problème n'est peut-être pas aussi simple que pourraient le laisser penser quelques phrases bien rédigées. Il suffit d'ailleurs de replacer ces dernières dans le texte pour constater qu'elles cohabitent souvent avec, quelques pages plus loin, des énoncés contradictoires. L'analyse fouillée brise la trop grande simplicité des définitions ; hélas (après un moment d'euphorie procuré par la découverte de la complexité et du détail), revient le triste moment de l'engluement. L'identité, à peine entrevue, s'est déjà à nouveau enfuie. Les belles et brèves définitions sont des sortes de pastilles posées sur un texte qui prend ensuite ses libertés avec

---

(suite de la note de la page 41)
l'ancrent socialement en le catégorisant ». Ou Abraham Franssen [2002, p.138] : « Entre identité assignée et identité souhaitée, incorporation d'une histoire sociale et familiale et projection temporelle, transaction sociale et transaction biographique, c'est au point de convergence d'une pluralité de déterminations et d'orientations que les sujets construisent, dans leur rapport aux autres autant que dans leur rapport à soi, leur identité ».

elles. Et qui peut même aller jusqu'à les trahir, par de sombres résurgences substantialistes. « En réalité, à bien y regarder, la remise en question du caractère unitaire et fixiste de l'identité cache souvent, de fait, une utilisation fort classique et unitaire de l'identité » [Martuccelli, 2002, p. 385].

Et surtout, la difficulté centrale (l'articulation objectivité/subjectivité) n'est résolue qu'en apparence, par la grâce de quelques formules bien tournées, voilant des imprécisions maintenues. Jusqu'où est-il possible de ramener l'identité à la subjectivité ? Comment le sujet parvient-il à travailler l'irréductible matérialité qui le constitue ? Quel poids accorder aux déterminations diverses ? Voilà des questions qui nous ramènent à de vieilles polémiques, ayant divisé dès le début les sciences humaines, et même plus anciennement la philosophie. Derrière le consensus de surface, se mène en fait un affrontement entre tenants des déterminations sociales et culturelles d'un côté, du libre-arbitre et de la créativité personnelle de l'autre. Tout se passe comme si la confrontation était un jeu à somme nulle, où tout ce qui est gain pour l'un est perte pour le camp adverse. À défaut d'avoir mis en évidence les mécanismes précis de l'articulation objectivité/subjectivité, la définition de l'identité apparaît comme un exercice d'équilibre très délicat entre les deux contraires. Le moindre mot, la virgule la plus minuscule, doivent dès lors être subtilement dosés, donnant malgré tout matière à de possibles lectures divergentes. Par exemple, cette phrase de Pierre Tap (néanmoins l'un des meilleurs spécialistes des « définitions brèves », ayant su, dès les premiers temps de l'émergence du concept, trouver des formules claires). Objectivistes et subjectivistes peuvent ramener à eux cette définition, selon laquelle l'identité « est un système de sentiments et de représentation de soi, (c'est-à-dire) l'ensemble des caractéristiques physiques, psychologiques, morales, juridiques, sociales et culturelles à partir desquelles la personne peut se définir, se présenter, se connaître et se faire connaître, ou à partir desquelles autrui peut la définir, la situer, ou la reconnaître » [1979, p. 8][1].

---

1. Repris dans Esparbès-Pistre, Tap, 2001, p. 140.

La tentative de dépassement sociologique

En réalité, bien souvent, les définitions consensuelles ne trompent personne. Elles sont là surtout pour conjurer une sorte de mauvaise conscience. En psychologie sociale notamment, tout (l'héritage psychologique, la méthodologie, les thèmes d'enquête) pousse à privilégier dans l'analyse les aspects subjectifs du processus identitaire. Prêtant le flanc à la critique (sociologique) de ceux qui disent que l'individu ne peut être réduit à cela, qu'il faut le replacer dans ses contextes, le recadrer socialement ; que l'identité ne peut être pure subjectivité. Clivage disciplinaire qui s'est durci ces dernières années.

Pourtant, dans les premiers temps de l'émergence du concept, les positions étaient plus proches. Grâce sans doute aux travaux de George Herbert Mead, dans lesquels les deux disciplines se retrouvent. Grâce à l'École de Chicago ensuite, concentrée sur les interactions rapprochées. Erving Goffman en particulier mit un soin particulier à combattre l'essentialisme, et à souligner combien l'identité, processus dynamique et ouvert, résultait d'une négociation permanente avec autrui. Sauf quand il en vint à définir plus explicitement l'identité. Son honnêteté sociologique l'incita alors à souligner avec force l'importance des cadres sociaux et des attributs matériels. D'abord en distinguant une « identité sociale » ; puis en caractérisant l'« identité personnelle » à partir des « « signes patents », qui jouent le rôle de « porte-identité » » [1975, p. 73]. « Par « identité sociale », j'entends les grandes catégories sociales (...) auxquelles l'individu peut appartenir ouvertement : génération, sexe, classe, régiment, etc. Par « identité personnelle », j'entends l'unité organique continue impartie à chaque individu, fixée par des marques distinctives telles que le nom et l'aspect et constituée à partir d'une connaissance de sa vie et de ses attributs sociaux, qui vient s'organiser autour des marques distinctives » [1973, p. 181-182].

La même difficulté à définir la juste place des déterminations sociales dans la problématique de l'identité se retrouve à propos des trajectoires biographiques, thème récurrent de l'interactionnisme symbolique. La première période, celle du *Paysan polonais* [Thomas, Znaniecki, 1998], inscrivait les processus dans la longue durée et une contextualisation large. Avec les concepts de trajectoire [Strauss, 1992a] ou de carrière [Becker, 1985], la dynamique biographique sera étudiée dans des contextes plus serrés et moins cadrés historiquement [Terrail, 1995]. Ce découpage permettant de mettre à jour des articulations fines croisant poids du social et initiatives du sujet ; d'analyser comment l'individu est concrètement produit par son histoire, tout en la produisant. Mécanismes subtils et passionnants à découvrir. Mais ne définissant pas où se situe précisément l'identité. Il est d'ailleurs assez remarquable que dans les développements sur les trajectoires ou les carrières, les auteurs ne parlent guère explicitement d'identité. Anselm Strauss écrit un livre sur l'identité [1992a] et d'autres livres sur les trajectoires [1992b]. Quand les recherches détaillent les dynamiques biographiques, l'identité en tant que telle est oubliée, ou ne figure plus qu'au titre de notion secondaire. La fabrication de l'individu est scrutée dans les moindres détails, en contournant les références trop claires au concept d'identité. Un peu à la manière de George Herbert Mead, avec cette seule différence qu'à son époque, l'identité n'était pas encore dans l'air du temps.

L'air du temps, justement, connaît une violente bouffée identitaire dans les années 1970. Entraînant la sociologie, qui jusque-là était restée extérieure à ce nouveau concept[1], vu comme plutôt psychologique et indéfini. Le retournement est spectaculaire ; soudain l'identité fleurit partout, et, venue de nulle part, s'affiche aussitôt en titre. Dans le domaine de l'anthropologie aussi où, pour faire le point face à ce déferlement inopiné, Claude Lévi-Strauss [1977] organise un

1. Excepté, comme je l'ait dit, dans le courant de l'interactionnisme symbolique. Celui-ci était toutefois très minoritaire et le concept d'identité y était peu employé de façon explicite. C'est non pas dans les années soixante-dix, mais plus tard, que des références à l'interactionnisme symbolique vont se développer au nom de l'analyse de l'identité.

séminaire en 1974-1975 (je reviendrai plus loin sur ses travaux). En sociologie, rompant avec le consensus mou et les bricolages conciliants de l'interactionnisme symbolique, la nouvelle vague identitaire, portée par un mouvement social puissant, annonce son ambition. Utilisant l'identité non plus comme une notion secondaire mais comme un concept central, elle projette de dépasser le subjectivisme étroit de la psychologie (et de la psychologie sociale) qui s'étaient accaparées le concept, en raccordant l'identité aux cadres sociaux. Et, par un véritable coup de maître, de profiter de ce dépassement, avec le même concept d'identité, pour insuffler dans la sociologie l'élément contraire, la subjectivité à l'œuvre qu'elle ignore trop souvent.

En France, Claude Dubar est sans doute celui qui a exprimé le plus clairement cette position. Il s'inscrit dans le sillage de Renaud Sainsaulieu, qui fut le premier à lancer l'offensive. Un peu à l'image d'Erik Erikson, Renaud Sainsaulieu était, par sa trajectoire biographique, l'homme de la situation. Formé à la philosophie (notamment au schéma hégélien de la « reconnaissance de soi »), à la psychologie et à la psychanalyse [Piotet, 2003], il disposait des outils intellectuels permettant de poser le concept d'identité. Militant engagé et curieux de tout, il avait été par ailleurs un des premiers à être sensibilisé par la vague sociale montante du questionnement identitaire, particulièrement marquée dans le monde en pleine mutation de l'entreprise. En 1977, synthèse de près de dix ans de travaux, il publie *L'Identité au travail*, qui (notamment par le net affichage de l'identité en titre) devint aussitôt un étendard pour la sociologie en quête de renouvellement. Renaud Sainsaulieu ne renie pas son héritage psychologique. Mais il élargit la sphère d'analyse, en soulignant que l'identité ne saurait être appréhendée en ignorant les cadres sociaux dans lesquels elle s'inscrit. L'identité ne saurait être séparée de la socialisation ; et la sociologie est la mieux placée pour réunir ces deux éléments.

Claude Dubar va prolonger et systématiser ce programme. Lui aussi, bon connaisseur de la psychologie et de la psychanalyse, lecteur de Freud, d'Erikson, et des classiques de la sociologie, poursuit, à sa manière, l'œuvre des intellectuelsalchimistes qui l'ont précédé, rêvant de réunir les contraires, autour du concept d'identité, sorte de moderne pierre philosophale des sciences humaines. Il engage un double combat. Contre la psychologie (et la psychologie sociale) réductrice, oublieuse des contextes qui fabriquent l'individu, il proclame que « l'identité est un produit des socialisations successives » [1991, p. 7]. Contre la « sociologie classique », il refuse que l'individu puisse se résumer à ses « catégories d'appartenance » [2000, p. 9]. Tentant de relier « les deux façons d'envisager des trajectoires individuelles : objectivement comme une “suite de positions” dans un ou plusieurs champs de la pratique sociale, subjectivement comme une “histoire personnelle” dont le récit actualise des visions du monde et de soi » [1998, p. 73]. Beau programme. Pour l'appliquer, il imagine des concepts ingénieux, comme celui de « formes identitaires » [1998], ces configurations sociales, inscrites dans des trajectoires dynamiques, qui prédisposent à certains types d'identité.

J'avais déjà eu l'occasion d'engager une polémique avec Claude Dubar à ce propos [Kaufmann, 1994 ; Dubar, 1998]. Identité est un terme à la mode, qui pétille d'intelligence et de créativité quand il remplace un vieux concept fatigué et discrédité, affublé d'une charge symbolique négative, comme c'est le cas du concept de rôle. Mais il n'y a rien à gagner à trop élargir sa zone d'action. Au contraire, il y a beaucoup à perdre ; qui trop embrasse mal étreint. D'autant que le concept de rôle n'a démérité que dans la mesure où il a été défini de façon étroite et rigide par certaines écoles de pensée. Il garde beaucoup à nous apprendre, notamment dans les articulations identité/rôle (nous verrons cela un peu plus loin) et individu/société. Il faut non pas le rejeter mais corriger ses défauts, le remettre au goût du jour.

La difficulté à résoudre dépasse la question des « formes identitaires ». Elle réside dans le fait que l'élargissement sociologique, en principe justifié (l'individu ne peut effectivement être réduit à sa seule subjectivité), débouche paradoxalement ici sur une indiscernabilité encore plus grande de l'identité. Comme si les meilleurs sentiments (prendre en compte des critères négligés) ne produisaient (par un effet pervers lié à ce concept très particulier) à un certain degré que du trouble, une perte de la vue d'ensemble. Comme si la barbe à papa, gigantesque et gluante, collant mille éléments divers, faisait disparaître l'identité elle-même. À devenir tout, elle n'est bientôt plus rien. Ainsi dans cette définition où « l'identité n'est autre que *le résultat à la fois stable et provisoire, individuel et collectif, subjectif et objectif, biographique et structurel, des divers processus de socialisation qui, conjointement, construisent les individus et définissent les institutions*[1] » [Dubar, 1991, p. 113].

Identité et individu

La sociologie, par sa tentative de dépassement avortée, présente un paradoxe. Comment se fait-il qu'elle parvienne à découvrir des mécanismes intéressants tout en rendant l'identité elle-même encore plus insaisissable ? Comment se peut-il surtout qu'en disant des choses justes (rappeler que l'individu n'est pas pure subjectivité), elle n'aide pas à élucider ce qu'est l'identité, voire qu'elle accentue encore le trouble ?

L'explication de ce paradoxe est surprenante de simplicité. Elle provient d'un fait et d'un seul : la fusion individu/identité et la confusion entre les deux termes. Individu et identité sont deux phénomènes, étroitement liés mais clairement distincts et de nature très différente, qui ne doivent être amalgamés sous aucun prétexte. L'identité, dimension essentielle de l'individu moderne, « ne peut nullement, en revanche, devenir le pivot exclusif de son étude » [Martuccelli, 2002, p. 345]. Or c'est bien précisément ce qui se passe. Elle n'est souvent en effet qu'un mode d'entrée à l'analyse de l'individu en propre, voire plus généralement, aux modalités de la socialisation. Vague instrument introductif, il est donc logique qu'elle ne soit pas traitée en tant que telle. Circonstance aggravante : la plupart du temps le lecteur ne peut deviner si, pour ce dont il est question, il s'agit de l'individu ou plus

1. Souligné par l'auteur.

précisément d'identité. Dire quelques mots sur ce qu'est un individu n'est donc pas inutile.

« L'individu est un processus » ne cesse de répéter Norbert Elias tout au long de son œuvre [Kaufmann, 2001]. Un processus dynamique, ouvert, où le social et l'individuel sont intimement imbriqués, dans des configurations complexes [Elias, 1991a]. « Individu » et « société » ne sont à la limite que des facilités de langage et de représentation pour séparer, par commodité, des catégories en réalité beaucoup plus diffuses et interpénétrées. C'est pourquoi il faut donner toute son importance à la socialisation dans l'analyse de l'individu. Car ce dernier n'est pas une sorte d'entité (plus ou moins) autonome qui subirait (plus ou moins) l'influence de divers cadres sociaux. Les cadres sociaux ne lui sont pas extérieurs. L'individu est lui-même de la matière sociale, un fragment de la société de son époque, quotidiennement fabriqué par le contexte auquel il participe, y compris dans ses plis les plus personnels, y compris de l'intérieur. « Oh ! quel déterminisme étroit ! », pensera le critique sensible aux espaces de subjectivité et à la liberté de l'acteur. Je ne le pense pas. La liberté de l'acteur n'est pas inversement proportionnelle au poids des déterminations. Il s'agit de deux processus, qui s'entrecroisent sans cesse et très finement. L'identité joue justement un rôle précis dans cette articulation, nous verrons cela plus loin. En attendant, il ne faut surtout pas oublier que l'individu est fait de matière sociale, qu'il n'est pas une pure conscience (encore moins purement rationnelle) hors de l'histoire et séparée de son contexte. Sinon la subjectivité n'est qu'une abstraction sans limites, une illusion, et il devient pour le chercheur impossible de mettre en évidence ses manifestations précises.

La psychologie, science du psychisme, néglige d'autant plus facilement ce qui, pour elle, n'est qu'un arrière-plan laissé à d'autres disciplines, qu'elle se concentre sur son objet. Malgré son qualificatif, la psychologie sociale le néglige aussi grandement, en particulier quand elle expérimente artificiellement les individus en laboratoire. Ce faisant elles renforcent une certaine conception de ceux-ci, conforme au sens commun, arbitrairement séparés de la société et constitués en sujets autonomes[1]. Comme dans un véritable jeu de rôles aux dimensions inter-disciplinaires, désormais bien rôdé, la sociologie entre donc régulièrement en guerre pour palier cet oubli. Elle mène inlassablement la lutte pour rappeler (contre une très forte opposition, y compris dans ses rangs) que l'individu n'est pas un atome isolé, et qu'il ne peut être réduit à son psychisme. Emportée par son élan, elle continue dans sa lancée quand la cible est un peu moins bien définie. Individu ou identité, qu'importe : il faut élargir le cercle des critères, prendre en compte la matérialité des faits et les contextes trop ignorés. Les résultats sont généralement intéressants sur la plan de l'analyse dynamique des processus. Beaucoup moins concernant la clarification des rapports objectif/subjectif. Excepté dans des phrases brèves qui parviennent à masquer le problème, la confusion devient au contraire plus grande : mais l'identité, à la fin, qu'est-ce que c'est ?

Le problème de la définition précise de l'identité sera en réalité insoluble tant qu'individu et identité ne seront pas strictement séparés dans l'analyse. L'identité est un phénomène précis et spécifique, qu'il faut délimiter, et situer exactement dans l'immense fabrique multiforme de l'individu. L'urgence première est de rompre avec tous les consensus mou et autres barbes à papa, même les plus élégants et sympathiques, ramenant d'une façon ou d'une autre à l'individu. Et de rompre encore plus avec le sens commun essentialiste, ramenant à la matérialité administrativo-biologique de l'individu. De rompre, et de proposer de nouvelles analyses du fait identitaire dans sa globalité. Il faut des propositions nettes et fortes. Tel est je l'espère le statut des pages ci-dessous. Je n'ai ni l'immodestie ni l'impudeur de dire : voici la vérité sur l'identité. Je pense, par contre, que des hypothèses tranchées

1. Je schématise bien entendu ici à l'extrême. Bien des courants minoritaires de la psychologie sociale (notamment ceux qui continuent à se revendiquer de George Herbert Mead) sont au contraire sensibles aux interactions avec le contexte [Camilleri *et al.*, 1990 ; Costalat-Founeau, 1997]. En psychologie, les conceptions dominantes ne doivent pas faire oublier par exemple les travaux essentiels de Jean Piaget [1967 ;1976] ou d'Ignace Meyerson [Meyerson, 1995 ; Parot, 1996], foncièrement inscrits dans les processus évolutifs et dans l'histoire.

sont nécessaires pour sortir du consensus mou si néfaste, et engager le débat. Davantage que des hypothèses : des théories ayant l'audace de dire leur nom. Bien que l'époque ne leur soit guère favorable [Kaufmann, 2001]. Ce qui suit peut donc être lu comme une tentative pour esquisser une théorie de l'identité.

En finir avec l'identité ?

De nombreux chercheurs ont à un moment ou à un autre signalé l'agacement provoqué par ce concept. Irrésistiblement attirant, il se révélait (à un certain degré de développement des recherches) créateur de flou, donc contre-productif. Au point que se pose la question de son rejet et de son remplacement, par des termes renvoyant à des réalités mieux définies. Claude Dubar, par exemple, commence ainsi son livre sur *La Crise des identités*. « Le terme "identité" n'est-il pas le type même de "mot valise" sur lequel chacun projette ses croyances, ses humeurs et ses positions ? » Difficile pour autant de le changer. « J'ai choisi de le garder pour deux raisons. D'abord parce que je n'en ai pas trouvé de meilleur (...) » [2000, p. 1]. Ensuite parce qu'il lui permettait de poursuivre une trajectoire de recherche déjà engagée.

Je me suis personnellement posé cette même question. « Identité » est une notion du sens commun, souvent affublée d'une connotation essentialiste. Dans le domaine scientifique, c'est un terme définissant des réalités très diverses et imprécises. Le risque est donc considérable, en le reprenant dans le cadre d'une proposition théorique, de ne pas parvenir à le détacher du magma de significations hétéroclites lui collant à la peau. Il y aurait donc beaucoup d'avantages à inventer un terme tout nouveau et bien propret. Mais un inconvénient majeur : laisser libre cours aux conceptions dominantes de l'identité, aussi fausses qu'elles sont vagues et multiples.

J'avais eu, dans *Ego*, la même hésitation à propos du vieux concept d'habitude, oublié dans sa dimension conceptuelle, réduit au sens commun, et symboliquement stigmatisé.

J'avais opté pour le maintien du terme (sans être encore certain aujourd'hui du bien-fondé de ma décision), pour éviter d'aggraver la fragmentation de la discipline, si préjudiciable au débat (à quoi sert d'inventer un beau concept si l'on est le seul à s'en servir ?). C'est cette même raison qui m'incite aujourd'hui à maintenir le terme d'identité, quels que puissent être ses risques et défauts. Je suis convaincu en effet qu'il faut inlassablement sauvegarder la mémoire collective des sciences humaines, mener le combat de l'intérieur, éviter comme la peste la fuite et l'enfermement confortable dans son petit univers. Ne pas aggraver encore la féodalisation mortifère. Concernant l'identité par ailleurs, les enjeux ne sont pas seulement scientifiques. Derrière le concept attrape-tout se profile en effet un problème de société aux dimensions considérables. L'identité, nous le verrons, est sans doute la forme que tend à prendre désormais la question sociale. Inventer un nouveau petit concept reviendrait donc aussi à abandonner lâchement ce terrain. Au contraire, il faut faire front, avec tous les dangers que cela présuppose. Celui d'être mal compris en utilisant un terme aux significations déjà établies et multiples. Celui d'engager un combat pour le moins inégal, à l'issue négative hélas globalement certaine. Mon projet n'est pas d'imposer une nouvelle conception de l'identité ; ce qui confinerait à une ambition paranoïde. Mais simplement d'installer un point de vue argumenté, support, je l'espère, de débats à venir.

2

Le retournement historique : Une théorie de l'identité

Pour y voir plus clair sur le concept d'identité, deux opérations sont à mon avis nécessaires. Séparer clairement individu et identité ; et inscrire avec précision le phénomène identitaire dans l'histoire. Car il ne saurait posséder « une validité anthropologique universelle, indépendamment de tout contexte social-historique » [Gauchet, 2002a, p. 257]. Tâche gigantesque, qui pourra seulement être esquissée dans ce chapitre. Je m'appuierai pour commencer sur un livre précédent, *Ego*, dans lequel j'ai analysé la production historique et sociale du fait individuel. Insistant sur ce qui est habituellement occulté : l'univers invisible des déterminations sociales individuellement incorporées. Seules quelques pages dans cet ouvrage avaient été réservées à l'identité, qui s'inscrit dans une logique complémentaire et très différente. Elles seront plus amplement développées ici. Avant de détailler les processus identitaires, il convient de prendre en compte l'individu et son autonomisation comme produits de l'histoire sociale.

*Concentré d'*Ego

Résumer en quelques lignes un livre déjà complexe et difficile d'accès s'apparente à une gageure ; je prie donc le lecteur de bien vouloir me pardonner le schématisme des énoncés.

Malgré l'accumulation de faits d'observation de plus en plus fins, l'origine des sociétés humaines reste encore en grande partie un mystère. Contre le modèle d'explication dominant (individualiste et linéaire, fondé sur le développement régulier des capacités cérébrales et linguistiques de l'espèce humaine), des hypothèses alternatives ont été proposées, mettant en avant le rôle crucial de l'émergence du fait social [Guille-Escuret, 1994]. Ce dernier se caractérise principalement par la capacité d'enregistrement d'une mémoire sociale, séparée des individus. Jusque-là, les hominidés étaient réduits aux techniques de l'apprentissage pour enrichir leur culture, à l'image de ce qui se passe dans certaines espèces animales. Apprentissage de portée limitée, car condamné à repartir de zéro à chaque génération, la mémoire sociale étant enregistrée par des individus mortels. Avec la constitution du fait social au contraire, un savoir indépendant se structure, cumulatif, et s'impose comme second centre de régulation des comportements, rival et complémentaire du biologique. Bien que nature et culture se retrouvent intimement mêlées dans la définition du moindre geste, elles s'inscrivent chacune dans deux logiques de régulation distinctes. La nature a ses lois ; la culture aussi.

La différence essentielle étant sans doute dans l'impossible régulation circulaire de l'univers culturel. Il s'agit pourtant du modèle de référence des premières sociétés, copié sur la perfection régulatoire du monde biologique. L'idée est celle d'un grand Tout, généralement illustré par un mythe fondateur, qui définirait exactement la place de chaque partie formant le Tout. Rêve holistique des origines, qui pendant des millénaires va perdurer sous des formes diverses. Mais parallèlement la société se transforme, dans ses pratiques concrètes, jour après jour. Provocant des conflits d'interprétation, au principe du développement de la réflexivité, et des reformulations du Tout, de plus en plus fréquentes. Un des épisodes les plus marquants à cet égard est à l'évidence représenté par les Lumières, quand Dieu fut remplacé par la Raison comme clef de voûte chapeautant l'édifice symbolique. La différenciation sociale s'accéléra, ruinant la chimère d'une totalité englobante. Une infinité de micro-totalités signifiantes tentèrent alors de s'imposer pour donner sens à l'existence. Se fixant rapidement sur la plus solide et la moins discutée : l'individu, mis en position de devenir le pôle de réorganisation du social. D'où l'individualisation de la société qui s'ensuivit.

L'individu n'est pas plus unifié que ne l'est la société, il ne constitue une totalité claire que dans ses propres rêves. Mais telle est l'idéologie de la modernité, socialement nécessaire bien que scientifiquement erronée. L'individu doit croire en lui-même comme entité stable et autonome, dégageant un système de valeurs indubitable. Il doit se représenter avec constance, sans hésitation, et être immédiatement identifiable par autrui. En d'autres termes, il doit avoir une identité.

J'ai rapidement signalé dans *Ego* que cette représentation identitaire n'est en fait guère plus stable que l'infrastructure individuelle, travaillée par mille contradictions. Et insisté sur le fait que l'importance était non dans la stabilité mais dans la clôture de sens, devrait-elle ne durer qu'une fraction de seconde. L'identité est un enveloppement ; un enveloppement conférant l'évidence de soi.

L'individu peut être vu comme l'articulation continuelle de deux processus. D'une part, un stock de mémoire sociale, à l'architecture spécifique individuellement incorporée, extraordinairement mouvant et contradictoire. D'autre part, un système de fermeture subjective, conférant le sens tout en créant l'illusion d'une totalité évidente. Je suis convaincu que ces deux aspects opposés ne peuvent sérieusement être traités dans un seul livre (dans deux ouvrages séparés, cela est déjà bien difficile !). J'avais insisté dans *Ego* sur la production sociale de l'individu, d'autant plus allègrement que c'est un aspect largement sous-estimé. Cela m'a été reproché, la critique m'étant faite de déterminisme et de sociologisme outrancier. Voici donc venu le temps de me racheter et, je l'espère, de me faire mieux comprendre. L'historique est aussi à reprendre sur le versant identitaire, ce que j'avais (volontairement) négligé dans *Ego*. Je m'appuierai essentiellement pour cela sur des études américaines de psychologie sociale, qui, comme souvent dans cette discipline, n'ont nullement pour objet l'inscription historique des processus. Les théories, c'est mon avis, sont moins faites pour être pieusement respectées qu'efficacement utilisées. En l'occurrence, il s'agit presque de détournement de concepts, l'argumentation fine des auteurs étant mise au service de mes thèses sur l'historicité de l'identité. Je crois que c'est un vrai bonheur (ne dérogeant en rien, au contraire, aux règles scientifiques) quand les concepts se révèlent être ainsi des instruments vivants et pleins de surprises.

Les leçons d'un séminaire

Au début des années 1970, la question de l'identité surgit soudainement de toutes parts. « La quête de l'identité, la crise de l'identité, la perte de l'identité sont au cœur des recherches et des préoccupations de notre temps » annonce la quatrième de couverture du livre dont nous allons parler [Lévi-Strauss, 1977]. Les chercheurs sont emportés par cette vague, sans prendre souvent le temps de la moindre distance critique. L'entreprise de Claude Lévi-Strauss représente donc une sorte de contre-exemple, des plus intéressants, surtout à cette période. À l'initiative de Jean-Marie Benoist, il va en effet dans les années 1974-1975, diriger un séminaire rassemblant quelques-uns des meilleurs spécialistes de disciplines diverses, pour tenter de faire le clair sur cette étrange notion au succès inattendu. Claude Lévi-Strauss, c'est évident, a bien du mal à cacher son agacement vis-à-vis de ce concept pas vraiment comme les autres, aussi repoussant par son vide indéfinissable qu'il est difficile de s'en débarrasser, se défendant de l'avoir choisi « parce que, depuis quelque temps, une mode prétentieuse l'exploite » [p. 9]. Au-delà du concept, il se méfie de cette « fameuse crise de l'identité dont on nous rebat les oreilles » [p. 11] et qui « serait le nouveau mal du siècle » [p. 9]. La foi en l'identité pouvant « n'être que le reflet d'un état de civilisation », sans doute dépassable si « nos petites personnes approchent du point où chacune doit renoncer à se prendre pour l'essentiel » [p. 11]. Mais, en scientifique consciencieux, il s'attache par les travaux du séminaire à réunir les conditions « pour poser le problème de l'identité sur un terrain plus solide » [p. 10], notamment dans les sociétés exotiques.

Il faut le dire tout net, malgré la bonne volonté et les compétences assemblées, les résultats ne furent guère probants. La multiplication des perspectives (philosophie, biologie, mathématiques, linguistique, etc.) formant inévitablement, déjà, une barbe à papa des plus caractéristiques. Se dégagent toutefois quelques formules bien senties de Claude Lévi-Strauss. Et surtout, une analyse serrée des sociétés exotiques, qui apprend beaucoup, notamment par la négative. Par ce qui n'a pas été trouvé.

D'emblée, Françoise Héritier [1977, p. 51] fait part de ses réserves. Après avoir exposé ses données ethnographiques sur les Samo de Haute-Volta, elle annonce qu'elle se conformera à la consigne du séminaire, « pour tenter de découvrir où se situe l'identité de la personne Samo ». Mais elle ne peut s'empêcher d'ajouter aussitôt : « si tant est que ce concept ait chez eux un sens ». Effectivement elle ne parvient pas à découvrir grand chose d'un strict point de vue identitaire. Mais c'est justement ce qui nous apporte une information essentielle. Ce que dit Françoise Héritier de l'identité chez les Samo[1] étant particulièrement clair, je me permettrai de la citer longuement. « La seule armature véritable, celle qui fait et construit l'identité, est donnée par la définition sociale. La règle sociale collective s'incarne dans l'individu et lui donne son identité en lui assignant une place, un nom et un rôle qui doit être le sien en raison de sa situation généalogique et chronologique dans un lignage donné : il est né dans un lignage de maîtres de la terre ou de maîtres de la pluie, de fossoyeurs

1. Et qui pourrait être généralisé, pour l'essentiel, à la plupart des sociétés premières.

ou de forgerons, il est homme ou femme, aîné ou cadet. L'identité samo est le rôle assigné et consenti, intériorisé et voulu, qui est tout entier *contenu dans le nom*[1], nom lignager et nom individuel » [p. 69].

En d'autres termes, l'identité, socialement octroyée, est un élément subordonné et non un processus autonome. C'est pourquoi elle peut être négligée dans ce type de société. Car elle ne joue pas en tant que telle un rôle moteur. Elle n'est au mieux, s'il est possible de dire qu'elle existe, qu'un effet. « Chacun est ce qu'il est, où il est, et il ne peut même pas imaginer comment il pourrait en être autrement » [Berger, 1973]. Il est bien sûr concevable de dire qu'il y a des identités (il s'agit d'une question de langage) si l'on entend par là des caractéristiques propres à un individu ou un groupe. Mais à l'évidence il n'existe aucun problème d'identité, ce questionnement moderne, multiforme et généralisé. Michel Legrand [1993, p. 281-282] souligne ce paradoxe d'une identité indicible dans les sociétés premières, où elle a pourtant « sa plus forte consistance, sa plus éclatante évidence », alors qu'elle « vient à la lumière » dans les sociétés démocratiques, où elle « déchire sa cohérence », où elle « se fragilise et s'affole ». L'identité n'a connu la gloire que parce qu'elle est devenue incertaine. On comprend mieux ainsi pour quelle raison analyser la situation présente sous l'angle de la crise identitaire est une erreur. Car la montée en puissance de l'identité est justement liée à ce qu'on appelle à tort sa « crise », la mise en flottement des repères existentiels, l'« incertitude radicale sur la continuité et la consistance de soi » [Gauchet, 2002a, p. 257]. Avant la crise, il n'y avait pas à proprement parler d'identités. « Pour qu'il y ait identification, il faut qu'il y ait des situations où il y a sens à s'identifier » [*idem*].

La question identitaire a historiquement résulté de la désagrégation des communautés, libérant un individu contraint de s'auto-définir. J'ai décrit ce processus social dans *Ego*, en m'appuyant sur une reprise critique de l'*habitus* bourdieusien. J'ai montré comment chez Pierre Bourdieu, il n'y avait pas

1. Souligné par l'auteur.

une seule, mais deux théories de l'*habitus*, aussi différentes entre elles qu'elles sont intimement mélangées. La théorie 1 représente (malgré elle) un modèle d'interprétation très sophistiqué des communautés intégrées caractéristiques des sociétés premières (dans ses grandes lignes encore valable pour les sociétés traditionnelles). L'*habitus* y est une « formule génératrice », structure structurée par le social, à son tour structurante de l'individu, dans un mouvement circulaire infini. « Le roi, le banquier, le prêtre sont la monarchie héréditaire, le capitalisme financier, ou l'Église faits homme » [Bourdieu, 1980, p. 96]. L'« identité » individuelle n'est ici pour l'essentiel rien d'autre qu'un effet des *habitus* incorporés. Ce qui n'a rien de réducteur quand on se souvient que dans ses origines aristotéliciennes, l'*habitus* était intimement lié à l'éthique, à la fois matrice des pratiques et système de valeurs, conférant le sens de la vie.

Ce modèle parfait ne parvint toutefois jamais à s'appliquer totalement ; les sociétés étaient irrésistiblement en mouvement et poussaient à la reformulation des schèmes de pensée et de comportement, rendant sans cesse plus illusoire la circularité globale de l'*habitus.* Au contraire, le fractionnement social constituait des sous-univers toujours plus nombreux, structurant des *habitus* spécifiques (théorie 2). Et surtout, à l'intersection de cercles de socialisation multiples [Simmel, 1989], l'individu lui-même s'imposait progressivement, dans la modernité, comme petit pôle d'enregistrement de la mémoire sociale, à son échelle et à sa façon particulière. Et comme un sous-univers de signification à construire. Condamné à édicter le sens général de l'enregistrement des *habitus* et de leur mise en acte, le sens de sa propre vie, son « identité ». Qui ne lui est plus que très imparfaitement et partiellement octroyée par les cadres dans lesquels il s'inscrit.

L'histoire de l'identité peut être analysée comme une immense conversion « entre cette identité qui vient du dehors dans la pensée samo et celle que nous-mêmes essayons d'établir du dedans » [Lévi-Strauss, 1977, p. 72]. Reste cependant à tenter « d'établir un ensemble de correspondances » [*idem*] entre ces configurations identitaires contrastées. Reste à définir plus précisément comment s'est effectué le retournement.

La double face de l'État

Certains individus ont sans doute joué un rôle notable dans l'histoire de l'invention de soi. Moins de par leur volonté propre que parce qu'ils s'inscrivaient dans des trajectoires particulières. Nantis poussés par leurs avoirs à se constituer en sujets [Castel, Haroche, 2001], intellectuels, aventuriers en tout genre et désaffiliés par le haut de la bonne société, désaffiliés par le bas des vagabondages sans feu ni lieu [Castel, 1995], désaffiliés par la marge de la vie d'artiste. Mais le centre du retournement, le facteur le plus agissant est ailleurs, dans la formation de l'État, dont l'essor a été inversement proportionnel au déclin de l'intégration communautaire. « L'émergence de l'individu n'est pas issue du relâchement du contrôle social, mais au contraire, de son accentuation » [Dubet, 2002, p. 39-40]. Depuis la fin du XVIe siècle en Europe, ce mécanisme finement analysé par Marcel Gauchet [1985] se fonde sur « la captation du lien social par l'État, captation qui représente l'acte de naissance de l'État moderne, et d'ailleurs son acte de baptême, puisque c'est dans l'opération que se dégage le concept même d'« État » » [Gauchet, 2002a, p. 239]. C'est un peu le problème de l'œuf et de la poule : l'État tente de capter et structurer le lien social à mesure que les communautés se désagrègent, que l'individu est « détaché de ses communautés d'appartenance » [Corcuff, 2002, p. 19]. Et à mesure qu'il y parvient, la désagrégation s'accélère, l'individu est sommé de se constituer en sujet.

L'État, notamment par l'usage du droit [Gauchet, 2002b] a joué un rôle crucial dans l'individualisation de la société, qui déchaîna la quête identitaire. Il est intervenu aussi beaucoup plus directement dans la constitution des identités, et ceci très précocement. L'histoire des papiers d'identité évoquée plus haut l'illustre parfaitement, histoire dont il se confirme qu'elle n'est ni hors de propos, ni un épiphénomène. Car l'État a commencé à travailler aux identités individuelles bien avant que la majorité des individus eux-mêmes ne s'en préoccupent. D'une certaine façon bien sûr, sa façon à lui, admistrativo-réductrice, octroyant des identités fixées à jamais dans ses registres, d'un trait de plume, en quelques critères. Croyant se débarrasser à bon compte du problème qu'il avait pourtant largement participé à mettre en place. Telle est la première face de l'État, machinerie bureaucratique à l'initiative de la formation des identités modernes, dont il voulait ignorer, et ignore toujours, qu'elles sont en réalité, et de plus en plus, questionnements sans fin, « interrogations vertigineuses » sur soi [Gauchet, 2002a, p. 237]. Pensant simplement ranger faits et chiffres, l'État avait ouvert la boîte de Pandore identitaire.

La seconde face étatique est à la fois son prolongement et son contraire : une volonté politique d'organiser la société, de contraindre les identités, de fabriquer, concernant le statut des personnes, quelque chose pouvant ressembler à l'intégration communautaire d'antan, avec d'autres moyens. Ce que l'État parvint à faire, avec plus ou moins de bonheur, non seulement lors de son émergence dans le cadre de la société traditionnelle, mais également dans la première phase de la modernité, « modernité organisée » pour Peter Wagner [1996], organisée autour d'un « programme institutionnel » pour François Dubet [2002].

La transition identitaire

La révolution identitaire a été déclenchée du haut de la société, par l'État reformulant le lien social à son profit. Au niveau des individus, le basculement vers le nouveau mode de définition de soi se produisit de façon socialement très diversifiée, touchant d'abord une minorité, dans un mouvement long qui s'échelonna sur plusieurs siècles. Les années 1800 marquent un élargissement manifeste du processus. « Le sentiment de l'identité individuelle s'accentue et se diffuse lentement tout au long du XIXe siècle » [Corbin, 1987, p. 419]. Comme l'illustre en particulier la floraison des journaux intimes [Lejeune, 1993]. La culture du sensible naissante enveloppe la découverte multiforme de sensations de soi. Le romantisme en particulier peut être analysé sous cet angle, y compris dans ses tentatives de réenracinement conservatrices [Mesure, Renaut, 1999] ; la nouvelle quête de soi étant, indissociablement, moderne et nostalgique de la sécurité ontologique perdue. L'univers intellectuel et surtout artistique est le plus touché par ce bouleversement de l'intime. « Les artistes mettent en scène des dilemmes personnels : l'ambition de faire son chemin, de s'arracher à la tradition, de ne plus imiter la nature stimule des interrogations identitaires et des anxiétés. Ils fournissent ainsi des modèles de compréhension de soi et du monde pour la bourgeoisie et les classes moyennes » [Ehrenberg, 1998, p. 41]. Les classes aisées commencent à s'en emparer avec frénésie dans les grandes métropoles urbaines foyers d'agitation culturelle ; Vienne, Londres ou Paris. « Si la fin du XIXe siècle inaugura "la crise chronique de l'identité" [Le Rider, 1990, p. 13], elle le fit seulement pour le bourgeois » [Ehrenberg, 1998, p. 53]. Pour la grande masse des populations rurales au contraire, la vie continuait son cours sans qu'il y faille à l'individu lui donner un nouveau sens. Guy Thuillier [1977] a montré comment, dans la campagne française, l'« ancien régime des gestes » (légué par la tradition et reproduit d'une génération à l'autre) a continué à définir les comportements quotidiens jusqu'au milieu du XXe siècle. Au-delà de cette gestuelle ordinaire, c'est le sens de l'existence qui était fixé. Dans les profondeurs de la société, les individus, personnellement, n'avaient encore que faiblement accès au nouveau régime de l'identité.

Guy Thuillier signale que la généralisation de l'École fut l'élément central qui déstructura cet ancien régime de la vie quotidienne. En introduisant un savoir nouveau, concurrent du savoir traditionnel. Et en formant, théoriquement, un nouveau type de sujet, autonome par la pensée, armé intellectuellement pour se tourner vers lui-même et mieux agir sur le monde. En réalité, l'École, inventée par l'Église, eut dès le début un « projet d'emprise universelle sur les âmes » [Dubet, 2002, p. 25]. Si elle « veut arracher les acteurs à l'expérience banale et familière de leur propre monde », c'est pour les faire entrer totalement dans un autre univers, « par le travail de socialisation de l'institution » [p. 27], à partir d'un « corps de doctrines et de principes perçus comme fortement homogènes et cohérents » [p. 28]. À l'image de l'École, ce sont tous les secteurs de l'État qui, dans la première phase de la modernité, développèrent ce que François Dubet appelle un « programme institutionnel », héritage et mise en application du projet des Lumières, où « le sens vient d'en haut » [p. 24], grâce à des « combinaisons stables et cohérentes d'orientations normatives » [p. 49]. Il y a une « véritable magie du programme institutionnel », car il résout un paradoxe : « Dans le même mouvement, il socialise l'individu et prétend le constituer en sujet » [p. 35], affirmant que « l'obéissance libère » [p. 37]. En réalité, la réflexion d'ego est étroitement encadrée. L'institution « lui inculque un *habitus* et une identité conformes aux exigences de la vie sociale » [*idem*], une « polarité de l'âme » [Durkheim, 1990, p. 30]. Les identités individuelles se spécifient tout en étant socialement fabriquées, et octroyées par l'immense et cohérente machinerie étatique. La République développe une « politique positive » visant à « *faire de la modernité une tradition*[1] » [Cingolani, 2003, p. 42]. La première phase de la modernité est une sorte de modernité sans véritables identités modernes, où les individus sont construits sans qu'il leur soit besoin de développer un questionnement ontologique. Une longue transition du point de vue identitaire, les personnes recevant de l'institution le sens de ce qui ressemble encore beaucoup à un destin, guère différent de l'empreinte communautaire. Alors que tout change en haut, en bas la vie continue à aller de soi et à dérouler son cours prévisible.

Le mécanisme à l'œuvre, dans la transition identitaire de la « modernité organisée » [Wagner, 1996], peut être analysé plus finement en faisant intervenir le concept de rôle. Beaucoup de choses en effet se jouent dans la confrontation de l'individu à ses rôles sociaux. L'identité en particulier ne peut être, il me semble, sérieusement étudiée en faisant l'économie de ce paramètre. J'ai déjà dit ailleurs [Kaufmann, 1994] combien l'élargissement abusif du concept d'identité pour décrire des

1. Souligné par l'auteur.

contextes de socialisation créait des confusions néfastes. Il faut au contraire séparer les deux concepts, et détailler avec précision les liens qui les unissent. Certes le rôle traîne avec lui une mauvaise réputation, liée au fait qu'il est censé réduire les individus à la passivité, à les conformer à des normes intangibles. « Le scénario est écrit, la scène est prête » et les acteurs n'ont plus qu'à s'exécuter « dans le rôle préparé pour eux » [Giddens, 1987, p. 134]. Anthony Giddens ajoute judicieusement que « le rejet de telles conceptions n'implique pas qu'il faille abandonner complètement le concept de rôle ». Hélas, reprenant un autre ouvrage [Giddens, 1979], c'est ce qu'il fait dix lignes plus loin en qualifiant d'« identité sociale »[1] les « prérogatives et obligations » associées à une position.

Une amicale polémique a été engagée avec François Dubet [Kaufmann, 2001, 2002 ; Dubet, 2002] sur la question de la distance aux rôles dans la société contemporaine. Les travaux de François Dubet [2002] sur le « programme institutionnel » permettent aujourd'hui d'aller plus loin. Ils montrent comment, dans cette première modernité, les individus sont « fondus dans leur rôle » [p. 31], produits, y compris subjectivement, par la socialisation. Les intervenants de l'État parviennent à atteindre « la totalité de la personne par le biais d'un rôle social spécifique », fabriquant « des personnages sociaux parce qu'ils travaillent dans un programme fondé sur la croyance dans l'adéquation de la personne et du rôle » [p. 340]. Alors que dans la phase présente de la modernité, les sujets au contraire s'autonomisent, justement par leur subjectivité (qui leur permet de déployer une distance critique avec les cadres de socialisation) et s'engagent dans ce qu'ils sont amenés à vivre comme une « expérience » [Dubet, 1994]. Il y a « déchirement de l'accord implicite entre la socialisation et la subjectivité » [Dubet, Martuccelli, 1998,

1. « L'identité sociale est souvent comprise comme une assignation de rôles correspondant à la position sociale des personnes » [Costalat-Founeau, 1997]. Bien que l'« identité sociale » soit une notion aussi variable que celle d'identité, elle est majoritairement employée pour remplacer (et donc occulter) le concept de rôle, les auteurs de ce glissement croyant bien faire, en décrivant un paysage social plus dynamique et moins figé. En réalité ils brouillent encore plus l'identité, et interdisent d'étudier ses liens précis avec les cadres de socialisation.

p. 297]. Je suis d'accord avec François Dubet sur l'essentiel, la disjonction entre socialisation et subjectivité, et le développement de la vie comme expérimentation [Kaufmann, 2002a]. Je pense toutefois qu'il existe, dans la seconde modernité, beaucoup moins de distance aux rôles que de distance à un certain type de rôles, précisément ceux du programme institutionnel, rigides et intégrés dans une vaste machinerie normative, hiérarchiquement contrôlée et interdisant les redéfinitions personnelles. Un nouveau type de rôles se forme de plus en plus[1]. Des rôles souples, changeants, auto-définis collectivement, ne socialisant l'individu que pour des durées brèves[2]. Vis-à-vis de ce second type de rôles, aucune distance ne s'observe, ego tendant au contraire à les incorporer intimement le temps de la socialisation, pour créer les meilleures conditions de son action [Kaufmann, 2001]. La clé de compréhension de l'essor de la subjectivité (et par conséquent de la quête identitaire) ne me semble donc pas se trouver du côté des individus eux-mêmes et de leurs « quant-à-soi » [Dubet, 1994]. Mais du côté des rôles, qui, en se décrochant du programme institutionnel, en se multipliant et en s'assouplissant, contraignent les individus à se construire et à se redéfinir d'une façon totalement nouvelle. Il est bien dommage que le concept de rôle (à l'inverse de celui d'identité) soit actuellement si peu attirant. Sa mise à l'écart (et sa confusion avec l'identité), j'en suis persuadé, se paie scientifiquement très cher.

1. Le rejet du concept de rôle est essentiellement du au fait qu'il est assimilé aux anciens rôles strictement pré-définis et normatifs. Les théories de références sont celles de Talcott Parsons, qui travailla sur une modernité caractéristique de la phase pré-identitaire, voire de Ralph Linton, sur un terrain encore plus lointain, les sociétés premières. La critique est juste si elle veut dire que la société a changé, et que la théorie des rôles fondée sur les anciens rôles est inadéquate pour comprendre la société d'aujourd'hui. Mais en jetant le bébé (le concept de rôle) avec l'eau du bain (les anciens rôles), elle commet une grave erreur. Au contraire, il faut prendre en compte les rôles, et les inscrire dans le processus historique, pour définir leurs modalités précises, changeantes selon les types de formations sociales. En effet, et là je suis d'accord avec Anthony Giddens, « le concept de rôle n'est utile que dans des cadres définis d'interaction dans lesquels la définition normative des modes de conduite « attendus » est particulièrement bien établie » [1987, p.136].

2. C'est le cas par exemple des micro-rôles fixant les comportements sur la plage [Kaufmann, 1995].

Le reflet

Certains pourront penser que j'exagère la portée de la rupture historique, que la fabrication sociale des individus par le « programme institutionnel » n'empêchait pas ces derniers d'avoir une représentation d'eux-mêmes, donc que le mouvement identitaire est plus ancien, et peut-être a toujours été. Il est nécessaire d'être très précis sur ce point. La nouveauté historique ne tient pas à l'émergence de la représentation de soi, mais au fait que cette dernière occupe une place différente dans le processus de construction de la réalité. L'histoire est faite à la fois d'une mémoire extraordinairement lente, où le nouveau est toujours moins nouveau qu'on ne croit, simple reformulation superficielle d'héritages très anciens, et de vraies ruptures dans les agencements entre phénomènes, qui bouleversent leurs significations. Il existe une « *historicité* essentielle des significations : des « institutions » apparemment similaires peuvent être radicalement autres car, plongées dans une autre société, elles sont prises dans des significations autres » [Castoriadis, 1999, p. 531, souligné par l'auteur]. De même qu'il ne faut jamais oublier la longue mémoire historique des profondeurs, il ne faut sous-estimer les vraies ruptures. Le pire étant de professer une opinion moyenne effaçant et la mémoire longue et les ruptures, au nom de la neutralisation mutuelle des contraires.

L'individu de la première modernité avait sans doute une représentation de soi (plus ou moins) développée et des réflexions sur le sens de sa vie. C'est un sujet sur lequel les archives sont bien sèches et ne nous laissent que peu d'indices. Il n'est d'ailleurs pas impossible que ces éléments aient existé de façon notable beaucoup plus loin dans l'histoire, y compris dans les sociétés premières. « L'être individuel d'avant l'individualisme » [Gauchet, 2002a, p. 251] est tout le contraire d'un individu sans personnalité, sans idées sur le monde, dénué de sentiments intimes. Sa personnalité et ses idées particulières sont toutefois une expression directe de ce monde auquel il appartient. Françoise Héritier l'illustre clairement, à nouveau à propos des Samo. « Je connais des cas de suicide, ou de meurtre, chez les Samo, pour des raisons amoureuses ». Mais ces sentiments personnels « n'ont rien à voir dans les décisions. Le choix du conjoint, dans le cas d'un mariage légitime, n'a rien à voir avec les sentiments. La soumission au code social est totale, même dans des cas graves » [1977, p. 75]. Les procédés utilisés dans les interactions pour réajuster les affectations « identitaires » pourraient laisser penser également que peu de choses ont changé avec notre société d'aujourd'hui ; Erving Goffman ne serait pas complètement dépaysé chez les Samo. Le code social ne s'applique pas sur un mode formel et sans discussions. Au contraire, « on parle quotidiennement de façon naturelle » du sens de la vie et de la place de chacun, dans un véritable « apprentissage collectif de groupe » mené à travers ces « conversations de cabaret » [*idem*]. Ainsi, les déviants par amour sont-ils étiquetés comme étant habités par de mauvais génies, et relégués aux marges du groupe. Il y a donc, d'une certaine manière, fabrication d'une « identité » par autrui, jour après jour, à travers palabres et avis croisés. Le but ultime étant néanmoins toujours d'ajuster à la règle collectivement partagée. C'est pourquoi la ressemblance est trompeuse avec notre situation actuelle ; Erving Goffman ne pourrait déboucher sur les mêmes conclusions. S'il y a bien pensée sur soi et pensée négociée avec autrui, l'interaction est assujettie à des principes supérieurs. Se fixant de couler l'anarchie de la vie dans un modèle parfaitement régulateur des comportements. L'« identité » idéale est celle qui entre en correspondance avec ce modèle ; un pur reflet représentationnel de la structure.

Voici peut-être la seule définition de l'identité susceptible de rester valable pour toutes les formations historiques : un reflet de la structure. Élément individuellement négligeable pour les sociétés dans lesquelles la structure commande tout. Si l'imaginaire y est souvent très vivant, c'est par la mise en scène de puissances extérieures, bons esprits ou horribles monstres, anges ou démons [Barthélemy, 2004]. Élément individuellement central pour celles où, la structure prenant la forme d'une dynamique contradictoire, le reflet se transforme nécessairement en réflexion. Réflexion profondément personnelle. Et réflexion sur soi ; la réflexion sur soi est historiquement née d'un simple reflet. Ici est sans doute le tout début, la pré-histoire du processus identitaire ; dans le reflet, l'idée de soi, qui a probablement traversé toutes les sociétés, sous des modalités très diverses. Là est sans doute le moment où s'est opérée la révolution identitaire ; quand le simple reflet (sous l'effet de la complexification structurelle) s'est transformé en réflexion[1].

Cette idée n'est pas totalement nouvelle. Elle a été développée avec force par Sheldon Stryker [1980], pour qui l'identité, reflet de la structure sociale, participe à son tour à la reproduction de cette structure[2]. Il s'est lui-même inspiré de travaux plus anciens, notamment ceux de Charles Cooley [1902]. Il y a plus d'un siècle, ce dernier avait déjà souligné l'importance pour l'individu de son image réfléchie par le social, du « miroir de soi »[3].

L'image

Se pourrait-il que l'identité, reflet de la structure sociale dans l'univers de la représentation personnelle, ne soit rien d'autre qu'une simple image ? Nous voici loin du sens commun, qui oppose authenticité des profondeurs (où est censée se blottir l'identité « véritable ») et superficialité trompeuse des apparences. Mais en introduisant ce nouveau

---

1. J'ai analysé dans *Ego* comment la réflexivité individuelle s'était développée à partir de ce que j'ai appelé les « conflits de schèmes », c'est-à-dire les contradictions entre les multiples schémas de pensée et d'action incorporés par un même individu, obligeant ce dernier à réfléchir et à choisir. Nous voyons ici qu'elle provient aussi plus directement du caractère contradictoire du reflet identitaire, interdisant la reproduction sans effort mental d'une identité inchangée. Mais l'origine est la même : la diversification continue de la structure sociale, contraignant toujours plus l'individu à se constituer en sujet.
2. Processus circulaire et répétitif dans la société holiste, où le pur reflet (même s'il peut être intensément vécu) n'a pas d'effet en retour sur la structure (ou si l'on veut, n'est qu'une confirmation de la structure). Alors que dans la modernité individualiste, le passage par le reflet-réflexion individuelle provoque en retour un changement de la structure, qui lui-même accentue tendanciellement la réflexivité, etc.
3. Pour Charles Cooley, le « miroir de soi » se compose de trois éléments : « L'imagination de notre apparence pour une autre personne, l'imagination de son jugement de cette apparence, et diverses sortes de sensations de soi, comme la fierté ou l'humiliation » [1902, p.184, traduction JCK].

critère, ne serais-je pas victime à mon tour du syndrome barbe à papa ? Peut-on dire qu'identité et image de soi puissent être assimilables ?

Sans doute pas totalement. Chaque terme s'inscrit dans un univers symbolique et une histoire intellectuelle qui lui est propre. « Image » serait assez mal adapté pour creuser tous les aspects - que nous verrons - de la subjectivité à l'œuvre, particulièrement dans ses dimensions émotionnelles. Les deux notions sont cependant très proches et s'entrecroisent intimement (on peut considérer que l'image de soi constitue un instrument central du processus identitaire). Il n'y a, le plus souvent, aucun contre-sens à remplacer « identité » par « image ». Pour quel intérêt dira-t-on ? Un intérêt immense, celui de la définition, tellement problématique, du concept d'identité. Quand l'absence de repères brouille la vue sur l'identité, quand la barbe à papa devient si gigantesque qu'on ne sait plus de quoi il s'agit vraiment, la notion d'image de soi permet, comme une boussole, de donner à nouveau la bonne direction. Et surtout, de couper le cordon avec la perception essentialiste, qui cherche continuellement à reprendre le dessus. Remplacer « identité » par « image » a une fonction thérapeutique.

L'image de soi est la matière première de la construction identitaire. Anne-Marie Costalat-Founeau [1997], commentant Maurice Reuchlin [1989], signale combien il est difficile d'isoler les images de soi dans l'ensemble de cette construction, tant elles en sont des instruments de base. Peter Burke [1980], qui développe la même idée, remplace parfois « images de soi » par « copies de travail », pour bien montrer à quel point, bien que simples reflets imaginaires, elles sont des éléments concrets d'élaboration identitaire, guidant à chaque instant les positionnements dans les interactions [Stets, Burke, 2002]. Les images de soi doivent être analysées au pluriel, car elles sont de types différents (mais circulent de façon très fluide entre ces catégories). Il y a les images sociales, reflets de la structure. De plus en plus individualisantes, car formées autour de positions très spécifiques. De plus en plus contradictoires et multiples aussi, reflets bigarrés des rôles disparates pouvant être tenus par un même individu. Il y a les images de soi que se forme autrui. Autrui est ce drôle de personnage, qui, justement, ramène toujours votre identité (que vous « imaginez » d'une richesse sans fond, mais il ne s'agit peut-être que d'une image) à une simple image. Il vous réduit à deux ou trois critères, et rêve de vous fixer à jamais : untel est comme ceci ou comme cela. Et puis il y a vous-même, qui essayez de tordre dans le bon sens la réalité trop grise, en vous mettant en scène dans un « petit cinéma » secret et très visuel, qui n'est rien d'autre qu'une expérimentation imaginaire d'identités possibles, par des prises de rôles virtuelles [Schütz, 1987].

L'image est donc souvent bien plus centrale qu'on ne croit (superficielle et futile) : un moment obligé dans la construction sociale de l'individu [Sauvageot, 1994]. Elle n'est cependant pas tout. Elle n'est précisément qu'un moment, un moment bref. Elle trompe par omission. En créant l'illusion de tout dire par son instantanéité totalisante. Alors que l'individu est un processus dynamique et ouvert, insaisissable, vivant au milieu de milliers et de milliers d'autres images. L'illusion est encore plus forte pour les images matérialisées (dont l'essor s'accélère actuellement avec la numérisation photographique), qui sont une sorte de fixation réductrice, encore plus fixante et réductrice que les images représentationnelles. Un condensé de l'image au sens large. La photo (surtout le portrait) est censée pouvoir résumer l'identité, ramenant à cet autre essentialisme du sens commun, fabriqué par la machinerie bureaucratique de l'État, qui s'illustre avec autorité dans les papiers d'identité.

Rien n'est jamais simple pourtant dans le domaine identitaire. La subjectivité trouve souvent le moyen de subvertir les tentatives d'enfermement dans des repères trop figés et des catégories trop étroites. La photo par exemple a un double aspect. Certes elle est une arme de fixage et de limitation de l'identité. Mais en même temps elle est un reflet de soi particulier, donnant matière à la réflexivité personnelle. Alain Corbin note combien, dans la seconde partie du XIXe siècle, la diffusion du miroir, et surtout du portrait photographique, représentent des instruments favorisant le développement du questionnement existentiel à partir du regard narcissique.

« Bien des indices posent en effet comme essentielle l'histoire du regard sur soi » [1987, p. 421].

Le terme d'image n'est donc pas toujours simple d'emploi ; il s'agit d'une notion équivoque qui elle aussi sait tendre ses pièges. Comme l'identité, elle doit être bien définie et utilisée de façon claire. Les pièges sont moins grands quand l'image désigne un reflet de la structure, et surtout une partie délimitée de cette dernière, un rôle notamment. Chaque rôle développe les images des comportements, qui au moins en théorie, lui sont associés, enjoignant l'individu qui s'apprête à s'y engager, à se former une identité (une image de soi) conforme aux images socialement proposées. Nous voici donc revenus aux liens cruciaux entre rôles et identité, que nous allons maintenant étudier plus en détail.

L'interactionnisme symbolique structurel

J'étais déjà intervenu sur les liens entre ces deux notions il y a quelque temps [Kaufmann, 1994]. J'ignorais alors les travaux dont il va être question, et qui permettent d'être plus précis. Je n'ai découvert en effet que récemment les apports de l'école dite de l'« interactionnisme symbolique structurel », se reconnaissant aussi parfois autour de l'appellation « Théorie de l'identité ». Il s'agit de divers courants de recherche, animés notamment par Sheldon Stryker et plus récemment Peter Burke, se situant dans l'héritage de George Herbert Mead, et se revendiquant à la fois de la sociologie et de la psychologie sociale. Courants dont le but est de « comprendre et expliquer comment les structures sociales agissent sur le soi et comment le soi agit sur les comportements sociaux[1] » [Stryker, Burke, 2000, p. 285]. Sheldon Stryker s'étant fait plutôt le spécialiste du premier aspect, et Peter Burke du second. D'autres courants, assez proches, ne

1. Traduction JCK.

seront pas traités ici. Par exemple les travaux de Michael Hogg et Dominic Abrams [1988], ainsi que plus généralement l'école dite de la « Théorie sociale de l'identité », sur le rapport entre le soi et les groupes sociaux ou les catégories d'appartenance. Pour mieux me concentrer sur les rôles.

L'interactionnisme symbolique structurel se place dans la continuité de l'interactionnisme symbolique, tout en prenant certaines distances critiques, notamment vis-à-vis de certains auteurs, comme Herbert Blumer, qui de son point de vue hypertrophient la capacité des acteurs à se définir par eux-mêmes dans l'interaction, le poids des structures sociales étant négligé. « Ceci tend à dissoudre la structure dans un bouillon de définitions subjectives, à percevoir les définitions sans ancrages, ouvertes à toutes possibilités, échouant à reconnaître que certaines possibilités sont plus probables que d'autres. Si l'on part du principe que le soi est un reflet de la société, cette conception conduit à le voir comme indifférencié, inorganisé, instable et éphémère[1] » [Stryker, 2000, p. 27]. Alors que le soi est au contraire très structuré, et les identités intimement pétries par les rôles sociaux, selon des règles rigoureuses. Cette critique « sociologiste » de l'interactionnisme symbolique est cependant curieusement associée à une méthodologie *in vitro* caractéristique de la psychologie sociale, occultant la richesse dynamique des contextes, et isolant artificiellement en laboratoire quelques critères. L'interactionnisme symbolique structurel bute donc très vite sur ses limites, et ses apports théoriques doivent être considérés dans ce cadre étroit. Paradoxalement, cette sécheresse méthodologique est toutefois ici utile. Car, pour sortir l'identité de sa barbe à papa, notamment en définissant précisément ses liens avec les rôles, il nous faut mettre en évidence des lois[2], dussent-elles être schématiques. Il arrive, à certains moments de la recherche, que le schématisme ne soit pas un défaut. C'est le cas aujourd'hui pour l'identité.

1. Traduction JCK.
2. Lois que je vais réutiliser à ma manière, notamment pour détailler les mécanismes du retournement historique, ce dont ne parlent pas Sheldon Stryker et Peter Burke.

Rôles et identités

La microsociologie représente un apport décisif dans la mesure où il est impossible de comprendre vraiment la société sans pénétrer dans ses plis les plus fins. Le rétrécissement de la focale d'observation a été malheureusement souvent accompagné d'un oubli des cadres de socialisation, les interactions étant réduites à des négociations intersubjectives. Erreur néfaste, y compris dans le domaine identitaire, où la subjectivité est pourtant centrale. La prise en compte des rôles a cet avantage immédiat d'introduire un type de cadre de socialisation très proche des acteurs, donc de pouvoir mettre aisément en évidence les articulations entre l'intériorité de l'individu et les extériorités sociales qu'il rencontre.

La perception des rôles médiatise la plupart des interactions. Dans la négociation identitaire avec autrui, ego reconnait des rôles sociaux avant d'évaluer comment X ou Y les occupe [McCall, Simmons, 1978 ; Stryker, 1980]. X est un policier sympathique, mais il est avant tout un policier. Certes cela ne suffit pas à le définir ; son identité ne se réduit pas à la tenue d'un seul rôle, ni même à cent ou à mille. Il ne s'agit que d'une identité particulière, à un moment donné, dans un contexte précis. Le processus historique de différenciation sociale ne cesse d'accroître le nombre et la variété des rôles possibles, démultipliant encore plus les identités ponctuelles pouvant leur être associées. L'individu élargit ainsi sa marge de manœuvre, et augmente sa capacité de choix. Ce qui lui permet par ailleurs de maîtriser son degré d'engagement dans certains rôles. McCall et Simmons [1978, p. 68] distinguent deux modalités opposées de prise de rôle. « Conventionnelle » quand ego accepte passivement et totalement les prescriptions associées au rôle ; « Idiosyncrasique » quand il les reformule de façon personnelle. La modernité se caractérise par le fait que l'individu n'est plus strictement assujetti à des rôles imposés.

Ces éléments, importants, sont relativement bien connus, et je n'insisterai pas davantage. La multiplication des rôles (et leur détachement du « programme institutionnel »), allié au brassage des cultures [Vinsonneau, 2002], autonomisent l'individu et lui permettent d'approfondir sa subjectivité, participant ainsi au renversement historique qui précipite la quête identitaire. D'autres mécanismes, plus profonds et complexes, sont toutefois à l'œuvre (et participent eux aussi à l'autonomisation subjective). Le principal est sans conteste à mon avis le dédoublement des schémas d'action.

L'individu a de plus en plus le choix face à des rôles multiples. Mais au regard d'un rôle donné, il doit aussi s'impliquer de façon personnelle, notamment en choisissant une « identité » (une image de soi) parmi toute une gamme d'autres possibles. Sheldon Stryker met au centre de son analyse ces « identités de rôles », qui indiquent plusieurs manières de le jouer, celles-ci étant associées à des systèmes de signification contrastés. Pour un même rôle socialement prescrit de façon générale, ego peut créer des styles variés et donner divers sens à son action. Il ne le fait pas de façon solitaire. Selon le choix, l'identité proposée sera confirmée ou sanctionnée par autrui. Et ego en retour percevra sur un mode émotionnel les effets de cette réception (fierté, honte, etc.) [Burke, Stets, 1999]. Pour Sheldon Stryker et Peter Burke [2000], l'évaluation prospective des retombées émotionnelles est capitale dans l'élaboration des choix identitaires avant l'action : ego favorise une identité de rôle dont il pense qu'elle lui apportera des satisfactions. Il a par ailleurs accumulé une longue expérience des prises de rôles antérieures, ce qui lui évite d'avoir à hésiter et réfléchir à chaque fois. Une mémoire émotionnelle s'est secrètement structurée, en hiérarchisant les identités susceptibles d'intervenir dans une prise de rôle. Il en résulte ce que Stryker appelle une *identity salience,* c'est-à-dire une capacité de réactivation plus ou moins grande des diverses identités selon leur place dans la hiérarchisation personnelle.

Divers auteurs ont prolongé, chacun à sa manière, les travaux de Sheldon Stryker. Outre Peter Burke déjà cité, les analyses de Hazel Markus sont particulièrement intéressantes. Comment s'organise la mémoire des prises de rôles ? Sheldon Stryker et Richard Serpe [1994] ont noté qu'elle prend la forme d'un schéma cognitif, conduisant l'individu dans ses nouvelles socialisations. Hazel Markus [1977] a développé ce point, en insistant davantage sur le caractère fragmenté, voire contradictoire, de ces « structures affectivo-cognitives » que sont les « *self-schemas* », formés à partir d'« expériences individuelles passées dans un domaine particulier[1] » [Markus, Nurius, 1986, p. 955]. Les *self-schemas* sont autant de grilles de filtrage de l'information et de guidage de l'action, régulant les comportements grâce aux émotions associées. Les régulant ponctuellement, de façon non intégrée dans un ensemble homogène, les *self-schemas* (schémas du soi tout entier mais dans un contexte spécifique) étant multiples et contrastés. Tels des jeux d'images de soi dont dispose l'individu pour réagir aux situations.

Qui dirige l'action ? Les *self-schemas* intériorisés ou bien les injonctions sociales du contexte ? Les uns et les autres bien entendu. Parfois davantage les uns, parfois davantage les autres, le plus souvent une combinaison complexe des deux[2]. Les *self-schemas* ne commandent pas tout ni toujours. Nous verrons même comment certains individus parviennent à les ignorer, préférant s'inscrire dans une socialisation allant de soi. Il n'est donc pas évident que dans l'avenir les *self-schemas*, seuls, mènent le monde. Ce qui est sûr par contre, c'est qu'ils sont une nouveauté historique. Ils sont nés du reflet de la structure. Il ne sont d'ailleurs, d'une certaine manière, rien d'autre que ce reflet. Mais un reflet bien différent, qui ne se contente plus de refléter. Lors de leur constitution, les *self-schemas* se rapprochent encore pour l'essentiel du reflet ancien. Hier, ils décalquaient fidèlement la structure. Aujourd'hui, ils la dédoublent dans un schéma travaillé par l'expérience, et enregistré personnellement de façon sélective. Les *self-schemas* restent malgré tout un produit des socialisations passées, des fragments de reflets des prises de rôles. Lors de leur réactivation à l'inverse, la rupture est beaucoup plus franche. Leur multiplication contradictoire contraint en effet ego à approfondir son travail subjectif, le plus souvent malgré lui. Il cherche à se reposer sur ses acquis identitaires [Serpe, 1987]. Mais l'hétérogénéité multiforme

1. Traduction JCK.
2. C'est mon hypothèse de la « double-hélice », que j'espère pouvoir développer un jour.

des « reflets » mémorisés l'oblige continuellement à prendre de nouvelles options, à choisir, à réfléchir. Les reflets, en se diffractant à l'extrême, ont engendré la réflexion.

Pour une action donnée, deux types de schémas entrent désormais en concurrence : les normes associés aux rôles, et la mémoire personnelle des reflets enregistrée sous forme de *self-schemas*. Ego doit bricoler dans l'entre-deux. Ce dédoublement résulte d'un long processus historique, qui, bien qu'il n'ait jamais été ni linéaire ni homogène, a toujours évolué dans le sens d'un renforcement, d'une intériorisation et d'une personnalisation des *self-schemas*. À un certain point, qui coïncide précisément avec le déclin du programme institutionnel [Dubet, 2002], un seuil a été manifestement franchi, constituant l'individu en centre prioritaire de régulation de sa propre action, les grilles identitaires précédant toujours plus les prescriptions de rôles. C'est à ce point précis, tout près de nous, aux alentours des années 1960, que s'est opéré le renversement historique, la révolution de l'identité.

Les soi possibles

La subjectivation prend des formes multiples. Rien n'est pire pour l'analyse que de considérer le sujet comme un bloc, séparé de la société, maître de sa pensée et de son action. Il faut au contraire, tout en l'inscrivant dans les contextes qui le produisent, définir précisément les modalités de l'autorégulation subjective [Kaufmann, 2001]. Alors seulement, il devient concevable de parler de la montée historique du sujet.

Parmi ces modalités, les séquences de réflexivité ouverte sont bien entendues capitales. Elle n'occupent cependant que des temps limités, et sont souvent, comme nous le verrons, subordonnées à des grilles de filtrage identitaires [Markus, 1977]. Les choix (n'engageant pas obligatoirement une séquence réflexive) entre alternatives qui se présentent constituent donc une modalité plus décisive. Quant à l'inventivité personnelle, elle procède plutôt du jeu d'images des identités virtuelles affichées dans le « petit cinéma » [Kaufmann,

2001]. Rien ne nous dit que dans les sociétés anciennes de tels rêves éveillés n'aient pas existé. La différence étant qu'aujourd'hui ils sont devenus des schémas de travail pouvant préparer à un projet éventuel (qui à ce moment impliquera une mobilisation réflexive). Les images de soi précèdent souvent la réflexivité dans la définition de stratégies personnelles. La plupart des identités virtuelles toutefois ne débouchent sur rien. Elles restent des rêveries gratuites, dans le passé, le futur, ou l'ailleurs de la vie présente. Un dépaysement à peu de frais, dont la fonction première est d'offrir des compensations symboliques, par des mises en scènes positives (voire follement idéalisatrices) de soi. Les identités virtuelles se transformant en schémas de travail sont une minorité. Elles deviennent ce que Hazel Markus et Paula Nurius [1986] appellent des « soi possibles ». À la différence des identités virtuelles, les soi possibles ne sont pas le seul fruit de l'imagination. L'expérience personnelle, le contexte social et les réactions d'autrui sont pris en compte. Ils représentent une sorte de sélection des identités virtuelles concrètement réalisables dans une situation donnée.

Les soi possibles peuvent être considérés comme une des modalités les plus avancées de la subjectivation, accentuant le renversement historique. Il suffit de les comparer aux *self-schemas* pour le comprendre. Ces derniers, je l'ai dit, ont joué un rôle essentiel dans le dédoublement des schémas d'action qui a précipité la révolution identitaire, transformant les individus en centres de régulation de leur propre action. Apparemment en sujets libres et autonomes. En réalité, la subjectivité reste étroitement contrainte par les *self-schemas.* Ils résultent en effet de la trajectoire sociale, de l'histoire de la personne. Ils ne sont au fond que le reflet d'expériences de confrontations avec divers contextes enregistrés sous forme de cadre de détermination des actions futures. Alors que dans la société holiste, les individus étaient produits et reproduits par la « formule génératrice » du système d'*habitus,* ils sont, dans la modernité, quotidiennement construits par leur propre histoire ayant spécifiquement intériorisé le social, dans un dialogue continuel entre présent et passé secrètement mémorisé. Ce dernier prenant simultanément la forme de schèmes infraconscients incorporés [Kaufmann, 2001], que André Leroi-Gourhan [1965] désigne par l'expression très parlante de « chaînes opératoires machinales », et de *self-schemas* voyageant au contraire dans la conscience, sous une forme généralement très libre et imagée. Elles ne se métamorphosent pas moins à l'occasion en modèles de comportement guidant strictement l'action. Ce poids du passé social enregistré personnellement est parfaitement illustré par l'*identity salience* de Sheldon Stryker. L'expérience de confrontation avec la social a permis à l'individu de mettre au point un registre hiérarchisé de ses identités de rôles disponibles. Il lui reste des capacités d'arbitrage. Mais entre des alternatives définies par son propre passé. Le plus fort de l'initiative individuelle est en ce que l'individu construit désormais lui-même (souvent de façon non consciente) les cadres qui enfermeront ensuite sa liberté.

Les soi possibles sont un des instruments les plus efficaces permettant à l'individu de se dégager de ces déterminations fabriquées par lui-même. Sa liberté n'est évidemment pas totale. Le contexte doit être pris en compte. Les expériences passées aussi, qui n'autorisent pas n'importe quelle identité. Mais ce préalable étant respecté, l'option est à l'opposé de l'*identity salience.* Celle-ci permet confort et efficacité, au moindre coût cognitif et émotionnel. Il suffit d'être soi-même pourrait-on dire, si l'on ne savait que le soi comme entité et réalité stable est une illusion. Les soi possibles au contraire exigent effort et prise de risques. À ce prix, ils autorisent un travail de réforme de soi véritablement innovateur, aux limites du réalisable, où le présent parvient momentanément à mettre entre parenthèses le poids du passé. Ils représentent une des modalités les plus abouties de la subjectivité à l'œuvre dans l'invention de soi.

Le sens de la vie

Entre l'« identité qui vient du dehors (...) et celle que nous-mêmes essayons d'établir du dedans » [Lévi-Strauss, 1977, p. 72], entre l'identité d'hier socialement accessoire et celle socialement motrice d'aujourd'hui, une révolution s'est produite. Aux deux sens du terme révolution. *Primo,* un reversement. « La chaîne de la socialisation s'est inversée » [Dubet, 2002, p. 71], et est désormais commandée par les définitions identitaires. *Secundo,* un bouleversement de la société, dont nous découvrons peu à peu l'ampleur. L'entrée dans l'ère des identités s'avère en effet pour le moins explosive, et surtout, ouvre sur un futur particulièrement difficile à cerner. Une des caractéristiques majeures du processus identitaire est sa versatilité protéiforme. Nous faisons actuellement le deuil d'un avenir (celui naguère du programme institutionnel) qui était (en théorie) prévisible comme un destin.

« La subjectivité est devenue une question collective » [Ehrenberg, 1995, p. 14], le sort du monde dépendant toujours plus des regards sur soi de chacun, pourtant intimes et secrets. L'ordre des choses n'est bien sûr pas entièrement construit par les subjectivités. La mémoire sociale infraconsciente conserve toute sa puissance [Kaufmann, 2001]. Les institutions, désormais mises en mouvement et auto-régulées (Cf. *Post-scriptum* « La fable du Système »), restent capitales. Mais la structuration qu'elles procurent, ensemble de règles désincarnées, « forme réduite, un peu triste et sans charme » [Dubet, 2002, p. 78], est beaucoup plus faible en significations. Ou, plus exactement, il y a un tel trop-plein de significations disparates qu'elles s'annulent mutuellement par leur cacophonie. L'identité a justement pour but de palier ce manque et de répondre à la cacophonie. Elle singularise et unifie l'individu, crée un univers symbolique intégré à un moment et dans un contexte donné, bricole les liens entre séquences d'identification pour assurer une continuité dans la durée biographique, construit, par la valorisation de certaines thématiques, l'estime de soi qui est l'énergie nécessaire à l'action. Bref, elle invente une petite musique, qui donne sens à la vie. Petite musique sans laquelle tout s'effondre. La construction sociale de la réalité se joue à travers les individus, comme une « lutte constante contre l'anomie » [Marquet, 1991, p. 65]. Lutte qui passe inévitablement par le questionnement identitaire. Car le soi « ne vit que de l'ouverture à la question de son être » [Gauchet, 2002a, p. 267] ; la destinée « devient un problème de *sens*[1] » [*idem*, p. 372]. À chaque instant, pour penser et pour agir, ego doit donner une réponse, filtrée par son système de valeurs. L'identité, pas plus qu'elle n'est donnée par essence, n'est donc nullement un élément annexe, une sorte de narration gratuite à valeur décorative. Au contraire, elle occupe une fonction vitale et quotidienne. L'individu devant continuellement la reformuler « sous peine de voir son existence perdre sens » [Malrieu, 2003, p. 248]. Sous peine aussi de briser les ressorts de son action. Sous peine enfin de fragiliser tout l'ensemble social. Le travail identitaire prend aujourd'hui la forme d'une contrainte obligatoire. Qu'on le veuille ou non, il faut donner sens à sa vie.

Sens contraire et contre-sens

L'individualisation de la société est un long processus, plongeant ses racines si loin dans le temps [Dumont, 1983 ; Gauchet, 1985 ; Castel, Haroche, 2001 ; Kaufmann, 2001] que l'illusion peut aisément se créer d'une révolution des identités moins proche de nous qu'elle n'est en réalité. Car la modernité a longtemps travaillé par le haut de la société, laissant l'immense majorité des personnes inscrites dans des cadres qui leur conféraient un système de valeurs [Wagner, 1996]. La route, pour l'essentiel, était tracée. La première moitié du XXe siècle fut encore dominée par ce mode de production des individus d'avant le retournement historique, caractéristique du programme institutionnel, « où le sens vient "d'en haut" » [Dubet, 2002, p. 24]. Il ne fallut que quelques dizaines d'années pour que s'opère l'inversion, pour que l'énergie ne vienne plus « d'en haut, des dieux et de la hiérarchie, mais d'en bas, de soi » [*idem*, p. 332]. Les années 1960 marquèrent à l'évidence un moment fort du basculement. Les signes s'y multiplièrent d'une montée du sujet à l'avant-scène, la recherche de « l'accomplissement personnel » [Lipovetsky, 1993, p. 13] remplaçant l'ancienne

1. Souligné par l'auteur.

« socialisation disciplinaire » [*idem*, p. 11]. La sortie de la période de transition était brutale. S'ouvrit alors une période « caractérisée par une dynamique dont les deux faces sont *libération psychique* et *insécurité identitaire*[1] » [Ehrenberg, 1998, p. 120], s'élargissant à l'ensemble de la population : « l'homme de masse est en train de devenir son propre souverain » [*idem*, p. 129]. Les moins pauvres des pauvres, dans cette période économique florissante, accèdent en effet aux conditions matérielles minimum autorisant l'épanouissement personnel. Cependant que les classes moyennes sont puissamment aidées dans leur mouvement par la mise en place de nouveaux outils de soutien, une véritable institutionnalisation du sujet travaillant son intériorité. « Sans institutions de l'intériorité, il n'y a pas, socialement parlant, d'intériorité. Elle est produite dans une construction collective qui lui fournit un cadre social pour exister. La perception de l'intime change. Il n'est plus seulement le lieu du secret, du quant-à-soi ou de la liberté de conscience, il devient ce qui permet de *se déprendre d'un destin* au profit de la liberté de choisir sa vie[2] » [*idem* p. 123]. La presse féminine par exemple, constitue un des éléments de ces institutions du soi. Analysant son évolution, Alain Ehrenberg souligne le retournement qui commence à opérer dans les années 1960 (avant de se généraliser dans la décennie suivante) : la rhétorique du destin se marginalise, faisant place à un questionnement « entre soi et soi et entre soi et autrui » [p. 125]. Le sujet est propulsé à l'avant-scène de sa propre vie.

Les débuts de cette nouvelle époque de l'identité furent relativement euphoriques, ego se grisant de ses libertés. L'avenir était ouvert, à construire par la force de ses rêves ; l'existence se faisait légère. Mais très vite les inquiétudes et « la fatigue d'être soi » ne tardèrent pas à gâcher la fête. Le prix à payer de la liberté était lourd, très lourd. « La passion d'être soi » avait pour contrepartie « le mariage de la dépression et de l'addiction » [*idem*, p. 120]. Donner sens à sa vie n'a rien d'une sinécure.

---

1. Souligné par l'auteur.
2. Souligné par l'auteur

Dire que l'individu se transforme en sujet, maître de son existence, paraît une idée simple. En réalité, le problème de l'invention personnelle du sens de sa vie montre à quel point la modernité est prise dans des mouvements contradictoires. L'une des mes hypothèses commence à se lire avec plus de netteté : l'identité est un processus, historiquement nouveau, lié à l'émergence du sujet, et dont l'essentiel tourne autour de la fabrication du sens. Tel est le défi imposé par la modernité au pauvre sujet, hélas à l'intérieur d'un *double bind* caractéristique. Car simultanément elle exige de lui le contraire : qu'il soit un être librement réflexif, n'hésitant pas à questionner et à se questionner sur tout. Où se situe la contradiction dira-t-on ? Dans le fait que la réflexivité s'inscrit dans une logique d'ouverture ; elle brise les certitudes et remet en cause ce qui est tenu pour acquis. L'identité au contraire ne cesse de recoller les morceaux. Elle est un système permanent de clôture et d'intégration du sens, dont le modèle est la totalité. « Son objet n'est pas le vrai, mais le sens » [Gauchet, 1998, p. 108]. Elle peut donc apparaître d'une certaine manière comme une sorte de reliquat de l'ancienne société, au cœur de la modernité, héritière du holisme religieux des origines, qui s'est fragmenté en une infinité de petits cercles individuels producteurs de sens [Kaufmann, 2001]. Les micro-Tout d'aujourd'hui sont cependant très différents du holisme sociétal ancien ; l'identité ne cristallise le sens que de façon provisoire et précaire. Le sujet est un sujet dans le plein sens du terme, prenant des décisions face aux alternatives qui se présentent à lui, plein de questions dans la tête, modifiant ses références identitaires plus souvent qu'il ne change de chemise. La révolution identitaire est celle de la subjectivité à l'œuvre dans la fabrication personnelle du sens de la vie.

Je me résume. *Primo,* la nouvelle aventure moderne de la fabrication du sens, bien que grisante, n'est pas du tout simple à mettre en pratique ; ego est fatigué. *Secundo,* entre injonction à la réflexivité et injonction à être soi, fondamentalement contradictoires, la consigne, pour le moins, n'est pas claire. En conséquence, alors que la révolution identitaire a marqué un seuil crucial dans l'émergence du sujet, ce dernier n'a souvent qu'une hâte : revenir en arrière. Retrouver l'évidence du sens de la vie. La retrouver dans une direction opposée à la subjectivité censée être en marche : vers le passé, vers tout ce qui prend la forme d'un donné objectif, et encore mieux, vers la pureté imaginaire de ce qui apparaît lié à la nature. Comme si l'identité était non à construire mais à trouver, telle une essence secrète, un objet vital qui aurait été perdu[1]. « Parfois une « identité » devient un « objet » qu'une personne a perdu ou a l'impression d'avoir perdu, et qu'elle se met à chercher. (...) L'on éprouve alors un sentiment intense de frustration si l'on n'arrive pas à trouver cet autre dont on a besoin pour établir une « identité » satisfaisante » [Laing, 1991, p. 105]. J'ai déjà dit un mot de la souffrance de l'enfant né sous X, qui s'imagine pouvoir être délivré par cette soudaine découverte. Qui risque aussi « de s'épuiser dans une quête sans fin et sans objet véritable, et de se détourner ainsi de l'élaboration psychique de son histoire » [Delaisi de Parseval, 2002, p. 275]. Qui éprouve enfin un désarroi insondable quand les géniteurs, enfin trouvés, ne rentrent pas dans son rêve et restent des étrangers [Legrand, 2003]. S'engager dans une direction inverse à la subjectivation du sens de la vie, dans l'idée d'une naturalité identitaire, débouche souvent sur des impasses et des drames.

La véritable subjectivité est ce que « l'on conquiert en soi contre les appartenances qui vous particularisent, contre les données contingentes qui vous assignent à un lieu et à un milieu » [Gauchet, 1998, p. 90]. Or les quêtes de soi contre-révolutionnaires « nous font basculer aux antipodes de cette identité-là » [idem], réactivant toutes les « caractéristiques collectives reçues » pour les transformer en vecteurs « d'une singularisation personnelle » [p. 92], recherchant tout ce qui peut venir de la biologie ou de la tradition pour ne pas avoir

1. Au-delà de cette croyance en une identité substantielle et préalable indépendante de l'action du sujet, ego éprouve souvent la sensation de se « découvrir » alors même qu'il se construit, y compris à travers des pratiques très choisies comme les *hobbies* et autres « passions ordinaires » [Bromberger, 1998]. « On bute ici sur l'illusion fondatrice de la passion, selon laquelle les individus ont l'impression de se « découvrir » alors qu'ils se « construisent » [Le Bart, 2000, p.163].

à inventer un nouveau sens. Les communautés s'étant profondément recomposées dans les faits, c'est dans l'univers symbolique que ces étranges trésors créant l'illusion d'une continuité hors du temps peuvent être trouvés. En particulier, dans le domaine des religions. Elles étaient l'armature même du social dans les sociétés holistes, langage collectif fixant l'ordre du monde ; elles sont désormais intériorisées sous forme de croyances personnelles. Aujourd'hui, « c'est de nous que part le ressort de la croyance » [*idem*, p. 110], suite à une inversion historique qui n'est évidemment pas sans lien avec celle de l'identité. Il n'y a pas retour du religieux mais retournement historique et émergence d'un nouveau type de religions. L'âme nouvelle est arrivée. Nous assistons en effet à une « redéfinition identitaire des religions » [*idem*, p. 96], moins « prioritairement tournées vers l'au-delà » que vers « l'identification de soi ici-bas » [p. 97]. Car elles représentent une sorte de produit idéal pour répondre aux affres de la quête identitaire contemporaine. Elles donnent le sens de la vie de façon quasi complète (le reste étant aisément intégré dans leur cadre général). Elles prennent par ailleurs la forme d'un donné intemporel et d'une vérité transcendantale. Représentant ainsi des sortes d'identités presque totales et prêtes à vivre, qui délivrent de la fatigue d'être soi.

L'idée que puisse exister un ordre symbolique hors du temps est décisive dans la transformation de la créativité subjective en son contraire, dans la transformation de la révolution identitaire en une contre-révolution. Les éléments pouvant l'alimenter vont bien au-delà des religions et d'autres cadres de représentation héritiers des sociétés holistes, et puisent paradoxalement aussi dans des théories issues de la modernité. C'est ainsi que la psychanalyse (pourtant à l'origine, comme nous l'avons vu, de découvertes fécondes concernant l'identité comme processus) a été instrumentalisée dans certains travaux, dont les plus connus sont sans doute ceux de Pierre Legendre. Pour François Dubet, cette instrumentalisation de la psychanalyse tend à permettre, dans le domaine des identités de genre, de prolonger les effets du programme institutionnel, en gardant « à la Loi son aspect solennel, pour s'opposer à “l'indifférenciation” des rôles sexuels et, de manière générale, pour défendre une figure paternelle conçue comme la voie d'accès à la culture et à la symbolisation » [2002, p. 44]. Autrement dit, à définir les identités par les rôles, comme autrefois.

En quête de réassurance et de certitudes, la société dans son ensemble est plutôt attirée par la contre-révolution que par la révolution identitaire. Plus le sujet s'impose au centre de sa propre existence, plus les communautés se désarticulent dans les faits, plus elles rêvent avec nostalgie aux enveloppements sociaux et aux systèmes de valeurs perdus. Cette sorte de retournement du retournement historique est largement favorisé par la confusion qui règne autour du concept d'identité. Les débats à propos de quelques notions ont parfois des effets sociaux considérables[1]. Ici, le contre-sens dans le domaine intellectuel ouvre la voie à la contre-révolution dans le domaine social. Tout ce qui ne se démarque pas nettement de l'essentialisme, tout ce qui ne sépare pas individu et identité, ouvre les vannes d'une identité cherchant ses repères dans le passé alors qu'elle devrait être tournée vers l'avenir.

Il est donc capital d'être très clair dans les définitions. Entre les antagonismes qui l'agitent (passé et futur, objectif et subjectif, individuel et collectif, etc.), l'identité n'est pas située au petit bonheur la chance, elle n'est pas partout et nulle part. La deuxième partie de ce livre sera consacrée à ce travail de clarification, mené point par point.

1. Cf. l'exemple de l'intérêt dans le *Post-scriptum* « La fable du Système ».

Deuxième partie

L'identité entre ses contraires

3

La nature de l'identité

Quelle place pour la subjectivité ?

L'identité, concept attrape-tout, a bénéficié toutefois d'une définition consensuelle minimaliste, s'appuyant sur deux points essentiels. *Primo*, elle est une construction subjective. *Secundo*, elle ne peut cependant ignorer le donné, l'objectif, le naturel, qui constituent une assignation inéluctable. Mais au-delà de cet énoncé succinct, la confusion s'installe. Critères subjectifs et objectifs sont additionnés sans principes, s'amalgamant dans une barbe à papa collant tout sur son passage. Au contraire, il faut mettre précisément en évidence les articulations pour tenter d'y voir clair.

La place à accorder aux caractères objectifs, ceux que Goffman appelle les « porte-identité », pose un redoutable problème d'analyse. Bien qu'il soit manifeste que ce sont justement eux qui brouillent la notion quand ils sont introduits en masse (comme le montre l'échec du dépassement de la psychologie sociale par la sociologie), il est en effet difficile d'imaginer qu'ils puissent être ignorés. D'autant que dans les sociétés holistes, les « identités » étaient tout entières conférées par ces assignations sociales enracinées dans une matérialité en apparence inamovible. Et qu'elles restèrent majoritairement perçues sous cet angle dans la modernité bureaucratique du « programme institutionnel ». Il fallut attendre le retournement historique de la seconde modernité pour que la subjectivité s'impose comme acteur décisif [Touraine, Khosrokhavar, 2000], pour que les identités deviennent, comme nous le verrons, des grilles de lecture non plus données par le social, mais commandant l'action. L'observateur qui n'inscrit pas le phénomène identitaire dans l'histoire, et qui mélange les deux périodes (l'avant et l'après du retournement historique), se trouve donc dans l'incapacité absolue de pouvoir distinguer le rôle précis des caractères objectifs. Car avant, ils sont tout, la subjectivité n'étant que leur reflet (ou un libre vagabondage imaginaire sans conséquences). Alors qu'après, ils se retrouvent subordonnés, le reflet ayant donné naissance à un travail de fabrication identitaire qui occupe désormais une place centrale.

Les questions de terminologie sont à nouveau ici essentielles. Est-ce bien en effet la même chose qui est désignée par le terme « identité » dans les deux périodes (lorsqu'elle n'est qu'un reflet sans fonction sociale, ou lorsqu'elle occupe une place centrale) ? Répondre positivement à cette question interdit de mettre en évidence le rôle des critères objectifs, et par contrecoup, de pouvoir dire clairement ce qu'est exactement l'identité. Il me semble à l'inverse que l'identité est un processus intrinsèquement lié à l'individualisation et à la modernité. Apparu d'abord dans les marges de la société (tout en étant impulsé par la machine étatique), il s'imposa comme nouveau centre régulant la construction sociale de la réalité dans la seconde moitié du XXe siècle. Si l'on prend ce point de vue, il devient clair que l'identité comme processus historique est fondamentalement définie par la capacité de création subjective. En termes dynamiques, elle est le mouvement par lequel l'individu reformule toujours davantage la substance sociale qui le constitue. La « crise » des identités est en réalité le symptôme de cette place grandissante de la subjectivité dans la reproduction sociale. Car la quête identitaire (y compris quand elle prend une forme contre-révolutionnaire) témoigne du fait que les sujets ont de plus en plus le pouvoir et le devoir de donner sens à leur propre vie [Castells, 1999]. Analysé en tendance, le processus identitaire est une manifestation de la subjectivité à l'œuvre. Certes confrontée à des caractères objectifs indépassables. Qui ne doivent cependant pas être amalgamés au processus identitaire *stricto sensu*. Il faut radicalement distinguer individu et identité et combattre les illusions subjectivistes qui laissent penser que l'individu est libre de s'inventer comme il le souhaite, alors qu'il n'est que le produit de son histoire, de l'échange avec les contextes dans lesquels il s'inscrit [Kaufmann, 2001]. Mais une fois ce préalable posé, l'important est au contraire, en évitant tout amalgame, de dégager les modalités précises de la subjectivité. L'identité est précisément une des formes majeures (sinon la forme majeure) prise par cette dernière.

L'élément décisif pour bien positionner les caractères objectifs est de considérer l'identité non comme une entité mais comme un processus[1]. Particulièrement dans une perspective historique. Mais aussi dans le présent d'une étude en coupe transversale. Le soi moderne est à la fois « nomade et ancré », il doit « savoir voler, libre de ses mouvements, tout en sachant, lorsqu'il le faut, retrouver ses racines » [de Singly, 1996, p. 223]. De quelle manière s'articulent ces deux mouvements ? L'erreur à ne pas commettre est de considérer que les caractères objectifs sont par définition intangibles. Alors que la subjectivité moderne se construit en les travaillant sans cesse. « L'individu est le produit d'une histoire dont il cherche à devenir le sujet » [de Gaulejac, 1999, p. 92]. La subjectivité n'est nullement une entité abstraite, séparée et bien à l'abri dans sa tour d'ivoire. Au contraire, c'est en subordonnant des fragments du monde matériel et social qu'elle se constitue, bricolant, et saisissant des opportunités pour inverser le rapport objectif/subjectif, pour que les contraintes se transforment en ressources, manipulées par le sujet. Il n'en va évidemment pas toujours ainsi, les positionnements des individus sont divers. D'aucuns refusent ce travail subjectif, ou le formulent de façon telle qu'ils parviennent à s'assujettir aux données de fait, laissant la socialisation les entraîner plus qu'ils ne la guident eux-mêmes. D'autres le subordonnent aux cadres idéologiques de

1. C'est pourquoi j'emploie souvent l'expression « processus identitaire » de préférence à « identité », qui laisse trop planer le doute. Comme je l'ai expliqué plus haut, je n'abandonne cependant pas cette appellation usuelle largement partagée. Dire de temps en temps « processus identitaire » est une façon de rappeler qu'il faut lire dans ce livre « identité » en ce sens.

ce que j'ai appelé la contre-révolution identitaire, se replaçant dans de nouvelles contraintes bridant leur subjectivité (la contre-révolution s'installe quand les productions subjectives parviennent à établir durablement des croyances collectives définissant a priori les individus). Réussir à ce que les caractères objectifs passent du statut de contraintes à celui de ressources exige une compétence particulière, qui ne peut être établie que lorsque le travail identitaire suit certaines modalités précises. Si la subjectivité ne commande pas tout et ne se développe pas n'importe comment, elle est bien au centre de la fabrication moderne des identités.

L'identification, travail permanent de définition du sens de la vie, offre de plus en plus au sujet la possibilité de décoller de sa socialisation présente, de s'évader momentanément dans des réalités imaginaires et fugaces. Même si ce n'est qu'un bref instant, l'existence change complètement de couleur. On pourra m'objecter qu'il s'agit davantage ici de rêve que d'identité, que la « vraie vie »[1] n'est changée en rien par ces digressions fictionnelles. En fait (c'est précisément cela qui est intéressant dans ces cas-limite), l'identification la plus virtuelle et la plus éphémère peut parfois, du point de vue l'individu, peser plus lourd que sa socialisation concrète et habituelle, que la « vraie vie » enracinée dans ses pesanteurs naturelles. Il me semble utile ici de détailler un exemple[2], pour mieux saisir ce paradoxe apparent. La scène se passe entre Walter[3] et lui-même (entre le Walter en chair et en os de la « vraie vie » de tous les jours et celui qui soudainement devient autre), face à son téléviseur, alors que se termine un match de football. Quand l'équipe à laquelle il s'est identifié a perdu, il est déçu, mais surtout extrêmement agacé de ne pouvoir effacer rapidement cette parenthèse. Malgré ses efforts en effet, il ne parvient pas à sortir de son enveloppe-

1. L'expression est de Walter, dont le témoignage est développé ci-dessous.
2. Ce livre n'est pas fondé sur une enquête spécifique, et le renvoi à du matériau sera très occasionnel. J'espère que le lecteur ne sera pas gêné par la rupture de ton que ces quelques études de cas introduisent. Parfois un bon exemple permet de mieux faire comprendre une idée qu'un développement abstrait.
3. Personne interrogée dans le cadre de l'enquête sur les premiers matins [Kaufmann, 2002a].

ment identitaire footbalistique pour retrouver la « vraie vie ». L'identité, pourtant ici particulièrement virtuelle et abstraite[1], est plus lourde, plus vraie que la « vraie vie », se prolongeant bien au-delà de l'événement. « Si ils ont gagné, là ça va, tout baigne, c'est super. Tu te sens bien, comme si t'avais pris deux-trois apéros. Après, ça diminue d'ailleurs pareil, tu sens que ça perd d'intensité, ça devient moins fort (mais sans gueule de bois, hein, le lendemain matin). Mais quand ils ont perdu, c'est là que c'est la connerie pas possible ! J'essaie de me raisonner, je me dis : allez, affaire classée, on passe à autre chose ! On a perdu, on a perdu ? C'est eux qu'ont perdu, pas moi ! Et avec tout ce qu'ils gagnent comme fric, si ça se trouve ça leur fait pas grand chose. Je dis : t'as rien perdu. Moi, moi, j'ai rien perdu, rien, rien, rien du tout, pas un kopeck ! Qu'est ce que ça va changer dans ta vraie vie ? Rien, pas un millimètre. Mais j'ai beau me dire, ça change rien, je pèse deux tonnes, le monde m'est tombé sur la tête. Et le pire c'est que ça dure, pas moyen d'en sortir ! Je suis malheureux comme un pou. C'est complètement con cette histoire. J'essaie de penser à des choses bien de ma vie. Mais rien à faire, je reste la tête dans le sac ». La « vraie vie » ne parvient pas à reprendre un caractère de réalité. Les images qui perdurent dans les pensées conservent davantage de force significative que l'existence concrète.

La socialisation contradictoire

Pour ego, la vie prend sens à partir du sens qu'il lui donne. Quelle que puisse être la puissance des déterminations sociales qui l'entraînent dans telle trajectoire plutôt que telle autre,

1. Quand il s'agit d'un match où joue l'équipe de France, Walter se sent avant tout « Français », l'identification nationale lui faisant oublier son identité personnelle le temps de la partie. Mais quand il s'agit d'autres équipes, il trouve toujours quelques arguments lui permettant de choisir son camp (l'important étant d'être dans un camp). Il ne s'imagine pas vraiment être un membre de l'équipe, gardant une certaine distance identificatoire (il a l'impression de rester pleinement lui-même en suivant la partie). Excepté le choix d'un camp contre l'autre, l'identification reste en fait très abstraite.

quelle que puisse être la longueur de la mémoire historique qui forme en lui des schémas de pensée et d'action dont il se croit à tort l'inventeur. Les identifications attribuent immédiatement des significations claires, réorganisant le social incorporé, voire l'oubliant pour un temps grâce à des expériences inhabituelles ou des envols imaginaires. Les caractères objectifs ne sont pas tout-puissants au regard de l'identité. Et cela d'autant moins qu'ils sont en réalité profondément contradictoires, travaillés par des conflits permanents. Ce point est capital : les caractères objectifs ne peuvent à eux seuls déterminer l'existence pour la simple raison qu'ils n'ont rien d'un univers stable et cohérent. Des oppositions les traversent en tous sens, obligeant le sujet à s'impliquer, qu'il le souhaite ou non. La capacité d'initiative de l'individu moderne se forme pour l'essentiel ici et nulle part ailleurs, dans ce travail d'arbitrage beaucoup plus que dans un supposé « quant-à-soi » qui le placerait loin du social et à distance des rôles [Dubet, 1994]. L'expression goffmanienne de « porte-identité » se révèle donc profondément ambiguë, et risquant de nous induire en erreur. À cause de leur multiplicité hétérogène en effet, les caractères objectifs ne peuvent d'aucune manière porter par eux-mêmes l'identité[1]. À l'inverse, c'est le travail identitaire qui malaxe et sélectionne les éléments qui, par la suite, deviendront effectivement porteurs et confèreront alors le sens de la vie.

Un nouvel extrait de matériau illustrera cet aspect ouvert et contradictoire des déterminations sociales. Il est pris dans le contexte de la mise en couple, qui est particulièrement intéressant du point de vue identitaire[2]. Car il démultiplie et exacerbe les contradictions à gérer. Chacun des deux partenaires

1. Plus la socialisation est contradictoire, plus la porte s'ouvre au travail identitaire, notamment sous la forme des passions ordinaires, qui deviennent plus intenses en réponse à des cadres de socialisation flottants et peu intégrateurs. Christian Le Bart [2000, p.175] le souligne dans son enquête sur les fans des Beatles : dans ces conditions en effet « l'identité s'investit tout entière dans la passion (...) Faute d'adversaire, elle règne sans combattre ». Au point de réorienter la trajectoire de vie. L'identité, outre son travail d'arbitrage, peut donc aussi impulser une socialisation nouvelle.

2. Pour Analia Torres [2001, p. 89, traduction JCK], le couple « constitue un domaine par excellence de production de sens et de construction identitaire ».

est le produit d'une histoire complexe, de laquelle il tire une représentation personnelle qui n'est que superficiellement et momentanément unifiée. Mille autres seraient en effet possibles, qui s'appuieraient sur des éléments différents du social intériorisé. Ego est tiraillé entre deux pôles instables. D'un coté est sa propre histoire, sédimentée en lui en une infinité de schèmes de pensée et d'action contradictoires, impliquant qu'il opère des choix. Et en face, le partenaire, avec un système de valeurs et des attentes aussi contradictoires, qu'il faut par ailleurs deviner. C'est ce qui explique que l'identité personnelle soit toujours différente dans un nouveau couple : parce que tout nouveau partenaire incite à réactiver de façon sélective certaines potentialités qui sont en soi, renvoyant les autres dans une mémoire dormante [Kaufmann, 1994]. Il y a donc bien mutation identitaire, mort du vieux soi lors de l'entrée en couple. Et invention d'une nouvelle identité, qui n'est jamais donnée d'avance. Car pour compliquer encore l'exercice, le partenaire n'a pas un système de valeurs et des attentes stabilisés ; il est autant contradictoire que vous-mêmes, attentif à vos prises de position pour savoir dans quel sens va basculer sa propre vie. Les contradictions de l'un s'entrecroisent aux contradictions de l'autre, pour tenter de définir, dans un même mouvement, deux nouvelles identités individuelles et une identité conjugale. Pour définir aussi dans quelle mesure ces identités individuelles seront subordonnées à l'identité conjugale [de Singly, 2000]. Heureusement que les jeunes amoureux n'ont pas conscience de l'immensité et de la complexité de ce travail qu'ils accomplissent, de l'impact que cela aura sur leur avenir ; l'amour deviendrait bien triste et fatiguant ! Il sont des inventeurs qui ignorent l'essentiel de ce qu'ils inventent, et c'est sans doute mieux ainsi.

Les prises de conscience (sous forme de visions d'identités différentes) apparaissent toutefois plus clairement à certains moments d'arbitrage. Comme le montre l'histoire de Sabine et Romain[1]. Sabine était partagée depuis l'enfance entre deux

1. Couple interrogé dans l'enquête ayant débouché sur la rédaction de *La Trame conjugale.*

images. Sa mère avait refusé de sacrifier sa vie aux tâches ménagères, et le logement familial était dans un beau désordre. De violents conflits éclataient régulièrement entre ses parents à ce sujet. De quel côté se ranger ? Sous le regard (admiratif) de son père, elle s'évertua à devenir une petite fée du logis. En réalité, elle n'avait pas vraiment choisi son camp ; elle était secrètement influencée par les idées maternelles sur le rôle de la femme dans la société. Son corps avait enregistré la mémoire d'une moitié d'elle-même (la fée du logis), développant avec aisance des enchaînements de gestes. « J'avais la folie que tout soit bien rangé ». Cependant que ses pensées le regardaient faire d'un œil critique, rêvant à d'autres postures pour son avenir. Elle ne cessait de voyager entre ces deux identités. Il était évident que la rencontre du futur partenaire serait décisive. Selon les attentes de ce dernier en effet, sa vie allait basculer dans un sens ou dans un autre.

Hélas pour Sabine (que cette hésitation identitaire fatiguait) c'est Romain qu'elle rencontra : et Romain était aussi divisé qu'elle. En théorie, il était partisan de l'égalité entre les femmes et les hommes, et reconnaissait qu'il était donc logique que ces derniers participent aux travaux ménagers. Mais son corps n'avait pas appris les automatismes nécessaires, sa mère, fée du logis exemplaire, ayant toujours tout fait dans la maison. Ce qui par ailleurs lui avait inculqué un certain goût pour l'ordre ménager. Moins taraudé que Sabine par ces injonctions contradictoires, il tentait de se laisser porter par les événements.

En réalité, il sélectionnait ces événements à sa convenance, pour se laisser ou non porter. C'est ainsi qu'il ne remarqua pas (ou plutôt qu'il ne voulut pas remarquer) la « fièvre ménagère » qui saisit Sabine le premier mois de leur vie commune. Elle s'était sentie emportée, irrésistiblement. « Je me suis dit : c'est comme ça qu'il faut faire quand on est dans une maison. J'ai eu une réaction comme ça au début, un peu bobonne même ». Elle se démena et astiqua si fort que l'autre moitié d'elle-même se révolta, s'installant sur un mode critique dans un espace mental parallèle à l'action. Elle entendait « une petite voix » lui dire : « mais je deviens une bobonne ! ». Qui était la vraie Sabine ? Malgré la force des élans corporels, elle conclut qu'ils résultaient d'influences culturelles extérieures, de mauvaises influences. « J'avais un modèle dans la tête, qui ne me ressemblait pas trop ». Elle devait résister à sa « fièvre ménagère ». Elle résista, discrètement aidée par Romain, pour parvenir à laisser la poussière s'accumuler davantage.

Romain ne commença à intervenir vraiment qu'à partir du moment où Sabine entra en lutte contre son identité « fée du logis », un mois après l'entrée dans leur logement. Jusque-là, vaguement coupable certes, il avait silencieusement savouré le confort du nid conjugal douillet et propret (mais sans jamais faire part à Sabine de ce plaisir secret). Quand Sabine verbalisa sa révolte contre elle-même, il prit immédiatement position contre l'ordre ménager, de façon radicale, presque violente. Il n'imaginait pas comment concrètement il pourrait mettre la main à la pâte, imiter ce que faisait si bien Sabine. Il serait un mauvais élève, un incompétent, et de plus cela lui coûterait énormément d'efforts. Cette grille de lecture de l'avenir n'augurait rien de bon, il se sentait déjà mal dans cette peau-là, dans cette identité éventuelle. Il préféra donc diriger le petit équipage conjugal vers d'autres eaux : le supposé modernisme du refus des médiocrités ménagères au nom de valeurs plus élevées.

Sabine opina, satisfaite de constater qu'il l'aidait à se débarrasser de cette infâme identité ménagère qui l'avait envahie de l'intérieur. Mais elle peina à le suivre dans sa radicalité. Ses regards posés sur le désordre du logement créaient aussitôt un trouble, et elle avait bien du mal à réprimer ses envies de rangement. Surtout quand il y avait une visite de la belle-famille. La mère de Romain (fée du logis si parfaite) ne disait rien. Mais Sabine sentait qu'elle n'en pensait pas moins. Elle constatait à cette occasion que son unification identitaire n'avait eu lieu qu'en surface, que ce qui la travaillait dans les profondeurs de sa mémoire incorporée était très loin d'avoir été dompté. Quant à Romain, il devenait pour elle de plus en plus indéchiffrable. Radical dans ses propos certes. Radical aussi ce jour où il avait fait exprès de faire monter son père alors que l'état du logement était encore pire que d'habitude. « C'était une façon de faire pression sur elle, de lui dire qu'il fallait qu'elle se libère encore davantage avec tout ça. Elle a explosé ! ça été l'engueulade du siècle ! ». Mais beaucoup moins radical dans les faits ! Au contraire, les signes se multiplient aujourd'hui de son goût pour les petites attentions ménagères de Sabine. Comme le montre l'anecdote de la chemise. Elle le gênait au col, et il regrettait de l'avoir achetée. Jusqu'au jour où, devant malgré tout la mettre pour une occasion importante, Sabine la repassa. Miracle : la gêne disparut. C'est depuis devenu sa chemise préférée, et il la met de plus en plus souvent ; après que Sabine l'ait repassée. Tout cela se passe en silence sur le changement d'identité en train de se produire (la chemise n'est en effet nullement un exemple isolé). Car Romain, pas très fier, exprime plutôt le contraire quand il parle (l'ancienne théorie radicale, désormais éloignée de la réalité). Et Sabine, tout aussi honteuse, se sent beaucoup moins déchirée dans cette nouvelle donne identitaire. Un peu comme si, contre tous les discours et les projets abstraits, chacun trouvait peu à peu sa place. En fait, rien n'était joué d'avance. Il aurait suffi que les discours de Romain ne soient pas que des discours et s'inscrivent un peu plus dans les faits pour que leur vie bascule dans une autre direction.

Cet exemple aura pu paraître un peu long, mais il était nécessaire de le développer pour qu'apparaisse à quel point la subjectivité et le monde objectif (que ce soient les effets de contexte, les jeux d'interaction ou la mémoire incorporée) sont intimement imbriqués. La subjectivité ne s'inscrit pas dans un univers séparé, loin du social. Et ses interventions opèrent à des niveaux différents. Sous l'angle de la charge subjective, la vision d'une Sabine « fée du logis » n'est pas équivalente à la vision alternative. Elle rêve d'être un autre type de femme, « soi possible » [Markus, Nurius, 1986] personnel et secret, rêve qui ne parvient pas toutefois à se concrétiser parce que l'identité « fée du logis » repose sur quelque chose de plus fort en elle, irrésistiblement et physiquement attirant, résultant de son histoire incorporée. La trajectoire biographique a une pesanteur sociale qui pousse à privilégier certains choix identitaires et à rendre d'autres plus improbables. Malgré tout, l'important est la capacité d'arbitrage, multiforme et permanente. C'est là que réside le cœur du processus identitaire. Non pas dans une pure subjectivité. Mais dans le choix entre des possibles, même si certains sont plus probables que d'autres.

Du point de vue de l'individu qui choisit, ce qui compte est non pas la faisabilité objective d'une identité, mais l'idée qu'il se fait lui-même de cette faisabilité. Quand Sabine dit que le modèle « fée du logis » qui est dans sa tête ne lui correspond pas, elle tente de construire sa vérité à partir de cette grille de lecture (le refus de l'aliénation ménagère). Bien qu'il n'y ait que relativement peu de chances qu'elle y parvienne, son identité réside à ce moment davantage dans cette vision d'elle-même (« je ne suis pas une bobonne ») que dans ce qui risque d'advenir réellement. L'identité est ce par quoi l'individu se perçoit et tente de se construire, contre les assignations diverses qui tendent à le contraindre de jouer des partitions imposées. Elle est une interprétation subjective des données sociales de l'individu, se manifestant par ailleurs souvent sous la forme d'un décalage. L'instrument par lequel ego reformule le sens de sa vie. C'est pourquoi la ramener aux données objectives (notamment la définir par les rôles et autres contextes sociaux occupés) est une erreur d'analyse extrêmement préjudiciable. Car elle est au contraire ce qui crée le mouvement, par un décalage représentationnel. Plus le décalage est fort et suivi d'une tentative réelle de concrétisation, plus le changement social sera important. Sabine aurait pu devenir cette autre femme qu'elle rêvait d'être.

Les déterminations aléatoires

Bien qu'ego soit libre de se rêver dans les identités les plus folles, seules certaines pourront être concrétisées. La capacité d'arbitrage subjectif est donc limitée. Mais l'important est qu'elle existe. Et elle existe d'autant plus que le social est contradictoire, comme l'a montré l'exemple de Sabine et Romain. Les contradictions du social sont inscrites dans le mouvement historique : c'est parce qu'elles augmentent sans cesse que l'individu est contraint de se constituer en sujet, tentant de réorganiser une unité significative à son niveau [Kaufmann, 2001]. L'identité est ce qui structure cette unité de sens à un moment donné.

Les contradictions sont toutefois devenues aujourd'hui si nombreuses qu'ego est incapable de toutes les arbitrer. Il se cantonne à en sélectionner quelques unes, laissant le hasard arbitrer les autres, au gré des circonstances. Il ne déploie qu'une infime partie de son potentiel subjectif. Car le déployer davantage transformerait la vie en enfer, mentalement épuisant et psychologiquement déstabilisant.

Une bonne illustration est donnée par les albums de photos de famille. L'objet pourra paraître désuet ; il dissimule en fait secrètement une force de structuration considérable [Kaufmann, 2002b]. L'identité, quand elle se détache de l'essentialisme, est communément vue comme un processus narratif [Ricœur, 1990]. Chacun tentant d'écrire et de réécrire sa vie, et exprimant ainsi de façon particulièrement éclatante la subjectivité à l'œuvre. En réalité, les albums de photos montrent que la construction du récit suit souvent d'autres lois.

Au début sont les photos, prises pour garder une trace, dans l'idée qu'elles pourraient être un aide-mémoire. Certes ratant la vraie vie, certes ne saisissant que quelques instants parmi beaucoup d'autres, mais fixant ce pâle reflet peut-être pour l'éternité. Or nous avons vu plus haut (l'identité de rôle comme simple reflet a donné naissance à la réflexivité moderne), que les reflets sont capables de se transcender. Ici aussi, l'image de soi sur papier, vue comme un simple et pâle reflet, peut être promise à un grand avenir. Pas toutes les photos évidemment. C'est même une condition pour que la puissance mémorielle de l'album se développe : que la sélection soit impitoyable, que l'immense majorité des clichés soient mis de côté, oubliés dans des fonds de tiroirs, jetés quand ils ne sont plus perçus qu'à l'état de vulgaires papiers qui encombrent. Telle est la fonction de l'album : opérer un tri parmi la multitude, ranger les images selon un système faisant suite narrative. L'album raconte par lui-même une histoire. L'histoire de la famille. Plus le temps passe, plus la mémoire vivante s'affaiblit, disparaissant parfois par blocs entiers à l'occasion d'un changement de génération. L'album alors se transforme en pivot de la réorganisation du souvenir. L'objet apparemment désuet, composé d'images reflétant mal la vie réelle, devient en fait l'instrument qui structure le récit des origines familiales.

La question qui nous occupe ici est de savoir comment s'est opérée la sélection qui plus tard va jouer ce rôle central d'organisation du souvenir. De savoir de quelle façon le sujet s'est lui-même impliqué. La réponse sera décevante pour les tenants de la liberté de l'acteur : faiblement, épisodiquement, comme à regret. D'abord pour la première décision, le choix d'immortaliser une scène. Pourquoi telle scène plutôt que telle autre ? L'analyse montre que l'impulsion photographique est socialement construite et qu'elle résulte de conventions discrètes mais solidement établies : quand il y a rupture de l'ordinaire de la vie [Kaufmann, 2002b]. Les cérémonies diverses, les repas de fête, les voyages, les vacances déclenchent la soudaine envie de fixer sur papier ce vécu inhabituel, alors que le cœur de l'existence de tous les jours ne figurera que de manière accidentelle ou en arrière-plan involontaire. Le souvenir va donc devoir se former ensuite à partir d'images périphériques et occasionnelles.

Bien que la sélection des clichés retenus pour l'album soit moins conventionnelle, elle ne permet toutefois guère plus au sujet d'exprimer des choix personnels mûrement réfléchis. Le rangement des photos provoque en effet rapidement une fatigue mentale, qui s'explique très bien quand on comprend sa charge identitaire. Car il s'agit de choisir non seulement les plus belles images mais celles qui font sens, impliquant de s'interroger à cette occasion sur ce sens donné à sa vie ; et aucun choix de photos n'est anodin. La plupart des personnes préfèrent donc prendre une option mentalement économique, en rangeant par à-coups (l'album étant ordinairement oublié) et sans trop s'interroger. Elle ne s'imaginent pas qu'elles dessinent alors les grands traits de la mémoire future de leur propre identité. Il arrive même fréquemment qu'elles se débarrassent de cette tâche comme d'une corvée. Le rangement effectué un jour, plus ou moins dans l'urgence, aura parfois décidé à jamais de la trame à venir du récit familial.

Le lecteur pourra penser que je retire de l'eau à mon moulin plutôt que de l'alimenter, que cet exemple va à l'encontre de mon argumentation visant à classer le processus identitaire du côté de la subjectivité. Et les tenants de la barbe à papa seront portés à penser que les déterminations objectives jouant un rôle dans la définition des identités, y compris par leurs mouvements aléatoires, il est nécessaire de les prendre en compte. Il me faut donc être ici particulièrement clair. Je résumerai ma position en deux points :

– La subjectivité ne se forme pas dans un espace autonome parfaitement maîtrisé par l'individu. Au contraire, elle est continuellement aux prises avec les pesanteurs sociales qu'elle cherche à travailler, n'y parvenant que très imparfaitement, au point que le récit de vie lui-même reste fortement sous influence, en particulier des déterminations aléatoires.
– Mais cette non pureté subjective ne doit d'aucune façon conduire à une définition ambiguë de l'identité. Cette dernière devant à mon avis être strictement définie non par les supports mais par les efforts de l'individu pour donner sens à sa vie (toute autre option conduisant à la confusion sur le processus identitaire).

L'exemple de l'album de photos montre que ces efforts sont souvent limités et imparfait. Car trop développer la réflexion sur soi peut vite devenir un enfer invivable. Pourtant, des années et des années plus tard, quand enfants et petit-enfants reprennent pour le commenter ce grand livre de la famille, ils se réapproprient totalement le récit là où il est parvenu, quels qu'aient été les péripéties antérieures de sa fabrication. Il est alors ce qui fait sens, un fragment capital de l'identité familiale. L'identité est une invention permanente qui se forge avec du matériau non inventé.

L'identité contre nature

Jusqu'où est-il possible d'aller dans cette argumentation (qui, je le concède, peut paraître quelque peu radicale) assimilant l'identité au processus de définition du sens, clairement séparé des supports matériels sur lesquels il s'appuie ? La tentation est grande d'établir une limite, en considérant les réalités les moins malléables, notamment celles qui prennent corps dans les substrats biologiques. Être un homme ou être une femme, par exemple. Voilà quelque chose, dira-t-on, qui ne s'invente pas ! Les identités de genre auraient une base physiologique irréductible.

La différence est en effet notable avec les substrats sociaux de l'identité. Les identités collectives ne se développent que parce que les communautés concrètes se désagrègent et fixent moins les individus de leur empreinte (ce sont les grilles de lecture identitaires qui reconstituent de nouvelles collectivités de sens) ; la « crise » des identités personnelles (en réalité, la montée du processus identitaire) se manifeste parce que ces dernières ne sont plus conférées par les cadres sociaux. Il est donc clair (surtout dans une perspective historique) que les identités sont, non un produit du social, mais à l'inverse ce par quoi le social est travaillé. Peut-on cependant dire de même avec les faits de nature ? Les hommes de grande taille ne resteront-ils pas toujours des grands, et les petits des petits en dépit de leurs rêves ? Les hommes ne sont-ils pas irrémédiablement des hommes, clairement distincts des femmes d'un point de vue biologique ? Taille et sexe sont d'ailleurs des marqueurs privilégiés figurant en bonne place sur les papiers d'identité.

Le sens commun incite à classer rapidement l'affaire. Il faut toutefois se méfier de ses évidences, y compris les mieux partagées. C'est contre elles justement qu'entra en lutte le mouvement féministe. « On ne naît pas femme, on le devient ». La célèbre formule de Simone de Beauvoir [1949] devint l'étendard de la critique. Dans les années 1970, la mise en avant du concept de genre permit de marginaliser la part du naturel dans ce qui constitue les hommes et les femmes [Oakley, 1972]. Il était toutefois très difficile de se dégager de l'idée d'un « noyau dur du sexe biologique », sorte d'« invariant naturel » [Gardey, Löwy, 2000, p. 17], les études sur le genre se développant sur une autre scène, sociale. Le propos étant de prouver que le social était dominant plutôt que de discuter les différences biologiques [Chaperon, 1995 ; Oudshoorn, 2000].

La prise en compte du processus identitaire comme retournement historique permet à mon avis d'apporter des éléments nouveaux. L'identité est le processus par lequel tous les supports de la socialisation sont travaillés et dynamisés, y compris les plus résistants, chevillés au biologique. La mise en perspective historique des données corporelles est un préalable obligé pour l'analyse. « Le corps a une histoire » [Perrot, 1995, p. 39], pleine de surprises et de rebondissements, particulièrement du côté des femmes. « Chaque culture attribue des significations différentes au corps féminin » [Oudshoorn, 2000, p. 33]. En témoigne l'étonnant épisode du procès social de naturalisation de leur corps, instaurant une « biopolitique des rapports de sexe » qui est au cœur de la modernité [Perrot, p. 42]. Quand la vision n'est pas anhistorique, elle trace volontiers une évolution allant des sociétés anciennes davantage inscrites dans le naturel, aux sociétés modernes plus marquées par la culture. Or c'est plutôt un mouvement contraire qui s'est développé. Françoise Héritier [1996] a très bien montré comment dans les sociétés premières, le corps est une sorte de matière première servant à la fabrication d'un vaste système symbolique organisé autour d'oppositions binaires, principalement l'opposition masculin/féminin. Si l'on parle beaucoup des corps et de leurs contrastes sexuels, il convient de ne pas se tromper : c'est l'ordre symbolique qui est déterminant et explique les différences. La science médicale (des Grecs anciens à la fin du Moyen Âge), introduisit dans un autre univers de représentation corporelle, beaucoup moins marqué par la différence. Ce que Thomas Laqueur [1992] a nommé le « modèle du sexe unique », où le corps féminin est perçu comme un « homme retourné à l'intérieur », inférieur mais pas opposé. Le contraste des rôles sociaux entre hommes et femmes, socialement très marqué, n'était pas institué sur la différence corporelle. Le XVIIe et le XVIIIe siècle, s'interrogeant sur le naturel féminin [Varikas, 2000] préparèrent le renversement des idées, qui se manifesta dans toute son ampleur au siècle suivant, grand siècle de la fabrication sociale d'un nouveau code de représentation fondé sur l'opposition sexuelle [Laqueur, 1992]. « Vers la fin du XIXe siècle, les scientifiques médicaux avaient étendu la sexuation à toutes les parties imaginables du corps : os, vaisseaux sanguins, cellules, cheveux et cerveaux. Seul l'œil semble ne pas avoir eu de sexe » [Oudshoorn, 2000, p. 36]. « La littérature médicale de cette période montre une naturalisation radicale de la féminité dans laquelle les scientifiques ont réduit la femme à un organe spécifique » [*idem*]. Chacun s'interroge en effet, et suppute à l'envi sur le centre biologique de l'« essence féminine ». Selon les périodes, divers organes ou substances (utérus, hormones, etc.) rassemblent les faveurs. Et le mouvement se poursuit (par vagues successives révélant à chaque fois un nouveau corps) jusqu'à nos jours[1].

L'utérus ayant été rabaissé au rang d'organe non significatif, le cerveau semble à nouveau depuis quelque temps tendre à être imposé comme fondement de la différence (ce qui d'ailleurs renoue avec les présupposés du XIXe siècle). Hommes et femmes vivraient dans deux mondes irrémédiablement séparés pour cause d'encéphales dissemblables. Les sciences « dures » sont convoquées pour valider cette idée. Elles le font, entre autres, dans des livres à succès[2], à travers des argumentations pour le moins légères, dont le caractère très contestable n'est pas discuté tant l'idée est portée par l'air du temps. Je prendrai un seul exemple. Hommes et femmes, nous dit-on, sont différents du point de vue du langage, les uns plutôt silencieux et les autres bavardes. Pourquoi ? Mais parce que leurs cerveaux sont différents bien sûr ! Inutile de chercher des explications compliquées. Miracle de la vraie science en blouses blanches, après IRM et graphiques

1. Pour Françoise Parot, la première moitié du XXe siècle avait pourtant permis aux sciences humaines d'affirmer la pluralité des cultures, façonnant les individus davantage que les assignations naturelles. Mais, après la Seconde Guerre mondiale, « la conviction qu'il existe une nature humaine revint très vite. Le modèle triomphant des sciences naturelles s'imposait. Oubliant que rien de ce qui est naturel en l'homme n'est proprement humain, et que rien de ce qui est proprement humain n'est naturel, on convoqua la biologie et ses filles pour ramener les sciences de l'homme dans le droit chemin de la positivité » [2002, p.63].

2. Cf. notamment J. Gray, *Les hommes viennent de Mars, les femmes de Vénus,* Paris, J'ai Lu, 1998 ; J. Gray, *Mars et Vénus sous la couette,* Paris, J'ai Lu, 2000 ; A. et B. Pease, *Pourquoi les hommes n'écoutent jamais rien et les femmes ne savent pas lire les cartes routières,* Paris, First, 1999 ; A. et B. Pease, *Pourquoi les hommes mentent et les femmes pleurent,* Paris, First, 2002.

à l'appui, nous pouvons observer que les zones cérébrales activées ne sont pas les mêmes d'un côté et de l'autre. Voilà donc un trait de comportement, la façon de parler, qui résulterait tout simplement de la différence biologique entre les sexes. L'incroyable suite d'affirmations pseudo-scientifiques pour le moins hétéroclites depuis deux siècles, tendant à fonder la différence des genres par la biologie, devrait pourtant nous inciter à plus de prudence. Effectivement, comme les générations précédentes, nous nous faisons à nouveau berner. Hommes et femmes dans le couple n'occupent pas la même position, ne jouent pas le même rôle. Les femmes sont en première ligne, subissant une forte pression mentale : elles ont continuellement la famille en tête. Elle sont donc amenées à parler davantage, et de manière plus violente, pour tenter de résoudre les problèmes. Alors que les hommes les gèrent par des prises de distance et des silences. Si l'on fait un IRM à ce moment, les zones cérébrales activées seront bien entendu différentes. Mais cela ne signifie en rien que le cerveau des hommes et celui des femmes sont dissemblables.

J'espère me faire bien comprendre. Je ne nie pas qu'il existe des différences biologiques entre hommes et femmes (ce qui serait quelque peu problématique pour un spécialiste du couple !), ni même que certaines aient trait à leurs cerveaux. La question qui se pose est de savoir comment se détermine une « identité ». J'ai dit plus haut que pour moi la rupture historique représentée par le processus identitaire était un phénomène capital, qui méritait d'être isolé des « porte-identité ». Processus qui se développe contre les faits de nature. Mais au-delà de cette position, qui je le sais n'est pas partagée par une majorité, il reste à déterminer quel est le poids réel de ces faits de nature, résistants à la créativité subjective. Or, outre que le corps se présente, par la vertu de la technique, comme une réalité de plus en plus malléable [Le Breton, 1999], l'analyse historique de la fabrication sociale du naturel féminin montre (notamment par la variation des critères qui se sont succédés) que ce poids est sans doute beaucoup moins important qu'imaginé. La société est en réalité engagée depuis deux siècles dans un immense effort intellectuel pour catégoriser biologiquement hommes et femmes de façon indiscutablement séparée. « Il s'agit d'établir des identités et des corps sexués clairs et stables, quoique ces mêmes corps soient équivoques, étant donné les différents recouvrements possibles entre et au sein de toutes les sous-catégories de sexe » [Kraus, 2000, p. 209]. Les dernières avancées scientifiques ouvrent sans cesse davantage sur un univers de complexité, où notamment les discordances se multiplient « entre le sexe anatomique, le sexe hormonal ou le sexe génique » [Gardey, Löwy, 2000, p. 26]. Aucun marqueur absolu n'a encore pu vraiment être dégagé, y compris dans le domaine génétique [Kraus, 2000]. C'est paradoxalement encore aujourd'hui la simple anatomie qui semble rester la plus pertinente, notamment la présence d'un pénis. Mais, même ici la chose n'est pas toujours évidente ; il en existe en effet de toutes formes et de tous volumes. À partir de quelle taille de son pénis, un individu peut-il être considéré comme un homme véritable ? Les débats (et les interventions chirurgicales) autour des enfants « pseudo-hermaphrodites » sont de ce point de vue éclairants [Domurat-Dreger, 1998]. L'indécision sexuelle-biologique est intolérable pour la société : il faut absolument, si besoin à coups de bistouris, classer dans une catégorie ou dans l'autre.

Cet exemple pourra sembler limite et non représentatif. Encore une fois, il ne s'agit pas de nier les spécificités biologiques pour l'immense majorité des hommes et des femmes. Mais de souligner le fait que la volonté de catégorisation est plus forte que les faits de nature eux-mêmes. Le principal obstacle à la créativité identitaire est beaucoup moins le donné biologique contrasté entre hommes et femmes que « l'invention du naturel » [Gardey, Löwy, 2000], les efforts de la société pour catégoriser biologiquement les identités de genre. La catégorisation est paradoxalement une contrainte plus lourde que la nature elle-même. La soi-disant « identité féminine » n'est en fait pour l'essentiel qu'un rôle social. Un des seuls qui restent aussi fortement marqués que ceux de feu le « programme institutionnel », grâce à la manipulation du biologique. Il est demandé aux femmes d'accepter cette identité[1], simple reflet d'un rôle, comme dans la société d'autrefois qui conférait les « identités » par les rôles. Alors que partout l'inventivité identitaire tend à subvertir les assignations imposées. La question la plus importante est de savoir si l'« identité » est une détermination générique pour un groupe de personnes, correspondant à une configuration sociale ou biologique (être d'abord une femme), ou si au contraire il s'agit d'un processus de diversification infinie contraint seulement de tenir compte des faits sociaux ou naturels (être d'abord une personne, cherchant à concrétiser ses rêves sans *a priori*). Dire qu'il y a mille manières d'être une femme [Spelman, 1988], c'est déjà commencer à remettre en cause l'existence d'une « identité féminine ».

Mais est-il possible d'inventer sa vie sans références aucunes à des assignations de genre ? La perspective est tellement (aujourd'hui) improbable et déstabilisante que l'on comprend mieux l'insistance de la société à bi-catégoriser et forcer les « identités » de genre. La révolution des identités, en ce domaine, n'en est encore qu'à ses balbutiements.

L'identité contre-réflexive

Ailleurs, elle est beaucoup plus avancée, notamment dans les interactions sur Internet [Revillard, 2000], qui fonctionnent comme un laboratoire des nouveaux modes de définition de soi, où l'innovation identitaire gagne une dimension nouvelle, précisément en se libérant du corps. Illustrant l'intuition de Lévi-Strauss [1977, p. 332], pour qui « l'identité est une sorte de foyer virtuel auquel il nous est indispensable de nous référer (...), mais sans qu'il ait jamais d'existence réelle ». Contre l'idée d'un « substantialisme dynamique » [*idem*], une fixité fictionnelle (et momentanée). Qui paradoxalement permet à l'individu de se transformer.

---

1. Ce qu'elles font souvent d'autant plus facilement que cette « identité », lourde d'une mémoire historique encore très proche, est irrésistiblement attirante, et leur offre de réconfortantes gratifications psychologiques face à l'aridité fatigante de la pure perspective émancipatrice [Heinich, 2003].

Paradoxe qui introduit à un nouveau problème redoutable. Comment un mouvement (l'invention de soi) peut-il être impulsé par son contraire, une fixation (image de soi)[1] ? Plus largement, c'est la question de la place de la réflexivité dans le processus identitaire qui se pose. La thèse que je défends ici est que le processus identitaire représente une des formes majeures prises par la subjectivité. Mais de quelle façon se relient entre eux ces trois éléments : identité/subjectivité/réflexivité ? Peuvent-ils être amalgamés dans un même ensemble ? À nouveau, il convient d'être très clair et d'opérer des distinctions.

La subjectivité est sans aucun doute la notion la plus large (souvent d'ailleurs un peu trop), englobant les manifestations de l'affirmation du sujet les plus diverses. Un mélange d'autonomie, de réflexivité et de volonté [Legrand, 1993]. Il n'est pas impossible qu'il faille garder ce caractère relativement mal défini pour avancer dans l'analyse (le maintien de notions souples peut être un mal nécessaire permettant d'affûter d'autres outils conceptuels). Mais à la condition que ses contenus soient précisés. L'articulation de la réflexivité et de l'identité en offre une occasion excellente.

Plus personne ne conteste que la réflexivité constitue une donnée centrale de la modernité [Giddens, 1987 ; 1994]. Cependant, son origine historique reste floue. J'ai tenté de montrer dans *Ego* qu'elle résulta d'un fractionnement de la mémoire sociale infraconsciente. La socialisation, se faisant contradictoire, imposait que l'individu opère des choix. La mutation des reflets de rôles, évoluant vers la réflexivité identitaire s'inscrit exactement dans le même processus d'ensemble provoqué par la socialisation contradictoire.

Les modalités concrètes de son expression contemporaine ne sont guère mieux étudiées que son origine historique. Elles laissent se répandre des conceptions abstraites éloignées de la

1. Cette fixation, nécessaire au mouvement, explique la facilité avec laquelle se développe la contre-révolution identitaire. La frontière est en effet ténue entre une image fixe et l'idée d'une identité substantielle. La différence entre révolution et contre-révolution identitaire n'est pas dans la fixation d'images de soi, mais dans leur durée et leurs modalités : la contre-révolution s'impose quand la fixation devient la référence unique et permanente et non plus une simple séquence momentanée dans un mouvement de reformulation de soi.

réalité. Les enquêtes de terrain montrent par exemple que la réflexivité ne s'exprime que par séquences relativement brèves, et très strictement contextualisées [Kaufmann, 1997]. Confrontée à l'impératif identitaire, elle ne peut par ailleurs se développer sans retenue. L'homme vit désormais cognitivement en miroir de sa propre vie, il réfléchit et il s'analyse, jusqu'à transformer son quotidien en objet d'interrogation comparable à l'objet d'expérimentation du scientifique en laboratoire. Il s'est presque transformé en *homo scientificus* disséquant sa propre existence. Presque, parce qu'il n'a pas la totale liberté du scientifique. La réflexivité à propos de sa propre vie est nécessairement limitée, par un impératif contraire, identitaire. L'individu moderne est en effet placé devant l'obligation de construire et reconstruire sans cesse sa cohérence autour d'un axe qui n'est autre que ce que l'on appelle identité. À la logique fissionnelle de la réflexivité généralisée, qui déconstruit en tous sens les moindres certitudes, il doit opposer la logique fusionnelle de la construction de soi, les lignes de vie qui font sens. Il est irrémédiablement piégé entre son envie de comprendre, et son impossibilité de poursuivre trop avant dans les questionnements. Cette contradiction débouche sur un curieux résultat. Le mouvement réflexif, qui ne peut être atténué dans sa dynamique formelle, est canalisé de façon précise ; la réflexion est orientée. Les informations recueillies sont filtrées par la grille identitaire, et intériorisées seulement quand elles ne sont pas trop dissonantes.

L'identité est un processus de fermeture et de fixation, qui s'oppose à la logique d'ouverture et de mouvement de la réflexivité. Elle fabrique continuellement un système unifié de valeurs, qui fonctionne sous forme de grille de perception du monde, donnant le sens de la pensée et de l'action. Utilisant pour cela des images, qui se construisent toujours par la réduction du réel. Réduction parfois extrême, pouvant ne retenir que quelques traits ou idées très simplifiées [Dortier, 2002]. Cette fixation est toutefois momentanée, les images de soi étant multiples et extrêmement changeantes. L'opposition frontale à la réflexivité n'opère donc qu'à certains moments bien précis, quand l'enveloppement identitaire a besoin de se refermer sur une unité de sens. À d'autres moments au contraire, la réflexivité peut préparer la mise au point d'une nouvelle grille identitaire (plus ou mois fermée et réductrice, plus ou moins durable). Antagoniques quant à la logique de leur fonctionnement, la réflexivité et l'identité sont donc en réalité souvent concrètement associées dans des articulations complexes. Au cœur de l'exercice concret de la subjectivité.

Les démêlés de Walter avec lui-même, face à sa télévision, me permettront de l'illustrer. Nous avons vu précédemment quel était son agacement quand il constate qu'il ne parvient pas à sortir de la bulle identitaire dans laquelle il s'est laissé enfermer. Où se situe le centre de sa subjectivité à cet instant ? Dans la réflexion posée et froide, qui tente d'éclater la bulle désormais honnie ? Ou dans la perpétuation de ce sens évident et profond qui l'avait si fortement emporté il y a quelques instants, et le bombarde encore d'images de l'événement ? Difficile à dire. Il est en réalité en transition entre deux identités, et surtout entre deux modalités différentes de la construction identitaire. La supposée « vraie vie », fondée sur l'ordinaire de ses habitudes, « vraie vie » qu'il tente de rétablir en s'aidant de la réflexion. Et l'envol soudain dans un autre univers de significations et de perceptions, certes apparemment éloigné de la « vraie vie », mais où il s'est pourtant senti exister avec intensité (beaucoup plus que dans la « vraie vie »), faisant bloc avec cet étrange autre lui-même vibrant d'émotion. La vraie vie vraiment vivante, le vivant de la vie est-il dans ce qui rapproche le plus de l'ordinaire des habitudes ou dans ce que l'on éprouve avec le plus d'intensité ?

Le balancement entre ces deux modalités identitaires le taraude en d'autres circonstances : avant qu'un match ne commence, ou même plus généralement dans la façon de se présenter à autrui. Selon le système de valeurs établies de sa « vraie vie » (qui bien sûr est extrêmement variable, mais relativement constant sur ce point), il considère très négativement le fait de devenir captif de la télévision, en particulier lorsqu'elle retransmet des compétitions sportives. Vis-à-vis de ses amis ou dans son travail, il se dépeint donc comme étant détaché de ces choses, ne regardant que très épisodiquement et du coin de l'œil quelques matchs. Mode de présentation de soi qu'il parvient d'autant plus facilement à imposer qu'effectivement il n'est pas un vrai passionné. Il ne va jamais dans un stade, n'est pas un supporter actif, ne lit aucun journal sportif. C'est uniquement seul, chez lui, que soudainement la télé l'attire dans cet autre univers, qu'il devient, pour un bref moment, ce lui-même étrange et tout vibrant. « Je rate souvent le début, je me force, je me dis : tu regardes juste un peu. Et puis c'est plus fort que moi. Il faut vraiment que ce soit nul pour que j'arrive à décrocher. C'est marrant quand même l'effet que ça fait. Tu vis quelque chose, t'es dedans. Il n'y a plus rien d'autre ».

L'enveloppement sensible

L'identité est une fermeture et une fixation du sens de la vie, aux formes et aux modalités multiples. Elle est aussi une toute simple et indéfinissable sensation d'exister, réactivant les strates du cerveau les plus archaïques [Damasio, 2002]. « Ce par quoi l'individu se sent exister en tant que personne » [Tap, 1979]. Rien ne sert en effet de définir intellectuellement le système de valeurs de sa « vraie vie » si l'on ne s'y sent pas vraiment vivre. L'histoire de Walter montre qu'en réalité des séquences différentes alternent, faisant se succéder réflexivité et fixation identitaire, faisant se succéder aussi des perceptions identitaires plus ou moins intellectualisées. L'affichage de significations claires et explicites n'est pas obligatoire. La sensation d'être parvient même souvent à faire l'économie de tout contenu cognitif, se réduisant à un pur enveloppement sensible. Se « sentir bien » par exemple, soudainement, sans trop de raisons particulières (un calme intérieur, un rayon de soleil, une ambiance amicale, etc.) représente une de ces expériences identitaires dépouillées où les sensations élémentaires sont plus importantes que les détails de l'image de soi. Celle-ci reste d'ailleurs alors très floue, comme masquée par l'enveloppement sensible, qui devient en lui-même le moteur de la fermeture identitaire. Or dans ces instants, il n'y a pas seulement sensation d'exister mais aussi sensation d'être soi. D'être soi plus intensément, plus authentiquement que l'on ne l'est d'ordinaire. Il y a là quelque chose d'assez singulier. Outre que les sensations existentielles s'accommodent d'images de soi éloignées de la « vraie vie » (Walter et sa secrète passion télévisuelle), elles se font aisément plus intenses en allégeant leur contenu significatif. Jusqu'à atteindre un quasi vide intérieur. Les minutes passées sous la douche (ou dans son bain) sans rien faire, au-delà du temps nécessité par l'hygiène, illustrent bien ces moments d'enveloppement vide favorisant une sorte de récupération de soi basique. Contrairement à la réflexivité, la fixation identitaire s'engage rarement dans des procédures intellectuellement compliquées. Quelques idées lui suffisent. Ou encore mieux une image (au sens de représentation visuelle). Voire même parfois une simple sensation. Ces trois éléments peuvent d'ailleurs alterner (ou se mélanger) facilement : l'identité est une idée, une image ou une sensation de soi.

Elle n'est cependant pas n'importe quoi. Lorsqu'elle se manifeste sous la forme d'un enveloppement sensible notamment, cette apparence souple et fluide repose en réalité sur des règles relativement strictes. Le premier principe est celui de l'enveloppement. L'identité est un système de fermeture du sens, et la perception d'un enveloppement (surtout si ce dernier est physiquement ressenti) est apparemment une des modalités les plus simples permettant de réaliser cette fermeture. Elle est en fait beaucoup plus complexe qu'elle ne semble. Car l'individu est paradoxalement, en tant que tel, un très mauvais support identificatoire, continuellement en quête de ses propres frontières [Kaufmann, 2001]. Ce qui fait sens se dégage le plus souvent en lien avec des appartenances diverses : ego est en situation, membre d'un groupe, d'une communauté de pensée, inscrit dans des projets divers. Les périmètres de l'identification personnelle sont à géométrie variable[1]. L'exemple de la douche donné ci-dessus est un des rares cas d'enveloppement aux strictes limites du corps

---

1. Les brusques variations de la géométrie identitaire ne doivent pas être confondues avec les évolutions de l'infrastructure individuelle. L'individu est un processus, inscrit dans des

biologique. Mais cette expérience se caractérise justement par un affichage faible de significations explicites. Le pur soi se réduit à un enveloppement relativement vide.

Les sensations permettent alors de palier cette vacance qui pourrait être problématique. C'est le second principe associé à l'enveloppement : à défaut d'un sens de la vie exprimé sous forme de valeurs ou d'objectifs, les sensations (positives) remplissent d'un contenu créant l'illusion d'une plénitude et d'une évidence. Le sens n'est pas clair mais il est intimement ressenti et agréable.

Ce sens flou remplissant d'évidence, en rupture avec la faiblesse existentielle de la néanmoins « vraie vie », peut atteindre des sommets quand, dans certains contextes, les sensations se font plus fortes. La nécessité de l'enveloppement disparaît alors. Les sensations, seules, dessinent et clôturent le sens, par l'allant du mouvement qui entraîne dans un ailleurs pourtant mal défini. Les sports extrêmes et autres conduites à risque représentent une sorte de modèle de ces instants où « exister est porté à son incandescence ». Car la « bouffée de sens qui envahit d'un coup l'individu, lui procure la puissance intérieure, un sentiment d'élargissement de soi qui confine à l'extase » [Le Breton, 2002, p. 157]. Certaines substances troublant la chimie intérieure peuvent puissamment aider à ce type de transport permettant de se sentir être, pleinement, bien que l'on s'évade de soi [Hefez, 2003]. Alain Ehrenberg a montré comment l'émergence de la drogue au XIXe siècle fut associée à la montée de l'individualité, et se manifesta « à l'intersection de la sensation et de l'identité »,

---

(suite de la note de la p. 113)
flux d'échanges avec son environnement (parfois restreints, parfois plus larges), et s'extériorisant dans des œuvres ayant dans certains cas le pouvoir de s'autonomiser et de toucher un large public. L'individu peut alors connaître un élargissement considérable de sa réalité d'être, pas toujours facile à gérer, l'identité devant tenir compte de cette infrastructure soudainement plus large et diversifiée, comme le montre l'enquête de Nathalie Heinich [1999] sur les lauréats des prix littéraires. Mais de tels élargissements considérables sont rares. Les modifications de l'infrastructure individuelle sont généralement beaucoup plus lentes et modérées.
Le processus identitaire par contre, développe de continuels changements de périmètre, avec des variations aussi imprévisibles qu'extrêmes. Il est ce qui fait sens à un moment donné. Et le sens est très volatil.

illustration parmi d'autres de « l'invention d'un univers de sensations identitaires » [1995, p. 42].

Est-on cependant encore dans le processus identitaire quand on se laisse ainsi emporter ? La sensation (momentanée) de plénitude existentielle suffit-elle pour classer l'expérience dans cette catégorie ? Par exemple, dans le cas-limite des manifestations de violence physique tournées contre soi-même. Quand incisions, scarification ou brûlures, sont des réponses à un « sentiment de soi difficile à cristalliser » [Le Breton, 2003, p. 12], quand ces « écorchés vifs » ont le « sentiment de ne pas être tout à fait réels, de n'habiter vraiment ni leur corps ni leur existence » [p. 33] ; quand les atteintes corporelles sont alors des « traces et douleurs pour exister » [p. 21]. La réponse n'est pas simple, les formes prises par le processus (mélange d'idées, d'images et de sensations) étant extrêmement variables. Tout est sans doute une question de degrés et de contextes. Les séquences de vie se multiplient dans lesquelles la sensation d'être (et d'être vraiment soi), la sensation d'unité et de plénitude, est d'autant plus intense que l'on abandonne les rives de l'ordinaire habituel, quitte à plonger dans la violence, à utiliser des instruments hétéroclites[1] ou socialement proscrits. Mêmes si elles sont ultimes et peu recommandables, ces expériences participent souvent des nouvelles modalités permettant au sujet de se construire. Un seuil est toutefois franchi quand il perd la maîtrise des événements, quand les séquences volontaires se transforment en cadre de contrainte régulier canalisant l'existence, quand les instruments deviennent des addictions et provoquent la dépendance [Valleur, Matysiak, 2002], quand, concernant les drogues et les médicaments, se manifeste « une emprise physique du produit sur la personne » [Ehrenberg, 1998, p. 143]. Il y a alors retournement du processus de définition de soi, assimilable à la contre-révolution identitaire : l'individu a mis en place un système (composé de valeurs, de personnes ou de produits) qui définit pour lui le sens de sa vie. Il a perdu, ou au moins affaibli, sa capacité d'invention subjective.

---

1. Alain Ehrenberg [1995] souligne le rôle semblable, du point de vue identitaire, de l'usage des drogues et du « robinet à images télévisuelles ».

Au cœur de l'expérience limite (par exemple les conduites à risque et sports extrêmes), pris par l'intensité des sensations, cette capacité lui importe d'ailleurs assez peu. Le « sentiment de fusion avec le monde » [Le Breton, 2002, p. 154] est plus essentiel. Transcendance dont le caractère sacré est évident, renouant avec les cosmogonies religieuses des sociétés premières. « Le monde le pénètre sans l'anéantir. Les limites de soi se distendent » [*idem*, p. 158], dans un étourdissement, une transe, qui abolit le concret de la vie [Caillois, 1958]. L'identité, en quête permanente d'évidence et d'unité de sens, a incontestablement comme horizon ultime le sacré, qui seul confère de façon indiscutable ces qualités. Mais elle n'y parvient jamais totalement. La grande différence avec les sociétés premières, et le problème d'aujourd'hui (outre que les scènes identificatoires sont multiples et changeantes), est que l'homme moderne veut aussi être son propre dieu, décider lui-même de ce que sera le monde dans lequel il vivra. Ce qui présuppose qu'il tente de maîtriser froidement et rationnellement son avenir. Or il est impossible d'être à la fois son propre dieu et de s'abandonner complètement à des croyances exogènes.

Les conduites à risque ou les usages de substances hallucinogènes ne sont pas historiquement nouveaux ; ils prennent des formes nouvelles. L'histoire, je l'ai dit plus haut, est un constant mélange de mémoire longue et de ruptures. Prenons l'exemple du rapport entre drogues et sacré. « Toutes les religions, à une phase ancienne de l'histoire » ont utilisé des « substances psychoactives pour permettre le lien entre le monde profane et le monde sacré, entre l'homme et les puissances supérieures ». Magiciens et chamans y disposaient « d'un large savoir sur les plantes sacrées, qui permettent le voyage » vers l'univers divin [Valleur, Matysiak, 2002, p. 160]. Les alcools ou les plantes hallucinogènes entraînaient vers l'extase au sens étymologique : une sortie de soi. Il ne s'agissait nullement de pratiques marginales mais d'une modalité nécessaire pour atteindre au divin [Furst, 1974].

Puis la religion s'institutionnalisa, établissant de façon socialement très organisée le sens de la vie, et, n'ayant plus besoin des substances psychotropes, les interdit. Leur résurgence moderne, liée à l'essor de l'individualité, semble n'avoir aucun lien avec les drogues des religions premières ; ce n'est pas si sûr. La fonction est en effet la même : faire disparaître les contingences et les médiations, créer, par un contact intime avec une dimension supérieure, une plénitude significative et une évidence existentielle. Les religions premières avaient des mots pour désigner cette dimension supérieure. L'individu moderne confronté à lui-même n'a que des sensations. Sa croyance profonde est en effet indéfinissable et indicible. Il vénère un moi abstrait, qui n'atteint sa réalité la plus pure qu'en se détachant de toutes ses qualités particulières [Kaufmann, 2001]. C'est pourquoi les sensations sont si importantes dans l'expérience identitaire. Car trop de réflexivité brise son caractère sacré.

L'énergie émotionnelle

Ces états extrêmes ne doivent pas masquer les procédures plus ordinaires de la fabrication identitaire. Mais ils ont ceci d'intéressant qu'ils révèlent l'importance cruciale des sensations et émotions. Nous avons vu combien le sensible était primordial dans les enveloppements. L'identité est une fermeture et une fixation du sens de la vie, et les enveloppement sensibles y participent de façon essentielle. L'identité est cependant aussi autre chose, que nous étudierons en détail plus avant : une condition de l'action, un déterminant de l'énergie corporelle. Or ce sont ici les émotions qui jouent un rôle central, notamment sous leur forme la plus courante de simples tonalités affectives, très bien définies par le terme ancien d'« humeurs », qu'il serait sans doute nécessaire de ranimer [Costalat-Founeau, 1997].

La continuelle reconstitution de l'estime de soi est devenue une contrainte incontournable de la fabrication identitaire. Alicia Cast et Peter Burke [2002], prennent l'exemple d'un bon étudiant qui vient de rater un examen. En se disant qu'il va travailler encore plus dur (en affichant intérieurement cette image de lui-même), il peut créer les conditions lui permettant de mieux réussir à l'avenir. Ce résultat ne sera pas obtenu sans le maintien d'un haut niveau d'estime de soi, grâce à l'utilisation judicieuse d'images valorisantes. Alicia Cast et Peter Burke [2002] qualifient l'estime de soi de « réservoir d'énergie », permettant d'affronter des situations plus ou moins favorables. Les plus positives pour ego remplissent son réservoir, cependant que les autres le vident. L'estime de soi, réservoir d'énergie, est un « lubrifiant social » développant un « effet-tampon » qui permet d'assurer un minimum de continuité à l'action [Cast, Burke, 2002]. Mais cet effet-tampon reste limité. Ego cherche donc à mettre constamment en avant des expériences lui permettant d'augmenter ses gains affectifs. Or chaque identité de rôle a de ce point de vue une charge particulière. Les identités sont des « structures affectives-cognitives » [Markus, Nurius, 1986, p. 955], qui, si elles posent des grilles de définition de la réalité, ne les mettent réellement en œuvre qu'à travers des perceptions émotionnelles. Nous avons vu plus haut que l'*identity salience,* c'est-à-dire la hiérarchie de réactivation des identités disponibles, s'organisait sur une base affective [Stryker, Burke, 2000]. Le rangement des images de soi permettant de répondre aux situations (identités de rôles) se fonde sur une mémoire des émotions. Ce ne sont pas les plus intellectuellement séduisantes qui sont jouées, mais celles qui apportent un confort psychique. Les identités, instituées en systèmes de valeurs conditionnant l'action, ne concrétisent ce pouvoir qu'en développant une énergie émotionnelle.

C'est pourquoi la rupture historique des années 1960 (la fin de la transition identitaire) nous a fait basculer dans une nouvelle époque concernant le rôle social des émotions. La montée des identités est corrélativement une montée des expressions émotionnelles, sous toutes leurs formes (des plus douces et sensibles aux plus violentes et incontrôlées). Ce constat de rupture questionne la théorie désormais classique de Norbert Elias sur le « processus de civilisation » [1975]. En dehors des mauvais procès qui lui ont été trop souvent intentés [Duerr, 1998], il y a lieu en effet de s'interroger sur la validité de ses analyses appliquées aux comportements les plus récents. Dans une recherche précédente [Kaufmann,

1995], j'avais avancé l'hypothèse d'une « seconde phase du processus de civilisation », marquée par une intériorisation du contrôle des émotions telle qu'elle autorise la manifestation de nouvelles souplesses. Ce que mon enquête sur la plage illustrait parfaitement (le très fort contrôle de soi, subtilement encadré socialement, condition de l'expression d'une légèreté et d'une aisance corporelle). Ce constat reste valable, mais il m'apparaît aujourd'hui insuffisant. La présente analyse sur l'identité révèle que la rupture historique est plus forte que je ne l'avais pensée. Les thèses de Norbert Elias demeurent à mon avis totalement recevables (et remarquablement éclairantes), mais il se pourrait qu'elles soient adaptées à une période historique en train de se refermer, progressivement (et partiellement) remplacée par les explosions émotionnelles plus ou moins bien contrôlées propres aux affirmations identitaires. François Dubet, sans aller aussi loin, montre de façon très convaincante comment la démonstration de Norbert Elias s'applique avec une particulière pertinence au programme institutionnel, soulignant notamment le « principe de continuité du contrôle social à la subjectivation » [Dubet, 2002, p. 40]. Or le processus identitaire, suite au déclin du programme institutionnel, introduit au contraire dans une dynamique fissionnelle jouant sur les décalages. Et fonctionnant à l'énergie émotionnelle.

4

Identité individuelle et identité collective

Le collectif comme ressource

La pensée commune sépare à tort l'individu de ses contextes et interdépendances [Elias, 1991a]. Il est couramment vu comme ayant en propre une identité particulière, et comme étant le sujet d'une réflexivité parfaitement maîtrisée. Pourtant, concernant cette dernière, il ne fait que reformuler à sa manière des définitions, enchaînements cognitifs et systèmes de signification déjà établis par ailleurs [Douglas, 1999]. Et, pour ce qui est de l'identité, si elle est bien une fermeture personnelle du sens, celle-ci n'opère que rarement aux frontières de l'individu. L'identification, au contraire, est un processus à géométrie variable, pouvant s'étendre aux entités les plus larges.

Comment dès lors se fait la distinction entre identités individuelles et identités collectives ? Il y a là, parmi beaucoup d'autres, une absence patente de définitions claires. Parfois, identité individuelle et identité collective sont strictement opposées et rangées dans des catégories ne devant pas être mélangées, cette opposition sous-tendant l'idée qu'elles pourraient avoir des natures radicalement différentes. D'ailleurs, dans l'univers scientifique, le découpage disciplinaire sépare les deux spécialités. Parfois à l'inverse, l'indéfinition du terme générique ne permet pas de savoir si ce qui est dit se rapporte à l'une ou à l'autre. Et il arrive souvent que la confusion soit volontairement entretenue, tant il est difficile de sortir de la barbe à papa sur ce point. L'individu moderne se construit en effet tout entier sur ce paradoxe : il définit sa spécificité personnelle au croisement d'appartenances collectives [Mesure, Renaut, 1999]. « L'identité est censée marquer ce qui est unique par le biais de ce qui est commun et partagé » [Martucelli, 2002, p. 435]. Elle est ce « produit énigmatique de deux dynamiques potentiellement antagoniques, en vertu desquelles chacun ne peut dire "je" qu'en disant et en pensant aussi "nous" » [Mesure, Renaut, 1999, p. 12].

Ce paradoxe de l'identité nous livre cependant une première clé d'analyse. Il n'y a pas en effet équivalence entre identité individuelle et identité collective. Car le processus identificatoire part pour l'essentiel, et de plus en plus, des individus-sujets, qui ont besoin de revendiquer des appartenances diverses pour alimenter les contenus significatifs de leur existence. Les identifications collectives peuvent donc être vues d'une certaine manière comme de simples instruments, des ressources procurant « les catégories par lesquelles les individus se répartissent et créent le sens du monde social »[1] [Polletta, Jasper, 2001, p. 298]. Pour Francesca Polletta et James Jasper, elles sont des « connexions individuelles » à des univers de référence qui par ailleurs sont « davantage imaginés qu'expérimentés directement » [*idem* p. 285]. Les identités collectives sont avant tout dans les têtes individuelles.

Très significativement, Jan Stets et Peter Burke [2000] assimilent, dans leur analyse comparée, groupes d'appartenance et rôles. Les uns et les autres étant utilisés d'une façon assez semblable par ego pour se fournir des ressources identitaires. Les différences, secondaires, sont intéressantes à noter ici. Dans une identité de rôle, fondée sur une socialisation concrète, le sujet travaille ses variantes, en utilisant notamment la mémoire émotionnelle dont il a été question précédemment, qui le pousse à jouer sur diverses facettes du rôle. Le rôle est le support d'un véritable travail identitaire personnel. Dans l'identification collective par contre, plus

1. Traduction JCK.

rarement fondée sur une socialisation concrète, il utilise quelques grands stéréotypes ou traits fortement simplificateurs, qui suffisent pour remplir son réservoir d'énergie. « L'individu qui s'identifie au groupe a l'impression de posséder une plus grande personnalité » [Mead, 1963, p. 266]. Procédé qui opère généralement par l'opposition à d'autres groupes, grossièrement stigmatisés. Dans cette fonction de restauration de l'estime de soi, les identifications collectives ne se réfèrent pas toujours à des appartenances lourdement organisées et durables. Elles ressemblent au contraire souvent à des prétextes très ponctuels. George Herbert Mead prend l'exemple suivant : « La haine est un dérivé du sentiment de supériorité d'une communauté sur une autre. Il est intéressant de voir combien la base de cette supériorité peut être insignifiante : l'Américain peut voyager à l'étranger et revenir avec cette simple idée que les hôtels sont meilleurs en Amérique ». « Tout le monde peut trouver ces petits encouragements pour ce que l'on appelle l'amour-propre » [*idem*].

L'identification par les rôles incite à l'improvisation, cependant que l'identification collective est avant tout une simplification et une fermeture du sens. J'ajoute une notion historique, dont ne parlent pas Stets et Burke. Les identités de rôle, nées d'un simple reflet, tendent à devenir de plus en plus réflexives. Alors que les identifications collectives ne suivent pas toujours cette même évolution. Quand en effet elles offrent un système de significations global et prêt à vivre, elles peuvent enfermer la réflexivité. Et il ne s'agit nullement d'un reliquat du passé. Car nous avons vu que la fermeture du sens était une exigence de l'identité moderne. L'identité collective n'est pas toujours une simple ressource. Elle a aussi une dynamique propre, qui peut changer la donne individuelle.

Le partage de l'intimité

Dans le petit exemple donné par George Herbert Mead (les hôtels américains), l'identification collective est lointaine, momentanée et abstraite, extrapolation d'une minuscule expérience vécue. Quand Walter se sent « Français » face à sa télévision, c'est encore pire : l'identification ne repose sur aucune socialisation concrète. La géométrie variable de l'identité peut donc prendre les libertés les plus grandes. Elle est toutefois régulièrement ramenée à la « vraie vie », matière première ordinaire du jeu identificatoire. Je commencerai donc par là.

La « vraie vie » est faite de prise de rôles divers, qui offrent la possibilité de retravailler continuellement son répertoire d'identités. Elle est faite aussi d'une interaction plus rapprochée et régulière avec les intimes. Qui crée l'illusion qu'on pourrait y être davantage soi-même. Illusion, car l'hésitation identitaire n'y est pas moindre. À chaque instant, dans la maison familiale, les frontières du sens de chacun des partenaires ne cessent de varier, les enveloppements significatifs changent de dimension et s'appuient sur de nouveaux supports. L'individu seul avec ses propres rêves relaye celui qui se dépasse et s'oublie dans le groupe [de Singly, 2000]. Être soi-même est d'ailleurs fondamentalement une expérience impossible ; l'individuel ne se manifeste jamais à l'état pur. L'individu est toujours en situation, et en mutation permanente, dans une perspective identificatoire spécifique et changeante, utilisant des ressources diverses, dussent-elles être imaginaires. Le moi n'est personne sans les autres (y compris sous une forme virtuelle). Il n'est rien sans les univers de signification dans lesquels il s'inscrit. La vie souvent n'est qu'un arbitrage entre ces différents univers. Le moi est là, dans cet arbitrage, et nulle part ailleurs.

Quelques fragments de l'histoire d'Agnès permettront de l'illustrer[1]. Elle avait épousé Jean-Pierre sur un coup de tête (plus que sur un coup de cœur), sans doute pour se délivrer de l'emprise maternelle. Sa mère, d'ailleurs, détesta aussitôt ce mari venu d'ailleurs, cet urbain prétentieux ricanant de leurs ruralités. Elle trouvait qu'il n'avait pas « l'esprit de famille ». Il ne l'avait pas en effet. C'est précisément ce qui avait attiré Agnès. Cette liberté, cette insouciance, cette capa-

1. Exemple tiré de l'enquête sur *La Vie ordinaire* [Kaufmann, 1988b ; 1989]

cité à vivre sans retenue l'instant présent. Prise par l'élan libérateur, elle ne remarqua pas cependant que son nouveau système de valeurs était très fragile. Jean-Pierre était beaucoup plus insouciant et indépendant qu'elle, ne s'identifiant que marginalement au couple, et plus volontiers avec ses groupes de copains, dans des fêtes où elle n'était pas toujours conviée.

Sa mère commença alors son travail de sape. Répétant une obsédante ritournelle où il n'était question que de famille, d'enfants, de maison et de jardin ; et encore, de jardin, de maison, d'enfants et de famille. Agnès, qui sans s'en rendre compte, avait utilisé son mari pour tenter de constituer son autonomie individuelle contre sa mère, n'en continuait pas moins à fréquenter cette dernière. Tout en s'opposant avec violence à son discours de propagande anti-Jean-Pierre, elle ne se lassait pas secrètement d'écouter. Les mots déclenchaient des images intérieures : une famille dans un jardin ensoleillé, avec des enfants rieurs, et même un petit chien. Ce que sa mère ignorait toutefois, c'est qu'au centre de cette image, il y avait Jean-Pierre, rayonnant. Un autre Jean-Pierre que celui de la vraie vie bien évidemment, un Jean-Pierre virtuel, qui sait un Jean-Pierre possible ? Papa-poule attentionné, taillant ses rosiers, lui souriant avec amour.

La vraie vie hélas évoluait dans une direction exactement inverse. Jean-Pierre était de moins en moins physiquement présent. Et quand il était là, ses pensées étaient ailleurs. Agnès commença alors à retoucher les scènes visualisées ; le personnage central s'estompa, poussant au premier plan ce qui n'était avant qu'un décor ; le soleil, la maison, le jardin et les enfants. Après le putsch matrimonial, Agnès avait continué à utiliser son mari contre sa mère. Elle n'écoutait ses discours, croyait-elle, que pour les détourner. En réalité, si les images s'affichaient aussi aisément dans ses rêves, c'est parce qu'elles plongeaient dans un système de valeurs qui avaient baigné son enfance ; elles renouaient avec une continuité significative. Elle en prit progressivement conscience, et clarifia sa stratégie identitaire en officialisant le retournement d'alliance. Elle entra ouvertement en guerre idéologique contre Jean-Pierre. Ce qui la rapprocha de sa mère. Mais à la différence de celle-ci, elle espérait encore pouvoir changer son mari.

Or c'est ce qui miraculeusement advint, de façon aussi soudaine que surprenante. Suite à un événement apparemment minuscule : Jean-Pierre était revenu un jour dans leur HLM avec un petit chien que lui avait donné un copain. Agnès eut un flash : c'était le chien du jardin ensoleillé ! Elle retrouva instantanément l'énergie positive et le pétillant de leurs premières rencontres. Étonné et entraîné par ce changement, Jean-Pierre se prit au jeu, et ils entrèrent dans une complicité festive qui aurait été inimaginable quelques jours auparavant. Mais Agnès se trompait, ce n'était pas le Jean-Pierre de l'image ; elle était revenue un épisode biographique en arrière. D'ailleurs, les relations devinrent orageuses entre le couple et la mère d'Agnès. Il y avait eu nouveau retournement d'alliance, nouveau changement des supports d'identification.

Tel est le début de l'histoire d'Agnès. La suite [Kaufmann, 1989] serait trop longue à raconter en détail. Elle est faite d'un enchaînement de rebondissements qui à chaque fois incite Agnès à des retournements d'alliance entre sa mère et Jean-Pierre. Elle n'est jamais, jamais, seule avec elle-même. Il y a la naissance du bébé, qui l'immerge dans une réalité familiale lui faisant oublier son mari. Mari qui n'attendait que cette occasion pour retrouver ses copains. Agnès renoue alors avec sa mère. Puis l'achat d'un pavillon à crédit par Jean-Pierre (c'est son coup de tête à lui), soudainement illuminé par des visions bucoliques. Enfin la séquence merveilleuse concrétisant de façon inattendue l'imagerie rêvée : maison, jardin, enfant, Jean-Pierre taillant les rosiers, et même petit chien. Séquence malheureusement brève. Nouveau détachement de Jean-Pierre, nouveau renversement d'alliance, jusqu'à la crise conjugale et la faillite financière malgré un prêt maternel. Saisie du pavillon, endettement, retour terrible au HLM. Et nouvelle péripétie surprenante : malgré l'échec épouvantable, Agnès choisit Jean-Pierre contre sa mère, et renoue pour cela avec ses idées de jeune amoureuse : l'important est l'insouciance et l'instant présent. Elle déclare avoir déchiré à tout jamais ses images de jardin ensoleillé… Mais au détour d'une phrase, elle se laisse brusquement aller de nouveau à son rêve.

Bien qu'il y ait de multiples rebondissements, l'histoire d'Agnès repose sur un schéma relativement simple (c'est pourquoi je l'ai choisi). Souvent, dans d'autres biographies, les personnages supports d'un élargissement identitaire sont beaucoup plus nombreux (d'ailleurs ici, il aurait fallu parler davantage des copains, du bébé, et même du petit chien). Sa vie se résume pour l'essentiel à des aller-retour entre sa mère et son mari. Le terme de renversement d'alliance employé pour la clarté du récit risque d'ailleurs d'induire en erreur : le jeu identificatoire est, même dans cette situation simplifiée, infiniment plus complexe. À travers les vicissitudes de son existence, son travail identitaire est en effet centré sur un balancement entre son soi actuel (très changeant aux différentes époques) et un soi possible beaucoup plus stable (l'imagerie de la maison heureuse), qui oriente (plus ou moins activement selon les moments) ses stratégies d'action. Cette identification autour d'un idéal englobe tout un univers, structuré par des valeurs, incluant des objets et des personnages. Seuls ces derniers varient. L'hésitation entre sa mère et son mari n'est en fait qu'une variation secondaire, dépendante des événements et de l'état de la socialisation à un moment donné. Sa stratégie identitaire est plus constante et va bien au-delà. Il s'agit d'un jeu profondément individuel, au croisement d'appartenances qu'Agnès manipule (l'une contre l'autre) au gré des circonstances. Mais il ne s'agit pas d'un jeu fondé sur un moi séparé et définitivement constitué : les retournements d'alliance sont à chaque fois des mutations identitaires, des changements dans la structure du moi. Les identifications collectives sont des instruments, des ressources, qui permettent à l'identité personnelle d'opérer ces mutations.

L'identification collective commence ici, dans les micro-élargissements de soi au cœur de l'univers intime. Il suffit de deux personnes pour fonder un groupe. Francesco Alberoni souligne cette idée que l'amour est « un mouvement collectif à deux » [1993, p. 9]. Certains pourront objecter que nous sommes loin de la représentation habituelle de l'identité collective, émanant d'une communauté large et reconnue, alimentée par une culture spécifique, inscrite dans un territoire. Oui, nous en sommes loin, et c'est volontaire de ma part. Car cette représentation, nouvelle émanation du réflexe substantialiste, est précisément ce qu'il faut remettre en cause. De telles communautés n'existent plus que de façon extrêmement marginale. Les cultures et civilisations sont des « configurations multipolaires aux frontières mouvantes, intégrant autant de conflictualité que d'unité » [Ruano-Borbalan, 2003, p. 22]. Elles sont pour la plupart profondément travaillées de l'intérieur par la modernité. Les communautés ne continuent en fait à subsister vraiment, au sens pleinement intégrateur de Ferdinand Tönnies [1977], que dans la représentation, à l'état de modèles. Les identifications collectives leur redonnant vie sont des reconstitutions fondées sur l'imaginaire, tentant d'enfermer et fixer une réalité extraordinairement dynamique, traversée par d'innombrables contradictions. Il est rare également (excepté dans des cas-limites comme les sectes) qu'un individu se réfère à une seule appartenance. Il peut être par exemple un défenseur de la culture bretonne, mais aussi un informaticien très impliqué dans son travail, un syndicaliste fidèle à ses engagements et un passionné de plongée sous-marine dans l'océan Indien. Il n'est jamais tout à la fois, il réactive ces différentes facettes de sa personnalité selon les moments et les situations, en lien avec des univers, des systèmes de valeurs, et des personnes particulières. Les identités collectives reposent souvent sur des socialisations très réelles (il n'y a que le modèle fixiste qui soit un pur imaginaire), mais il s'agit de configurations dynamiques, utilisées de façon fragmentaire par les individus, dans une production « fluide » de leur identité [de Singly, 2003]. C'est ainsi qu'un support apparemment minuscule peut jouer un rôle identificatoire majeur. Il n'existe aucune hiérarchie a priori, tout dépend du mode d'utilisation par ego. Pour Agnès, un très petit groupe (avec sa mère ou son mari) est plus important que toutes les grandes communautés du monde. Et un simple match à la télé permet à Walter de s'élargir aux dimensions d'une identification nationale.

Le recyclage identitaire

L'idée que nous nous faisons des identités collectives est fortement influencée par les temps d'arrêt du mouvement identificatoire. Ce mouvement s'organise en effet en s'appuyant sur des moments de fixation et de fermeture du sens. Autour d'une image simpliste, voire caricaturale. La fixation provisoire (moment particulier d'un travail identitaire au contraire très mobile) insuffle aisément l'idée que l'identité en elle-même pourrait être fixe et constituée durablement comme une entité homogène. Chassé par la porte, le substantialisme revient par la fenêtre.

La moindre enquête un peu sérieuse révèle pourtant l'écart entre l'état réel de la socialisation dans un groupe et sa modélisation représentationnelle. Prenons l'exemple breton. Chacun se forme très vite une image des Bretons et de la Bretagne. Avec en arrière-plan l'évidence implicite d'une identité régionale (nationale pour les militants séparatistes). Or l'analyse concrète, à mesure qu'elle s'approfondit, rend de plus en plus incertaine ce que pourrait être précisément cette identité. La société bretonne est en effet très ouverte, et a vécu un profond bouleversement en un siècle. Elle est désormais à la fois très diversifiée et intimement intégrée à l'Europe. Pour l'essentiel, les Bretons sont devenus des européens comme les autres [Le Coadic, 2001a]. Être Breton signifie pourtant toujours quelque chose. Mais pas la même chose pour chacun. Ronan Le Coadic [1998] a dressé une sorte d'inventaire des fragments les plus disparates, des « particularités bretonnes relatives » pouvant servir à donner forme à ce qu'il appelle le « mythe vivant » : le renouveau linguistique dans les milieux culturels (alors que le breton vernaculaire continue à disparaître), le succès actuel de la musique celtique, des paysages marquants, des spécialités culinaires, etc. Tous ces éléments, à l'évidence, ne s'intègrent pas dans un ensemble distinctif et stable. Ils fonctionnent plutôt comme des supports alimentant très librement en ressources d'identification et d'estime de soi. L'enquête menée par Ronan Le Coadic [1998] auprès des Bretons eux-mêmes le confirme. À la question : « Que représente dans votre vie personnelle le fait d'être Breton ? », de nombreuses personnes répondent (de façon souvent assez abstraite) en utilisant la référence bretonne pour valoriser leur identité personnelle : « Pour moi c'est un plus », « Ca représente que vivre en Bretagne c'est formidable », etc. Les plus précis, originaires de la région depuis plusieurs générations, évoquent leurs « racines ». D'autres au contraire affirment clairement ne ressentir aucune appartenance bretonne particulière.

Cette faiblesse et cette hétérogénéité des supports n'empêche cependant pas que le processus d'identification collective puisse fonctionner parfois avec force, dans des contextes et à des moments spécifiques. Dans l'opposition à d'autres groupes ou à l'État centralisateur, lors de mouvements revendicatifs ou festifs, d'événements culturels, etc. Le simple enveloppement dans la sonorité musicale d'un *bagad* peut suffire. La logique de l'identité n'est pas celle de la socialisation ; elle est incomparablement plus libre et mobile. De petites ressources concrètes, saisies à la volée, peuvent produire de gros effets identitaires. La Bretagne par exemple dégage une forte identité culturelle, enracinée dans son passé, bien qu'elle s'appuie sur des fragments actuels hétéroclites et changeants.

Un degré est évidemment franchi quand les supports de l'identification collective s'inscrivent dans un marquage institutionnel ou politique, structurant des rivalités d'intérêts, et cristallisant l'affrontement entre groupes bien délimités (affrontement qui donne toujours le plus fort de l'énergie identitaire). La frontière devient alors plus nette entre « nous » et « les autres ». Ce constat révèle à quel point le politique est moins l'expression d'une identité que l'outil qui la fabrique. La comparaison entre la Bretagne et la Corse l'illustre bien. La Bretagne se caractérise par un contraste entre une forte identité culturelle et la faiblesse de son expression politique [Le Coadic, 2001b]. La Corse par contre, suite notamment à l'usage de la violence contre les biens et les personnes, a emballé la dynamique imposant l'idée de sa spécificité irréductible. Une même comparaison pourrait être effectuée entre le pays basque français et le pays basque espagnol. C'est la lutte politique, surtout quand elle utilise la violence, qui institue les identités collectives et les donne ensuite à voir comme substantielles.

Dire que les identités collectives n'existent guère en dehors de leur invention par le politique n'implique aucun jugement de valeur sur la justification de telles inventions. Il faut souligner ici la très grande variété des situations. Entre les extrêmes, du point de vue de la perception morale, opposant d'un côté par exemple, les conflits inter-ethniques débouchant sur des tentatives de génocide (désormais clairement condamnés par la communauté internationale), et d'un autre le mouvement des peuples pour se libérer de la colonisation (au contraire reconnu par l'ONU), chaque groupe en lutte pour sa reconnaissance tente d'argumenter sa cause. La question à résoudre est en réalité toujours la même : la qualité du problème justifie-t-elle que l'identification collective supplante les identités individuelles, que les individus s'inscrivent d'abord dans ce périmètre d'identification large pour se définir personnellement ? La réponse est souvent d'autant plus complexe que la mondialisation a soudainement fait se télescoper des sociétés non seulement culturellement différentes mais aussi n'ayant pas vécu l'histoire au même rythme. Or les identifications collectives, notamment l'idée nationale, représentent une sorte de première étape historique obligée du processus identitaire (Cf. *Post-scriptum* « La fable du Système »). Car elles développent une puissance particulière en se nourrissant des décombres des anciennes communautés. Le politique alors n'a pas tout à inventer, et les supports de son action apparaissent consistants. En fait, ils ne le sont que dans une conjoncture spécifique, celle d'un entre-deux entre l'ancien régime communautaire et le nouveau régime identitaire. Plus la société moderne se centre sur les individus, plus elle met au premier plan l'identité, ego cherchant à deviner et construire le sens de sa vie. Mais cette moderne énergie existentielle peine à trouver ses marques. Car les appartenances se font multiples, les ressources d'identification collective sont à inventer, ego est condamné à des bricolages incessants. Fatigué, il n'en est pas moins le centre obligé de ce qui donne sens à sa vie. À un stade moins avancé de l'individualisation au contraire (dans l'entre-deux entre régime communautaire et régime identitaire de l'individu), les débuts de la quête identitaire trouvent des ressources d'identification collective provenant de ce qu'il reste des structures communautaires. Il y a recyclage du communautaire par l'identitaire[1], produisant une identification collective qui peut entraîner et dominer les identités individuelles.

Sans utiliser explicitement le terme d'identité, Georges Balandier [1967] avait déjà parfaitement isolé ce mécanisme, alors qu'il n'en était pourtant encore qu'à ses prémisses. Le basculement dans la modernité peut en effet provoquer un « renforcement des particularismes » [p. 206]. Particularismes (toute identification collective est sécessionniste) qui s'inscrivent dans un « pseudo-traditionalisme » [p. 204] et non dans la véritable tradition. « Le traditionalisme, en ce cas, renaît pour satisfaire des fins contraires à la tradition » [*idem*]. Par « la réactualisation de groupes, de comportements et de symboles en cours d'effacement » [p. 205], « la tradition manipulée devient le moyen de donner un sens aux réalités nouvelles » [p. 204].

La lecture religieuse du social

Le recyclage du communautaire par l'identitaire est en train aujourd'hui de changer la face du monde, incrédule face à des explosions de violence qui lui apparaissent incompréhensibles

1. J'emploie cette expression dans un sens très précis. Les sociétés anciennes étaient porteuses de riches cultures spécifiques. L'individu moderne ne peut construire son identité sans nourritures culturelles ; pour cela l'héritage de la tradition est un inépuisable trésor. Il permet même de tisser des liens d'appartenances diverses sans lesquels l'individu n'est rien.
Mais les communautés, au sens strict de la définition sociologique [Tönnies, 1977], ne se réduisent pas à la culture qu'elles contiennent. Elles sont un modèle de définition et d'intégration holistique de l'individu ; elles seules, et non les individus qui les composent, confèrent le sens de la vie. C'est ce principe d'effacement de la personne qui peut être reproduit dans le nouveau régime identitaire par le recyclage de ce qui reste des anciennes communautés. C'est lui qui est porteur de dérives et de risques ; non les traits culturels hérités des traditions.
Quand je parle de recyclage du communautaire par l'identitaire, j'entends donc, non pas la reprise de traditions culturelles, mais cette tentative d'effacement de l'autonomie personnelle dans la modernité.

et irrationnelles. Un peu comme si les conflits avaient perdu la grammaire qui naguère les rendaient lisibles. Les commentateurs n'ont donc pas tort de dire que nous sommes entrés dans une époque nouvelle après le 11 septembre 2001 (même si le retournement historique a commencé à s'opérer plus tôt, dès les années 1960-1970).

Le langage emprunté par nombre de ces explosions violentes est islamiste, fondamentaliste. Trouver ici la religion n'est surprenant qu'en apparence. Ce que l'on appelle le « retour du religieux » est en effet impulsé par la révolution identitaire. Pour le meilleur, quand les croyances fournissent une éthique apaisante à des individus désorientés. Mais aussi pour le pire, quand le recyclage du communautaire construit des identités collectives totalitaires et bellicistes. Hier ordre significatif structurant la société et conférant socialement le sens de la vie, la religion est de plus en plus aujourd'hui intériorisée sous forme d'une croyance personnelle [Hervieux-Léger, 1999]. En délivrant l'individu d'un peu de l'angoisse et de la « fatigue d'être soi », elle peut, dans cette nouvelle fonction de type thérapeutique, lui assurer équilibre psychologique, calme et sérénité. Les religions multiplient d'ailleurs les efforts dans ce sens de la paix et de la tolérance[1]. Le passage par l'intériorité personnelle rend toutefois le système significatif potentiellement très volatile et instable : dans certains contextes, il prend des formes beaucoup moins pacifiques. L'identité est sans cesse guettée par cette diablesse qu'est l'idée d'une totalité absolue, d'autant plus rassurante qu'elle devient simpliste et exclusive. Or les corpus religieux, en se séparant de la société concrète, se prêtent idéalement à cette possible dérive ; le fondamentalisme n'est pas propre à l'islam.

L'islam n'est d'ailleurs pas une religion en soi plus violente qu'une autre. Amin Maalouf [2002] rappelle au contraire quelle fut, du VIIe au XVe siècle, sa capacité d'ouverture aux

1. La privatisation du religieux n'implique pas la fin des institutions religieuses. Certes leur rôle politique est irrémédiablement condamné, ne pouvant déboucher que sur des impasses et des drames. Mais elles se transforment en entreprises de fourniture de sens, répondant ainsi aux angoisses modernes de la quête identitaire.

autres, alors même que l'Occident chrétien était beaucoup plus intransigeant, sinon brutal. Certes il y eut aussi des violences et du fanatisme. Cordoue au Xe siècle était pétillante de vie et d'intelligence ; au début du XIIe elle était devenue un bastion de l'intolérance. Car les troupes catholiques de la Reconquista avançaient et menaçaient de s'emparer de la ville. « Les sociétés sûres d'elles se reflètent dans une religion confiante, sereine, ouverte ; les sociétés mal assurées se reflètent dans une religion frileuse, bigote, sourcilleuse » [Maalouf, 2002, p. 75]. Tout dépend du contexte.

Et le contexte actuellement n'est guère favorable à l'islam. La plupart des pays de religion musulmane se situent en marge des zones développées de la planète, là où les frustrations et le désir d'exister davantage sont les plus forts. Fait aggravant, dans certains de ces pays, une conjonction géologico-économique a procuré un inattendu mais gigantesque apport de « pétro-dollars ». Qui permet certes de sortir de la pauvreté, mais au prix sournois d'une exacerbation des antagonismes culturels et d'un brouillage des références. L'accélération de l'histoire par un subterfuge financier ne peut donner que les apparences de la modernité (et l'assurance d'une déstabilisation sociale). Les ordinateurs et les *buildings* futuristes, mais sans l'essentiel, la culture de l'autonomie individuelle ; qui est peut-être ce qui explique que la religion musulmane se soit sentie moins à l'aise après le tournant des Lumières en Europe. L'islam (tel qu'il est pratiqué majoritairement aujourd'hui) préfère le collectif à l'individuel. Or la modernité impulsée par l'Occident chrétien résulte centralement de l'individualisation de la société [Dumont, 1983]. Sans accès à l'autonomie individuelle, condition de la démocratie, la modernité se résume à l'électronique et au béton.

La lecture religieuse du social est l'instrument le plus efficace d'un recyclage du communautaire par l'identitaire, notamment dans les situations d'entre-deux historique entre tradition et âge des identités. L'islam est aujourd'hui travaillé entre cette tendance, potentiellement fondamentaliste, et l'acceptation des sociétés concrètes, dont l'évolution ouvre inéluctablement sur l'individualisation et la démocratie.

Dans une première période (avant la révolution de l'identité), le poids encore très lourd du « programme institutionnel » [Dubet, 2002] au niveau mondial et de la croyance héritée des Lumières en la rationalité humaine, avaient relégué la lecture religieuse du social dans un rôle d'accompagnement des mutations[1]. Comme en Europe un siècle plus tôt, d'autres identifications collectives (nationalismes, panarabisme) semblaient faire entrer progressivement dans l'âge des identités. D'autant que le développement de nouveaux États impliquait un prise en compte toujours plus fine des mouvements concrets de la société, notamment vers plus d'autonomie individuelle (dont l'émancipation féminine est toujours un marqueur privilégié). L'islam semblait pouvoir accompagner la transition, comme le christianisme l'avait fait en Europe[2]. Ce processus ne s'est pas éteint aujourd'hui. Il représente même la tendance largement dominante de l'islam. Que ce soit au niveau des États, des grands mouvements islamiques, ou des simples croyants : la religion est un langage d'accompagnement, aidant à supporter le bouleversement des références culturelles, et favorisant l'engagement progressif dans la modernité individualiste. Y compris pour les individus les plus déstructurés. « La religion protège la personnalité menacée par les années de galère » [Dubet, Lapeyronnie, 1992].

Mais un événement s'est produit (que n'avait pas connu le christianisme en Europe) : la révolution de l'identité, renversement historique du mode de construction sociale des individus, a éclaté alors que le processus de transition était loin d'être parvenu à son terme. La mondialisation n'étant pas qu'économique, les échanges culturels ont propagé comme une traînée de poudre cette nouvelle donne identitaire. La situation d'entre-deux, dans nombre de pays, offrait des res-

1. Je ne parle pas ici du point de vue des pays colonisateurs, totalement imprégnés par l'idéologie ethnocentrique du Progrès, mais des réactions nationales des peuples colonisés ou nouvellement libérés dans cette première phase historique.

2. Selon des modalités diverses, et au travers de nombreuses insuffisances et vicissitudes. Sans parler, hors Europe, du cas des États-Unis, où la transition ne fut pas aussi exemplaire qu'on veut trop souvent le dire. Comme le montrent les ingérences actuelles du religieux dans l'exercice du politique.

sources gigantesques au recyclage du communautaire. La mise en avant des identités s'avéra détonante dans un tel contexte. Ce ne sont ni les archaïsmes ni l'islam qui sont dangereux pour l'avenir du monde. Mais l'énergie identitaire, quand elle se fourvoie dans des impasses explosives.

La rupture opéra approximativement à la même époque que toutes les autres manifestations du retournement historique, à partir des années 1970. Olivier Roy [2002] dresse à juste titre un parallèle entre les ultra-gauchistes occidentaux et les groupuscules islamistes prônant le *djihad*. Les uns et les autres tiraillés entre des références culturelles contradictoires, et pris par le même rêve fou d'un sens de la vie en forme de fuite du monde réel. Il est frappant de constater qu'ils apparaissent sur la scène historique presque simultanément, mais en inaugurant des trajectoires opposées. Les premiers virent leur révolution mythique s'éteindre comme tout feu de paille, aussi soudainement qu'elle avait commencé (il est difficile de soulever les foules d'un pays nanti, où même les pauvres récoltent quelques miettes de la richesse). Ignorant qu'ils avaient en fait été les artisans d'une entrée spectaculaire dans cette autre révolution, beaucoup moins visible mais bien réelle, qu'est l'autonomisation individuelle ouvrant sur l'âge des identités. Les seconds, à l'inverse, commencèrent peu nombreux et secrètement. Il n'allaient pas tarder à faire parler d'eux, de plus en plus fort (il est plus facile de soulever les foules quand les frustrations liées à la misère se combinent à la déstabilisation des repères culturels), et se révéler être les porte-drapeaux de la contre-révolution identitaire la plus extrême.

L'expansion djihadiste ne devint toutefois manifeste qu'un peu plus tard, notamment dans les années 1990. Car un seuil fut franchi, grâce au travail effectué sur une population particulière : les déracinés séjournant en Occident, soudainement séparés de leur communauté et plongés dans des abîmes d'aspirations contradictoires [Roy, 2002]. Aveuglés par les lumières de la démocratie individualiste, leurs études parfois brillantes (ou au contraire leur marginalisation sociale dans les banlieues), leur jeunesse quelquefois égarée dans la drogue et l'alcool, la rupture dans un premier temps libératrice avec leur famille et leur culture d'origine, etc., les placent dans un tourbillon où ils peuvent finir par perdre l'idée d'un sens dominant leur existence. Le contact avec le fondamentalisme leur apporte alors (outre une fraternité rassurante dans des îlots de contre-société) l'apaisement apparent d'une restructuration de leur architecture symbolique : l'univers redevient à nouveau cohérent et compréhensible[1]. Mais c'est au prix d'une radicalisation de la perspective et d'une négation du réel, aux conséquences désastreuses.

Les réseaux fondamentalistes ne viennent pas de nulle part. Les émigrés d'Occident ne sont que leur clientèle privilégiée. Leur origine est à chercher ailleurs : dans le précipité historique qui a accéléré la déstructuration des communautés traditionnelles. Le cas de l'Arabie Saoudite est bien connu. Il illustre comment certains régimes ont répondu à ce défi en imposant à leur peuple une idéologie ultra-conservatrice (en l'occurrence le wahhabisme) structurant un autoritarisme disciplinaire, sorte d'alternative aux communautés vidées de leur substance. Et comment, par la magie des pétro-dollars (dont l'effet pervers est encore ici évident), cette idéologie put être exportée. Elle gagna encore en radicalité en étant retravaillée par les réseaux installés en Occident, où chaque petit chef se bat pour imposer sa « vraie » lecture de l'islam. À travers ces lectures multiples, le fondamentalisme se caractérise cependant toujours par le refus du concret de la société dans laquelle il s'agite. Il est un pur dogme définissant des listes de prescriptions, « un code de comportement fondé sur le licite et l'illicite » et « adaptable à toute société donnée », « un ensemble fermé de rites, d'obligations et d'interdits, en rupture avec l'idée même de culture, et en particulier avec la culture d'origine, présentée comme étant déjà une déviation d'un islam originel lui-même à reconstruire » [Roy, 2002, p. 144]. La communauté de référence des fondamentalistes

1. Olivier Roy [2002, p.173] donne cet exemple (extrait d'une page personnelle sur Internet), qui résume parfaitement la réorganisation miraculeusement simple d'une identité trop éclatée, par le religieux : « Né à Jérusalem (1976), parti avec ma famille à Amman (Jordanie), puis au Canada. Dernière année d'informatique, Mac Gill Université, Montréal (...) Mon identité se définit par mes croyances ».

n'est qu'une abstraction impalpable (c'est l'*oumma*). « Loin de représenter une communauté religieuse, dont ils se sont mis à la marge, ou une culture traditionnelle, dont ils ne connaissent rien et qu'ils récusent, ces nouveaux militants s'inscrivent presque tous dans un parcours de rupture suivi d'une réislamisation individuelle, où l'on se fabrique « son » islam, comme le montre le testament de Mohammad Atta » *[idem*, p. 23]. Le terrorisme fondamentaliste, au-delà de son langage archaïque, s'inscrit parfaitement dans la modernité. Il est en effet une réponse (odieuse et révoltante) au désarroi de l'individu en quête de sens. La communauté n'est qu'un prétexte dans les invocations : les réseaux fondamentalistes en Occident sont au contraire alimentés par l'individualisation de la société, qui impose de construire soi-même son identité.

Il existe cependant des collectifs qui parviennent à prendre corps, à socialiser durablement et profondément les individus. Le contexte le plus favorable est celui de l'entre-deux, où le processus identitaire trouve à recycler des ressources héritées de la tradition. L'actualité hélas donne chaque jour de nouvelles illustrations de l'ethnicisation des conflits qui en est la manifestation la plus visible[1]. Il est si facile d'opposer « eux » et « nous » (principe de base du processus identitaire pour restaurer la fierté et l'estime de soi), quand le « nous » s'alimente à de fortes solidarités collectives. Et encore plus facile quand la lecture religieuse du social trace des frontières et des oppositions nettes. Il n'est donc pas étonnant que les zones de plus grande fragilité du monde se situent là où la poussée identitaire trouve à la fois (outre la misère) de telles ressources et un tel langage. À la périphérie du monde musulman notamment, dans des pays comme le Pakistan, la Malaisie et le Yémen, où le fonctionnement tribal maintenu parvient à

1. Je rappelle qu'il est important de prendre en compte à quel point, dans la modernité, la communauté est souvent un modèle utilisé comme un instrument pour reconstruire du collectif (et des conflits inter-groupes). Il faut ainsi prendre garde à ne pas exagérément naturaliser les clivages ethniques (réflexe habituel de la contre-révolution identitaire). L'idée ethnique a une longue histoire, entremêlée aux aventures coloniales et aux jeux politiques. Derrière la clarté et l'immuabilité apparente des oppositions, les héritages culturels sont souvent complexes, issus de traditions multiples, brouillés par les migrations et les métissages, travaillés par l'individualisation. L'ethnie est une réinvention permanente.

rejeter le pouvoir de l'État et à imposer la législation religieuse des mœurs, la *charia*. L'objectif est alors clair : re-communautariser la société en suivant les enseignements de la doctrine. Forme la plus répandue de ce que j'ai appelé plus haut la contre-révolution identitaire.

L'Afghanistan des talibans fournit sans doute l'exemple le plus avancé d'une telle utopie. Il convient, pour bien comprendre son positionnement identitaire, de le distinguer d'Al-Qaïda. La mouvance terroriste animée par Ben Laden cherche à se greffer sur toutes les manifestations d'« islamo-tribalisme » [*idem*, p. 160] pour sortir de son état groupusculaire. Elle est donc logiquement très présente en Afghanistan. Mais les talibans ne sont pas, comme elle, un produit dégénéré de la confrontation avec l'Occident individualiste, une tentative d'identification individuelle manipulant le collectif. Certes à l'origine on trouve aussi des individus décalés plutôt que les autorités religieuses les plus légitimes ; le processus d'individualisation n'est donc pas totalement absent. Le collectif domine toutefois l'individuel comme ressort de l'action, le projet de refondation communautaire encadrant strictement et définissant intimement les personnes. Projet voué irrémédiablement à l'échec. Car il est basé sur une contradiction. S'alimentant au tribalisme, il agit dans le sens non pas d'une restauration de ce dernier, mais de l'invention d'une nouvelle communauté. Brisant la culture tribale existante, au nom d'une référence imaginaire, ayant pour seules retombées concrètes des listes d'interdits régulant les mœurs. Mollah Omar n'exerça pas de véritable gouvernement, les talibans ne s'intéressèrent ni à l'économie ni à l'administration. « Par contre, l'institution la plus puissante était le ministère de la Proscription du mal et de la Prescription du bien, qui mettait sur le même plan tous les types de prescriptions (de l'obligation de la prière à l'interdiction de l'espace public aux femmes, sauf pour mendier, jusqu'à la taille de la barbe). En un mot c'est l'idée même de société et d'histoire qui disparaît » [Roy, 2002, p. 50]. Or ni les sociétés ni l'histoire ne disparaissent jamais. L'*oumma* est une utopie irréalisable, qui ne fait paradoxalement qu'accélérer la déstructuration des communautés traditionnelles.

Ces dernières ne se maintiennent fréquemment qu'en l'état de structures relativement vides ou marginales. Au-delà des rituels maintenus, de la culture et des solidarités résistantes, le processus d'individualisation (notamment par l'entremise du marché) les travaille en profondeur à travers le monde. Même le fondamentalisme religieux, qui se rêve comme un retour à la pureté des origines, résulte la plupart du temps de l'autonomisation individuelle dans ce qu'elle a de plus moderne, surtout chez les expatriés. Le port du voile en Occident par exemple est bien souvent davantage à analyser dans le cadre d'une trajectoire de distinction personnelle (n'interdisant d'ailleurs pas la coquetterie et la séduction), d'un mode singulier de construction de soi dans un environnement complexe, que comme le simple effet d'un archaïsme et d'un conformisme social. L'emprise communautaire d'autrefois fait de plus en plus place aux identifications individuelles.

Cela ne signifie toutefois pas que les identifications collectives soient impuissantes à effacer l'individu. Mais il s'agit de nouvelles collectivités d'identification, propres à la modernité, qu'il est essentiel de ne pas confondre avec le holisme d'antan. La grande différence étant qu'elles sont le fruit d'une dynamique subjective et inter-individuelle, donc sujettes à une certaine instabilité ; car elles dépendent du travail identitaire de chacun. La cristallisation des foyers d'identification collective reste donc toujours précaire. Un peu moins dans ses formes souples, abstraites et globalisantes (l'*oumma* imaginaire ou les communautés virtuelles transitant par Internet). Car elles sont typiques du dédoublement de l'individu propre à la modernité, entre socialisation concrète d'une part, et libre identification d'autre part. L'identification collective n'y est qu'une facette de soi, un « soi possible » comme un autre. Beaucoup plus par contre dans les cristallisations locales, les micro-groupes se structurant autour d'un leader ou d'un lieu de prière. Qui eux peuvent parvenir à réellement intégrer l'individu dans l'ensemble de ses dimensions. Mais l'effacement de l'autonomie individuelle ne perdure que dans la mesure où le système d'intégration est reproduit par ses acteur. Là encore, à la différence de la société holiste, même dans ce contexte où une communauté semble se constituer, sa reproduction dépend du jeu de chaque individu.

La confirmation réciproque

Les identités collectives, y compris celles qui puisent leur inspiration dans l'histoire la plus ancienne ou dans les religions, ne sont aucunement des produits du passé. Elles procèdent au contraire d'une fabrication nouvelle, impulsée par la modernité. Elles ne sont ni des données stables, ni des entités composées en dehors des individus, mais résultent très concrètement d'une dynamique de groupe continuelle. Émergeant des interactions concrètes, elles sont « fluides et relationnelles » [Polletta, Jasper, 2001, p. 298]. S'il est très rare aujourd'hui (excepté par exemple dans certaines sectes) qu'un individu soit défini par un seul groupe et totalement défini par ce groupe, des collectifs d'appartenance vivants et puissants parviennent cependant à se former. Intégrant les individus à des degrés divers. Ainsi, il arrive que l'appartenance ne porte que sur un point de détail produisant une socialisation épisodique. Tels ces amateurs de vieilles motos de collection, qui se retrouvent régulièrement pour leur rendez-vous annuel. Collectivement pris par leur passion le temps de l'événement, ils n'en ont pas moins une vie par ailleurs. Dans ce type de situation comme dans une communauté plus intégrée et durable, le mécanisme de production du collectif est le même, découlant des quêtes identitaires personnelles. L'individu est en effet contraint de rester dans le goupe qui confère un sens particulier à sa vie pour que les valeurs qui le constituent en tant qu'individu gardent un sens. Voire parfois pour que ses intérêts gardent de l'intérêt [Pizzorno, 1991]. C'est ainsi que les collectifs conservent leur dynamisme et se reproduisent. Alessandro Pizzorno [1991] prend l'exemple des anciens combattants, condamnés à maintenir leur groupe d'appartenance pour que leurs médailles pèsent davantage que leur poids de métal. Il faut que chacun aide les autres à se vivre comme ancien combattant pour que lui-même puisse continuer à se vivre ainsi. L'identification collective (et la socialisation corrélative) est un instrument (individuellement manipulé) de confirmation réciproque d'un sens particulier de la vie.

Rien ne l'illustre mieux que les communautés émergentes, spécialement les plus effervescentes. Celles notamment qui se forgent dans le feu de l'action sociale. L'évolution historique des formes de la protestation collective montre d'ailleurs comment leur désinstitutionnalisation progressive a été provoquée par des quêtes individuelles nouvelles [Lafargue, 1998], et comment la défense des intérêts s'est convertie en mobilisations identitaires [Polletta, Jasper, 2001]. Ce n'est donc pas un hasard si un important courant de recherche en sciences humaines se focalise aujourd'hui sur le lien entre identité, estime de soi et mouvements sociaux [Stryker, Owens, White, 2000]. Car la mobilisation en elle-même joue désormais un rôle essentiel, souvent plus important que les raisons officielles qui l'agitent. Dans le temps fort de l'événement et de l'énergie émotionnelle qu'il dégage, derrière la fierté retrouvée et l'humanité solidaire d'une socialité à fleur de peau (voire dans le déploiement d'une « force agressive », [Beck, 2001, p. 163]), se joue en effet « la constitution sociale d'une identité » [p. 164], l'expérimentation d'une identité personnelle plus intense, d'une adhésion à soi immédiate et entière. Comme si la vie se faisait plus forte et plus vraie, jusqu'à parfois en donner le frisson.

Un frisson éphémère quand ego se trouve ponctuellement entraîné dans une manifestation un peu par hasard, quêtant le regard des badauds pour entretenir cette sorte d'état second. Un travail plus profond et moins décentré des références éthiques habituelles quand la mobilisation n'est que le temps fort d'une stratégie d'action plus constante. Mais qui peut perdre en énergie émotionnelle et en effet identitaire lorsque le carcan institutionnel, trop rigide et par peur des débordements, ne les laisse pas s'exprimer.

C'est pourquoi nombre des mouvements dont la composante identitaire est la plus manifeste se développent plutôt à la périphérie des grandes organisations politiques et syndicales traditionnelles, dans ce que l'on a souvent appelé, à la suite d'Alain Touraine, les « nouveaux mouvements sociaux », et dans des styles d'organisation temporaires plus ou moins informels du type « collectif d'action ». Bruno Hérault et Didier Lapeyronnie [1998] prennent l'exemple très représentatif des luttes se fondant sur une « identité de territoire », qui tendent à se multiplier dans l'ensemble des pays développés. Un tracé d'autoroute proche d'un village ou le projet d'aménagement d'un port devenu obsolète réactivent soudainement des identifications locales jusque-là peu vécues explicitement comme telles. « Dans un premier temps, les individus se rassemblent à partir d'une expérience commune de victime. Le statut de victime est le ferment d'une exigence de reconnaissance qui accompagne la dénonciation de l'incompréhension des autorités et de l'absence de démocratie » [Hérault, Lapeyronnie, p. 206].

La quête identitaire s'inscrit dans une logique opposée à celle de la technocratie à prétention rationnelle. Il y a dialogue de sourds entre les deux. La demande de reconnaissance est cependant adressée tous azimuts, y compris en direction de l'État ou des institutions par ailleurs dénoncées. Elle passe par la « mise en avant de l'expérience commune dans des actions très expressives » [*idem*, p. 206-207]. Image et émotion (les deux composantes majeures de tout processus identitaire) sont les instruments qui s'avèrent les plus efficaces, non seulement du point de vue des effets identitaires, mais aussi pour obtenir concrètement gain de cause. Souvent en effet les revendications sont à double sens. Tout en formulant une liste de demandes précises, les acteurs « affirment des identités, revendiquent ce qu'ils sont » [*idem*, p. 211]. C'est pourtant l'action qui a largement participé à fabriquer cette identité leur apparaissant désormais comme évidente. Et l'écart est grand entre le modèle de représentation (unifié, simpliste, repeint au couleurs des valeurs les plus positives) et la socialisation concrète, éclatée et contradictoire. L'avenir ne tardera pas à le révéler, en fissurant la belle évidence des temps de l'action.

La vertu identitaire des mouvements sociaux n'est en effet pas égale dans le temps. Elle connaît son maximum au début et dans les phases ascendantes. Il conviendrait d'ailleurs sans doute de renverser l'ordre des facteurs : c'est parce que le processus identitaire s'affaiblit que les mouvements sociaux déclinent [Polletta, Jasper, 2001]. À ce stade en effet, la créativité est la plus grande, notamment dans l'ordre du récit. L'identité individuelle, cela est bien connu, se construit sur un mode narratif[1] [Ricœur, 1990]. Or il en va exactement de même pour les identités collectives [Polletta, 1998 ; Ganz, 2001]. Le procédé d'écriture narrative y est d'ailleurs sans doute plus prononcé et explicite, le récit devant se tresser à plusieurs voix et non dans le secret des pensées intimes. Il prend forme en se nourrissant d'images à charge émotionnelle tirées des événements vécus. Mais très vite l'ordre des facteurs ici aussi s'inverse. Car le récit (et sa suite imaginée) devient l'instrument de la perception des faits, et de structuration de l'action à venir. Il rappelle inlassablement les fondements identitaires, installant le système collectif de valeurs et de langage partagés, jusqu'à prendre parfois les dimensions d'un véritable mythe, avec ses rituels associés et ses idoles. Comme dans les mythes des sociétés premières, il ne s'agit nullement d'un pur récit à seule portée esthétique et encore moins d'une illusion. S'il est bien une production de l'imaginaire, il est simultanément le filtre cognitif qui structure la construction de la réalité groupale. Avec des effets sur la socialisation concrète. Les effets sur la « vraie vie », plus ou moins importants, s'affaibliront généralement avec la retombée du mouvement. La socialisation propre à la mobilisation elle-même par contre (ce temps hors du temps ordinaire procuré par une identité plus intense bien qu'inhabituelle) peut être profondément reformulée par le mythe. Dans certains cas particuliers, l'identité a donc le pouvoir de conduire la socialisation. Identité et socialisation sont deux processus aux logiques distinctes, qui se croisent selon des modalités très diverses. Souvent, la socialisation apparaît comme ayant le lourd poids du plomb, et renvoie le processus identitaire à des rêveries stériles ; parfois au contraire, soudainement, le rêve parvient à déplacer des montagnes.

---

1. Nous verrons dans le chapitre suivant que ce mode de fabrication ne représente en fait qu'un aspect secondaire de l'identité, tentant de définir dans la durée l'unité de la personne. Mais c'est l'aspect le plus connu, et celui dont il est question ici.

Les foyers identitaires

L'individu, désormais au centre de la définition du sens de sa vie, peine à fournir des contenus significatifs quand il ne s'inscrit pas dans des appartenances. L'élargissement de son périmètre d'identification lui permet paradoxalement de se sentir davantage lui-même. Les identités collectives sont donc, autre paradoxe, une nécessité provoquée par la modernité individualiste (et non le maintien d'un archaïsme). Y compris dans les enveloppements groupaux les plus fusionnels et régressifs [Maffesoli, 1985 ; 1988]. Le mécanisme de leur fabrication, continuel et multiforme, est semblable à une immense usine à la fois menacée de surchauffe et tournant à vide ; la dynamique du processus est plus forte que ses contenus réels. Car l'écart avec la socialisation concrète (de plus en plus contradictoire et individuellement autonomisée) limite considérablement la portée des réalisations. Le moindre support pouvant donner matière à fabriquer de l'identification collective est donc systématiquement reconverti.

L'essentiel est dans le recyclage des ruines de l'ancienne société, notamment de ce qu'il demeure de la vie communautaire. Mouvement puissant dans certaines parties du monde, il n'opère plus en Europe que sous la forme de réactivations symboliques. Il y a trop longtemps que les communautés holistiques ont été désarticulées par l'individualisation et travaillées par l'État. Mais ce dernier justement, a mis en place, pendant plus de deux siècles, le vaste corps de doctrines et de disciplines du « programme institutionnel » [Dubet, 2002], qui, bien que sur le déclin, garde lui, par contre, de très beaux restes. Or rien n'est supérieur pour alimenter le processus identitaire que cet entre-deux où une structure en déclin maintient encore des noyaux actifs, que cette conjonction entre un mouvement historique descendant et des individus qui trouvent encore des appuis pour s'y raccrocher et reconstituer ainsi leur fierté. C'est le cas je l'ai dit plus haut des sociétés traditionnelles menacées par la modernité individualisante, qui se crispent sur leur langage religieux d'autodéfense. C'est le cas en Europe des groupes sociaux menacés de même, qui se crispent sur un autre langage d'autodéfense et de fierté, mélangeant invocations du *Welfare State* et particularismes contextuels et statutaires, langage qui permet de formuler des « affirmations corporatistes et identitaires » [*idem*, p. 335]. Des fragments de l'ancien programme institutionnel sont isolés et idéologiquement retravaillés pour donner substance à une vision du monde. Vision éclatante, le temps de la mobilisation. Mais aussi vision maintenue plus ordinairement dans la durée tant que subsistent les bases institutionnelles de l'identification collective et la dynamique interindividuelle de la confirmation réciproque.

N'importe quelle catégorisation institutionnelle est désormais susceptible d'être travaillée dans la perspective d'une identification collective dépassant une simple identité de rôle. Et plus largement encore, n'importe quelle inscription contextuelle permet en théorie de « créer une sphère » [Gauchet, 1998, p. 93] d'identification. Mais il faut, pour établir cet univers de signification, dessiner une frontière infranchissable entre « nous » et « eux », fondant un principe de minorité et de particularité irréductible. Les identités collectives sont, dans la modernité, irrémédiablement sécessionnistes [*idem*].

L'individu construit sa spécificité en revendiquant des appartenances, incitant par la même au maintien et au développement des identités collectives. Ces dernières ne se réduisent toutefois pas à être des productions de l'activité individuelle. Le sens commun n'a pas totalement tort quand il se les représente comme des entités souveraines. Car parfois la dynamique interindividuelle, surtout si elle s'appuie sur des supports institutionnels, parvient réellement à donner corps à un collectif autonome. Marcel Gauchet désigne ces conjonctures d'une formule très parlante, les « foyers identitaires » [*idem*, p. 117]. Les foyers identitaires prennent flamme à partir d'occasions très diverses. Des mobilisations collectives. Des systèmes de croyance. Des sécessions organisées autour d'un intérêt ou d'une passion commune. Mais aussi au cœur même de la logique des institutions les plus variées, de plus en plus obsédées par leur image. Benoît Heilbrunn [2001] souligne ainsi la montée de la logique identitaire dans les entreprises, en quête d'emblèmes et de marquage d'un univers culturel spécifique.

Ego n'est pas le seul centre possible de création du sens, et de formation d'un système de valeurs autonome et unifié[1]. Il est en concurrence avec des collectifs innombrables et variés, mais fonctionnant d'une façon à peu près semblable à lui sous l'angle de la production identitaire. L'individu n'est pas un atome constitué, avec une identité personnelle qui lui appartiendrait en propre. Mais un système ouvert, un centre de production du sens de sa vie interconnecté à d'autres centres, susceptibles de le déposséder de sa maîtrise personnelle. Cette « dépersonnalisation » [Hogg, Terry, White, 1995] se produit d'autant plus aisément que donner sans cesse un sens particulier à sa vie est mentalement fatiguant et pénible. Et qu'il est au contraire reposant et socialement réconfortant de se couler dans des évidences collectivement partagées.

Contraintes et ressources

Il est rare qu'une dépersonnalisation soit mal vécue. Surtout quand elle s'enveloppe de sentiments tendres. C'est d'ailleurs la logique de l'amour : dépasser son égocentrisme et savoir s'abandonner. C'est-à-dire savoir disparaître comme individu (dans l'univers de la représentation). Lorsque, par exemple,

1. J'ai analysé dans *Ego* comment le holisme des origines, système symbolique unique regroupant et définissant l'ensemble de la formation sociale, s'était ultérieurement fractionné, suite à la complexification de la socialisation et à la révolution intellectuelle des Lumières. Provoquant l'émergence historique de l'individu, nouveau pôle de réorganisation du sens. Mais non pas le seul pôle concevable. D'innombrables autres supports étaient des prétendants admissibles. Les corporations du Moyen Âge par exemple, qui prirent en tant que telles une part plus importante que les individus qu'elles intégraient. Il est d'ailleurs déjà possible de parler de processus identitaire à leur niveau, alors que les individus membres des corporations restaient assez étroitement définis par leurs rôles.
Il est étonnant de constater aujourd'hui combien le corporatisme moderne demeure proche des corporations du Moyen Âge sous l'angle de la production identitaire. Certes le contexte est radicalement différent. Les corporations médiévales, légitimes et reconnues, étaient l'instrument d'un mouvement historique ascendant ; alors que le corporatisme actuel, stigmatisé hors de sa sphère, est un instrument d'autodéfense conjurant un déclin. Mais dans les deux cas, elles sont une même tentative de fabrication d'un monde spécifique conférant à ses membres le sens de leur vie.

la souffrance d'un conjoint ou d'un enfant est ressentie aussi intensément voire davantage qu'une souffrance personnelle, c'est que l'individu se vit moins comme une entité autonome qu'une simple fraction de l'ensemble familial. Il n'y est pas simplement subordonné ; il s'y est dissout. L'identification collective prime sur l'identification individuelle.

L'identification collective se vit comme un élargissement de soi, avec tous les aspects revigorants d'un tel surcroît d'être. Elle participe néanmoins aussi à installer les structures de sa propre reproduction (la dynamique de confirmation réciproque, mais aussi des supports plus institutionnels), piégeant alors l'individu quand il souhaiterait redevenir plus autonome. L'engagement est plus aisé que le mouvement inverse. C'est le cas très courant dans la famille, où les séquences d'identification plus personnelle sont souvent délicates à gérer [de Singly, 2000]. C'est le cas beaucoup plus douloureusement quand la structure collective se transforme en système de contraintes dont ego ne parvient pas à s'échapper. Une telle évolution négative est possible surtout quand l'appartenance est exclusive. Sa probabilité par contre diminue à mesure que les appartenances se font multiples. Situé à leur croisement, ego élargit sa marge de jeu personnelle. Il les gère à son idée, et les utilise (plus ou moins) selon les circonstances. Les identifications collectives fonctionnent alors exactement comme des ressources [Stets, Burke, 2000], fournissant à l'individu à la fois des références éthiques et cognitives, l'énergie de l'action et l'estime de soi. Ce dernier a besoin de ces richesses produites par les foyers identitaires, fournisseurs de significations. Les identités collectives sont des « plus » lui permettant, en se dépassant, de se sentir paradoxalement davantage lui-même.

Cette quête nouvelle explique le besoin effréné de « racines », l'envie d'histoire ou de généalogie[1], le goût pour les

---

1. Claudine Attias-Donfut, Nicole Lapierre et Martine Segalen [2002, p.212] soulignent la présence fréquente dans les familles d'un « généalogiste amateur, qui s'est autodésigné pour cette tâche. Expert et gardien de l'ascendance, motivé par ses propres interrogations identitaires, sa quête d'une inscription ou d'une distinction, il est en même temps reconnu comme une sorte de conservateur privé dont la passion, sans être nécessairement partagée, suscite indulgence et intérêt ».

cultures locales ou régionales. Tous les témoignages du passé ou les cultures spécialisées sont recyclés en effet de façon très simple comme ressources identitaires. Mais avec une efficacité limitée. C'est le prix à payer du confort, quand ego peut prendre à loisir, sans risque d'être pris. L'identification collective atteint un tout autre niveau d'intensité quand au contraire le risque est frôlé, quand la ressource entraîne vers une possible perte de maîtrise de l'autonomie. Les foyers identitaires se situent donc continuellement sur le fil du rasoir. Simples producteurs de ressources techniques, ils ne parviennent pas à déclencher une véritable dynamique identitaire. Mais l'entrée dans cette dernière les pousse à faire sécession avec la société légitime et rationnelle, à entraîner le collectif toujours plus loin dans un univers à part, pouvant aller jusqu'à la totalité exclusive. Augmentant les ressources identitaires. Mais piégeant les individus, incapables de retrouver leur autonomie.

Le balancement entre ressources maintenues comme simples ressources, et sécession particulariste joue dans les contextes les plus divers. Serge Chaumier [2003], dans son enquête sur les petits musées locaux, en donne une bonne illustration. De tels petits musées se sont multipliés ces dernières années, en général à l'initiative de bénévoles, dans un territoire donné, avec « pour volonté de rendre compte d'une identité, d'une culture locale, ressenties en péril » [Chaumier, 2003, p. 25]. L'auteur analyse très bien comment il n'y a en fait nullement restitution mais fabrication de cette identité locale, à partir d'un modèle de représentation simplificateur et idéalisateur. Le rôle du musée est « d'autoproclamer le génie du lieu, les valeurs du terroir, la profonde supériorité de la culture locale » [*idem*, p. 203]. Les objets sont convoqués comme des preuves et se transforment en reliques, supports d'une « vision mythique » valorisant une « identité locale, rurale, autosuffisante, inscrite dans une tradition fondée en nature » [*idem,* p. 204]. Après la phase des débuts cependant, succède souvent une institutionnalisation qui voit arriver des professionnels de la muséologie, porteurs d'une autre logique, technico-scientifique. Voire parfois des conservateurs maîtres d'œuvres de créations et d'installations artistiques plus personnelles. Les bénévoles locaux entrent alors en résistance. Essentiellement pour des raisons qui leurs tiennent en propre. L'activité associative en elle-même a été en effet l'occasion d'une confirmation réciproque auréolée de reconnaissance sociale, concrétisée par l'émergence du musée. Plus largement, ce dernier « formalise une identité et, ce faisant, redonne de la fierté à des populations et à des territoires délaissés ou déshérités » [*idem*, p. 101]. Mais pour les visiteurs aussi, la résistance identitaire, malgré ses libertés prises avec la vérité historique, n'est pas sans certaines justifications. Car les ressources identitaires fonctionnent toujours sous forme d'images stéréotypales. Plus les traits sont simples et clairs, plus la ressource dégage de puissance. La logique de l'identité se refuse à l'émiettement froid de la rationalité. Elle est du côté du récit (idéalement mythologique), contre l'hypertexte.

5

Identité biographique et identité immédiate

La recherche en sciences humaines est parvenue à déconstruire en partie ce que la représentation de l'identité avait de plus fixiste et substantialiste. Bien que la rupture avec l'objectivisme soit encore aujourd'hui très partielle et précaire, elle a réintroduit le sujet. L'identité a pris une apparence plus ouverte et dynamique, et une forme s'est progressivement imposée : le récit. L'identité est l'histoire de soi que chacun se raconte.

L'identité comme récit

Paul Ricœur a joué un rôle central dans l'établissement de cette nouvelle représentation dynamique. Il souligne que la narration de soi est, non pas une pure invention, mais une mise en récit de la réalité, un agencement d'événements permettant de les rendre lisibles et de donner sens à l'action [Ricœur, 1991]. La « mise en intrigue » engendre « une dialectique de la mêmeté et de l'ipséité » [Ricœur, 1990, p. 168], qui résout le vieux dilemme de la philosophie (comment peut-on continuellement changer tout en restant identique ?). « Il ressort que l'opération narrative développe un concept tout à fait original d'identité dynamique, qui concilie les catégories mêmes que Locke tenait pour contraires l'une à l'autre : l'identité et la diversité » [*idem*, p. 170].

La forme narrative opère en effet un glissement qui évacue l'idée de fixité au profit d'une logique d'enchaînement : la cohérence fondatrice n'est plus dans la mêmeté mais dans le coulé et l'intelligence de la suite des événements. Elle s'adapte ainsi parfaitement à la structure (contradictoire et changeante) de l'individu moderne, construisant sa nécessaire unité non par une totalisation et une fixation impossibles mais, de l'intérieur et de façon évolutive, autour du récit, fil organisateur. Chacun se raconte l'histoire de sa vie qui donne sens à ce qu'il vit.

L'histoire de vie ne serait bien entendu rien sans les faits vécus eux-mêmes, elle résulte d'une trajectoire objective. Anthony Giddens [1991] souligne cependant la différence essentielle résultant de la réflexion sur cette trajectoire, qui pour l'identité prend logiquement une forme narrative. La mise en récit démultiplie le processus identitaire[1] ; ego transforme le simple reflet en réflexivité par les intrigues qu'il invente à partir de sa propre expérience.

Chacun se raconte des histoires, et guette les histoires d'autrui pour nourrir sa propre imagination. Proposer de nouvelles histoires est devenu une nécessité pour la société, au même titre que produire du blé ou de l'acier. À travers la roman, le cinéma, la télévision ou la chanson, une infinité de formes narratives sont continuellement diffusées, et encerclent ego dans nombre de ses activités quotidiennes, lui suggérant des scripts qui répondent aux nouvelles questions de son temps. Certes raconter des histoires (et raconter des histoires dessinant les lignes du futur) n'est pas nouveau pour la société. Les mythes furent même à son fondement. Plus tard, au XIXe siècle, les utopies mirent en récit des identités collectives possibles. La fable de vie dont ego se berce n'est d'ailleurs rien d'autre que le mythe contemporain (l'identité biographique), restreint à la petite structure autonome (l'individu) désormais productrice de sens. Mais les histoires d'aujourd'hui se sont démultipliées et fragmentées

1. Anthony Giddens distingue la simple *identity* résultant de la trajectoire de la *self-identity,* qui est l'« interprétation réflexive » de cette même continuité biographique [1991, p.53].

en catégories de toutes sortes, touchant de toujours plus près aux préoccupations personnelles et intimes [Chalvon-Demersay, 1994 ; 1996]. Et, chacun se sentant créateur de lui-même, l'activité est de moins en moins réservée à des institutions spécialisées. L'autobiographie notamment s'est transformée en exercice de masse [Lejeune, 1990]. Car raconter son histoire est presque aussi important que se la raconter. Il est ainsi beaucoup d'histoires d'amour qui se vivent surtout pour donner matière à récit dans le groupe des pairs. Dans l'enquête sur le premier matin [Kaufmann, 2002], Isa par exemple ne cède aux assauts de Tristan (dont elle n'était pas amoureuse) que dans l'idée de la bonne histoire qu'elle aura à raconter à sa confidente et amie Ursula lorsque celle-ci reviendra d'Amérique. L'essentiel pour ego reste cependant le dialogue intérieur entre l'expérience vécue et sa mise en récit, les histoires de soi que chacun se raconte. Le récit est l'instrument par lequel l'individu cherche à forcer son destin. Entre l'expérience vécue et le récit, il est souvent bien difficile de dire ce qui est le plus moteur, ce qui domine. Mon enquête sur la vie en solo [Kaufmann, 1999] montre ainsi la force que peuvent atteindre des scénarios guidant l'existence, ego travaillant avec acharnement le concret pour tenter de l'incorporer au récit. Or dans ce même domaine des relations amoureuses, *Premier matin* montre au contraire la place considérable prise aujourd'hui par l'expérience, y compris à travers les événements les plus minuscules. Tout se passe comme si l'individu moderne rêvait plus fort sa vie pour la construire à son idée, tout en étant extraordinairement attentif à ce que son rêve ne soit pas que du vent, à ce qu'il perçoit réellement de ce qu'il est en train de vivre. Il y a là manifestement une contradiction, de plus en plus aiguë, une contradiction fondamentalement entre deux formes de subjectivité. La subjectivité narrative à vertu identitaire, qui ferme le sens sous une forme dynamique par le récit. Et une subjectivité réflexive beaucoup plus expérimentale et ouverte, qui s'inscrit dans le vaste mouvement historique de domination du social par la science [Kaufmann, 2001].

Le récit des récits

Le caractère massif de la production narrative de soi ne doit cependant pas nous aveugler. L'identité comme récit biographique n'est qu'une forme parmi d'autres de la construction identitaire, et sans doute pas la plus importante ; nous verrons cela plus loin. Il faut par ailleurs se garder d'une erreur d'analyse qui menace sans cesse concernant les histoires de vie. L'identité, sous toutes ses formes, est toujours une modélisation simplificatrice. L'image par exemple est une réduction fixiste, pouvant aller jusqu'au stéréotype ou à la caricature. Le récit, bien que plus fluide, n'en souscrit pas moins à la même exigence de simplification unificatrice. Il gomme continuellement les hésitations et les incohérences, faisant la chasse à la moindre contradiction. Et ceci le plus logiquement du monde, car il est justement l'instrument qui permet d'unifier une vie concrète multiple, hétérogène et éclatée. Donc, première erreur à ne pas commettre : croire que le récit de vie exprime fidèlement la réalité de la vie [Kaufmann, 1996 ; Bertaux, 1997]. Cela n'interdit nullement que les gens soient pour l'essentiel très sincères et que le récit de vie soit une mine d'informations précises et précieuses. Cela ne le renvoie pas non plus dans le domaine de l'illusion. Au contraire, il est un moment crucial dans le processus de construction de la réalité, celui du passage par la grille de perception identitaire. Mais il est un moment idéalisateur et simplificateur, exactement comme le mythe dans les sociétés premières.

Cette erreur (caractéristique dans les mémoires d'étudiants qui citent sans distance critique des extraits d'entretiens) est heureusement de moins en moins commise aujourd'hui : le chercheur doit savoir contextualiser et interpréter ce qui lui est dit, ne surtout pas le prendre pour argent comptant. Mais une seconde erreur, beaucoup plus subtile et sournoise, menace : l'incompréhension des degrés de modélisation.

Le contexte de l'entretien biographique est très particulier. Le chercheur ressent son authenticité paradoxale et son intensité, il ressent à quel point cet entretien peut engager la personne interrogée, irrésistiblement entraînée par le « bonheur d'expression » [Bourdieu, 1993, p. 915] de ce qui donne sens à sa vie. Il peut dès lors penser qu'il se trouve en prise directe sur ce moment spécifique qu'est la production identitaire dans l'ensemble du processus de construction sociale de la réalité [Kaufmann, 1996]. Certes, il sait que la vie concrète est plus complexe et contradictoire. Mais il peut imaginer que la personne interrogée donne à voir ce qu'est réellement son travail d'unification identitaire. Or l'individu se trouve rarement ainsi en situation de se dire d'une façon continue et développée dans la vie ordinaire. L'enquêteur lui demande explicitement de raconter son histoire, comme si celle-ci existait. Il le fait d'ailleurs parce qu'il est souvent le premier à être persuadé qu'elle existe. Hélas une telle histoire complète et limpide n'existe qu'exceptionnellement[1]. C'est précisément ce qui passionne les personnes interrogées : pouvoir se dire (donc se connaître) mieux que d'habitude. La forme narrative pure (une belle histoire de vie totalisante et aux significations claires) ne se manifeste que dans un contexte expérimental où ego cherche à se raconter aux autres. Sorte de grand récit des récits ordinaires, qui sont infiniment plus fragmentés et contradictoires. Bien que très bel objet (et très utile pour l'analyste sachant le manier), ce récit des récits ne doit pas tromper sur la réalité précise de l'usage du narratif dans la construction quotidienne des identités.

Renouer le fil

Les grandes et belles histoires de vie sont réservées à des moments un peu particuliers, où ego est sommé de se raconter, ainsi qu'à d'autres moments de rêverie plus personnelle, où il se raconte à lui-même. Y compris dans ces

1. La représentation ordinaire s'appuie plutôt sur des « noyaux durs » [Camilleri, 1990, p. 108] de références éthiques ou comportementale, qui canalisent des trajets pour le récit, mais sans le rédiger explicitement.

moments d'ailleurs, les récits sont souvent plus hachés qu'on ne le pense souvent. Reprenons l'exemple de l'album de photos de famille [Kaufmann, 2002b]. J'ai dit plus haut combien, après les péripéties mal contrôlées de sa fabrication, il pouvait devenir plus tard le grand livre de la famille, la suite d'image faisant récit structurant le souvenir [Poitevin, 1998 ; Favart, 2001]. Or il est intéressant d'observer comment se développe concrètement ce récit [Belleau, 1997]. Le cas le moins fréquent est une consultation collective de l'album, avec commentaire oral. Dans cette situation pourtant la plus propice, le commentaire prend rarement la forme d'une histoire complète, suivant un ordre chronologique. Il y a plutôt séquences de commentaires, plus ou moins vifs et nourris, soudainement déclenchées par la vue d'une image, et adaptées aux auditeurs. Quant au cas le plus fréquent (la consultation individuelle et secrète), il accentue encore la fragmentation du narratif. C'est en effet beaucoup plus chaque photo, par ses trésors de mémoire cachée brusquement redécouverts, qui attire vers un récit spécifique et très contextualisé. Mille petits récits se succèdent en tous sens.

L'identité narrative est en réalité faite de séquences, le plus souvent très courtes, sans beaucoup de suite logique entre elles. Ballottées par des flux mentaux peuplés d'« agents distincts activés par la situation présente, qui luttent entre eux pour imposer différents modes d'interprétation d'un cadre cognitif cohérent et d'une disposition à agir » [Varela, 1996, p. 83]. Les récits, sans cesse interrompus, restent à l'état de bribes inachevées, brisés par le caractère chaotique des flux mentaux, qui « se pourchassent à l'infini comme un chat qui essaie d'attraper sa queue » [Varela, Thompson, Rosch, 1993, p. 99]. Tout se passe comme si une infinité de récits différents étaient en fait entremêlés, les espaces entre les épisodes pouvant être longs[1]. Si longs que le nouvel épisode se borne fréquemment à résumer les débuts de l'histoire (condamnée à se répéter

1. Lorsqu'il y a une suite, ce qui n'est pas toujours le cas, certains petits récits étant circonstanciels.

de façon routinière). Il faut renouer le fil narratif. Et il n'est pas rare que l'activité s'arrête là, une nouvelle séquence radicalement différente, épisode d'une tout autre histoire, s'étant soudainement imposée à l'avant-scène de la pensée. D'autant que le statut de chaque séquence est spécifique, les ordres de réalité multiples. Les implications du récit sont très différentes entre une identité virtuelle, une identité possible et une réponse immédiate à un contexte conditionnant l'action. Entre une réflexivité froide et une idéalisation à vertu psychologique. Entre une conformation au rôle et un coup de poker forçant le décalage avec l'identité attendue. Certains récits ont la lenteur et le flou des rêveries secrètes. D'autres, l'exubérance des mises en scène de soi audacieuses et ludiques. D'autres enfin, la précision technique des stratégies affûtées.

Plus les séquences sont hachées, plus le lien qui les unit devient une nécessité vitale (il faut donc à la fois renouer le fil à l'intérieur de chaque histoire discontinue, et lier les séquences des différentes histoires entre elles). Car ego se vit dans l'idée d'une suite biographique qui fait sens. Or les contenus et les contextes narratifs sont si contrastés entre séquences que ce lien est très souvent concrètement impossible. Il y a là encore décalage ; entre la représentation d'une continuité, et l'affichage permanent de scripts ou d'images de soi au contraire disparates. Décalage refoulé par la magie d'une croyance profonde, véritable religion identitaire de notre époque : la conviction abstraite qu'il existe un « moi », hors des contingences et des contextes divers qui le reformulent [Kaufmann, 2001]. Cette croyance floue mais intense alimente en effet l'idée que le récit des récits, forme narrative pure et fluide, est à tout moment disponible, qu'il suffirait de le convoquer pour redonner le sens général et replacer avec précision chaque séquence particulière dans l'ensemble. Ego, en vérité, ne cesse de sauter du coq à l'âne, jouant de ses multiples facettes identitaires avec une liberté qui contredit cette perception continuiste et globalisante.

Certains franchissements de séquences posent toutefois problème. Parce qu'il y a conscience d'une rupture. C'est notamment le cas quand ego est soudainement affronté à un contexte de socialisation radicalement nouveau. Il lui faut alors à tout prix, et dans l'urgence, renouer le fil de ce qui fait sens avec sa vie antérieure. Comme s'il continuait à se raconter la même histoire. L'enquête [Kaufmann, 2002] montre qu'il n'est en fait pas très regardant sur les détails : l'idée qu'il existe une continuité est plus importante que la véracité des contenus. Il y a beaucoup moins définition d'une suite narrative que tissage d'un lien pour le lien en lui-même. C'est le liage (que Francisco Varela [1996, p. 83] appelle de façon très parlante un « liage de résonance ») qui est important, dusse-t-il utiliser les analogies ou les recoupements les plus approximatifs. Dans la recherche sur les premiers matins [Kaufmann, 2002], l'exemple de Vincent l'illustre parfaitement. Son réveil dans le lit d'Aglaé fut pour lui des plus surprenants, une infinité de détails étranges ou agressifs l'empêchant d'installer facilement de nouveaux repères d'identification. En particulier, ce qui était lié à l'univers rural du lieu, pour lui qui est un urbain très habitué et amoureux de la ville. Tout, les bruits, les odeurs, les matières, les lumières, était différent. Vincent se sentait brusquement plongé dans un monde de significations totalement indéchiffrable et incongru. Y compris Aglaé, devenue silencieuse et énigmatique en ce matin bizarre. Il vit alors les araignées sur les poutres. Un frisson de répulsion le parcourut aussitôt, déclenchant le visionnage d'une image (et le souvenir d'une frayeur) d'enfance, qu'il croyait oubliée : d'autres araignées, sur d'autres poutres. Il avait passé une partie de sa petite enfance en campagne, élevé par une nourrice, et tout cela lui revenait en mémoire, subrepticement. Juste le nécessaire pour établir un lien. Il n'y avait pourtant aucun rapport (hors les araignées et la ruralité) ; la scène d'enfance ne lui donnait aucune clé pour interpréter ce monde aux significations troubles dans lequel il était tombé. Parfois la seule idée d'un lien, quel qu'il soit, peut suffire. Un lien quelconque utilisé comme prétexte. L'important étant de croire que l'on se situe toujours pour l'essentiel dans la même histoire. Que la rupture n'est qu'une affaire de changement de décor.

Une identité peut en cacher une autre

La grande histoire de soi que l'on raconte ou se raconte, procédure assez rare, prend place dans des temps particuliers, où ego se retire de l'action ordinaire, pour s'évader dans une sorte de mise en scène romanesque ou de rêverie contemplative à propos de lui-même. L'identité narrative dans sa forme pure, quand elle se manifeste, est en décalage fort avec la vie telle qu'elle se vit habituellement.

La fabrication d'une unité de représentation durable autour de la trajectoire de vie dépasse toutefois largement cette activité narrative faible dans sa forme pure. L'identité biographique ne se réduit pas à l'identité narrative. Au-delà des récits de soi, en réalité très fragmentés, ego cherche véritablement à s'unifier dans la longue durée de son existence. Et nullement pour le seul plaisir d'avoir une belle histoire à se raconter. L'activité d'unification ne se réduit d'ailleurs pas à l'univers de la représentation. Ego travaille avec acharnement la multiplicité contradictoire du social qu'il a incorporé pour construire un minimum de cohérence. Il fait la chasse aux dissonances dans les schèmes infraconscients qui conduisent son action [Kaufmann, 2001]. Il hiérarchise l'*identity salience,* et se constitue une mémoire émotionnelle qui le guide dans sa façon de jouer ses rôles. La mémoire n'est d'ailleurs pas une procédure technique de simple accumulation d'informations, mais est filtrée par des « schèmes d'assimilation » [Piaget, 1967, p. 183], qui l'organisent d'une façon individuellement structurée. Ego construit sa mémoire dans une direction donnée, comme il construit ses projets, orientant (ou tentant d'orienter) les actions à venir. Il s'unifie en donnant un sens à sa vie.

Je me résume. Derrière l'apparence des belles histoires de vie complètes et limpides, ego ne cesse en fait de se raconter des fragments de récits hétéroclites et hachés. Plus l'observateur se rapproche de la vie ordinaire telle qu'elle se vit ordinairement, plus il relève d'éclatements contrastés. Afficher une identité exactement contraire à celle qui vient d'être expérimentée est même une procédure courante, nous le verrons plus loin, pour rétablir l'estime de soi. Plongé dans l'action, ego joue de ses différentes facettes identitaires sans hésiter le moins du monde sur les contradictions. Pourtant, bien que le grand récit des récits ne soit souvent qu'un rêve, ego parvient réellement à s'unifier en partie autour de sa trajectoire de vie. Il parvient, plus ou moins, à donner un sens à son existence.

En d'autres termes, entre identité biographique et identité immédiate, ego utilise deux modalités identitaires relativement opposées dans leur logique de fonctionnement[1]. Sans que cela lui procure une schizophrénie particulière, la croyance au moi abstrait et à la continuité identitaire gommant les effets de rupture. Il est néanmoins intéressant d'essayer de comprendre plus en détail comment se joue l'articulation entre ces deux logiques antagoniques. Car, si la confrontation n'éclate pas entre elles, c'est aussi pour une raison autre que la croyance en la continuité : le dégradé infini des situations intermédiaires. Entre le grand récit des récits parfaitement cohérent et les soudaines images de soi les plus saugrenues et improbables, se déploie en effet un entrelacs de modalités les plus complexes et variées, combinant chacune à sa manière continuité et rupture. Une des plus notables est la coexistence de plusieurs *self-schemas* parallèles [Markus, Nurius, 1986]. Ego s'inscrit en réalité dans des logiques de vie alternatives et plurielles, s'agitant à l'ombre de la supposée histoire unique.

Je ne parle pas ici de ce qui a souvent été désigné sous le terme d'« identités multiples », structures psychologiques généralement pathologiques dans lesquelles l'individu est divisé entre plusieurs personnalités nettement constituées et relativement étanches entre elles ; *Doctor Jeckyl* et *Mister Hide*. Mais d'une forme beaucoup plus courante, où des alternatives identitaires s'entrecroisent dans la longue durée biographique, provoquant à chaque fois des bricolages nouveaux. Comme dans l'histoire d'Agnès (tiraillée entre sa

1. Que Carmel Camilleri [1990, p.93] distingue également, selon une formulation un peu différente, en opposant « fonction ontologique » et « fonction pragmatique » de l'identité.

mère et Jean-Pierre) évoquée plus haut. Les transfuges de classe ou les migrants en donnent des illustrations idéaltypiques. Ils ne font pourtant que révéler avec plus de clarté une modalité d'ajustement identitaire touchant en réalité l'ensemble de la population. Ana Vasquez [1990] décrit dans le détail un exemple frappant, celui d'Alvaro, militant politique latino-américain réfugié en France. Dans les premières années de sa jeunesse, malgré la torture et la prison, malgré la profonde division de soi que représente une vie clandestine (car il faut afficher une apparence et faire que les autres y croient), il était parvenu à « jongler avec les identités sans en éprouver de conflits profonds » [Vasquez, 1990, p. 155], ne souffrant nullement d'apparaître comme un banal commis voyageur. L'existence d'une identité secrète lui permettant même paradoxalement de jouir d'un réconfort psychologique quand la vie officielle avait des ratés. Arrivé en France, il conserva cette dualité de représentation bien qu'il ne soit plus clandestin. L'identité secrète évolua, mais en se formulant toujours sur un mode oppositionnel (il se voyait par exemple comme un réfugié de passage, fidèle à sa culture d'origine, ostensiblement habillé d'un poncho). Stratégie d'opposition à la vie présente qui participa largement à une accumulation d'échecs : échec professionnel ; échec familial marqué par un divorce ; effondrement personnel, enfin, dans la dépression. Cette triste évolution n'était pas inéluctable, et à de nombreuses reprises il aurait pu reprendre pied dans les socialisations disponibles, transformant au contraire les particularités de sa riche trajectoire en ressources. Hélas l'identité oppositionnelle vécue comme une compensation psychologique avait peut-être trop bien fonctionné au début, et il était tenté de reproduire le mécanisme face à l'adversité nouvelle. Il resta dans le même schéma alors qu'il aurait fallu réarticuler différemment les lignes de vie.

Jouer astucieusement de ses logiques identitaires est un art difficile, surtout quand elles se rigidifient, comme dans l'histoire d'Alvaro. Les *self-schemas* sont toutefois habituellement plus souples et poreux, reformulés dans leurs entremêlements au gré des circonstances. Car, mémoires de soi plongeant dans le passé, ils sont aussi confrontés au feu de l'action présente, contraints de bricoler une réponse unifiée, et adaptée dans l'urgence. Par le sens qu'ils donnent aux expériences vécues, ils engagent aussi l'avenir. L'identité, produit de la représentation subjective, a des effets matériels et sociaux profonds. Les arbitrages et tricotages entre différents *self-schemas* ne sont pas que des histoires que l'on se raconte. Par les affichages de sens, ils donnent une direction, et changent ce que sera demain la « vraie vie ».

Christian Le Bart [2000] a mené l'enquête sur une passion ordinaire : devenir « fan » des Beatles. Qu'ils soient ouvriers ou médecins, de grands fans peuvent voir leur existence durablement bouleversée. Par les effets en chaîne d'une simple image, d'un son, d'une idée, qui un jour se sont installés dans leurs pensées. Existence transformée dans le domaine privé, mais aussi dans ce qui semble le plus institutionnalisé. Par exemple tout ce qui touche au métier. L'identification en apparence la plus futile peut dans certaines circonstances remodeler étonnamment la « vraie vie ». L'auteur donne l'exemple d'Éric, fan convaincu, et lieutenant de police. Une telle profession semble ne laisser guère de marge à l'improvisation ; la voie est tracée, et elle dégage une éthique, axée sur les valeurs d'ordre et de discipline. Inutile de dire que le hiatus apparaît évident avec le monde de sa passion pour les Beatles. Il travaille donc continuellement ses arguments (pour lui-même et dans les discussions avec ses collègues et amis), s'employant « à désamorcer tout antagonisme entre ces deux univers » [Le Bart, 2000, p. 178].

La drogue ? « Ils disent que le rock véhicule toute une culture de drogue, etc. C'est pas ça du tout ! Moi je ne soutiens pas du tout les groupes qui se droguent. Le rock'n roll n'est pas du tout synonyme de drogue. C'est un corollaire. Modigliani était un grand peintre, c'était un alcoolique fini. Que va-t-on retenir de Modigliani ? Que c'est un grand peintre ! » [*idem*]. L'esprit de rébellion ? « Il faut un esprit de rébellion. La rébellion, c'est pas forcément négatif. Moi, dans la police, j'estime qu'il faut un côté rebelle. Par exemple, le côté rebelle que m'a apporté le rock m'a entre autres choses conduit à devenir syndicaliste. Il faut secouer le cocotier, il faut donner un coup de pied dans la fourmilière.

Les syndicalistes en général c'est pas des mous, c'est pas des gens qui acceptent les structures telles qu'elles sont » [*idem*]. Il est contraint de développer une activité permanente de « bricolage identitaire » [*idem*]. D'abord dans l'univers de la représentation et du discours, mais pas seulement : les effets sur les pratiques sont profonds, pouvant aller jusqu'à une reformulation des cadres de socialisation. Du côté de sa passion, il ne se laisse pas aller sans contrôle, filtrant ce qui pourrait être perçu comme un excès (il ne soutient pas les groupes qui se droguent et hiérarchise les chanteurs selon leur éthique ; ses préférences vont vers Lennon plutôt que McCartney). Du côté de la socialisation professionnelle, il agit de façon très volontaire pour diminuer la discordance avec les valeurs de son identité passionnelle (il s'est engagé dans le militantisme syndical, et se bat pour que la prévention supplante la répression dans son commissariat). Dans le processus de fabrication de l'unité, la socialisation ne pèse pas obligatoirement plus lourd que les éléments subjectifs qui participent de la logique identitaire[1]. Une simple passion pour les Beatles a parfois le pouvoir de changer une trajectoire professionnelle.

Deux logiques contraires

L'identité biographique (surtout dans ses versions narratives) a une fonction généralement plus unificatrice. Elle est une « régulation unifiante du soi tout au long de la vie » [Martuccelli, 2002, p. 405] ; ego cherche à recoller les morceaux de son existence et de ses pensées par trop éclatées. L'histoire d'Éric l'illustre parfaitement. Alors que les identifications

1. Christian Le Bart analyse avec finesse comment, d'une part, le processus identitaire (sous les formes de la passion) parvient à changer intensément le cours d'une trajectoire ; qui dès lors ne peut plus être décrite comme le simple effet attendu des déterminations sociales. Mais comment aussi, inversement, cette passion ne se vit pas de la même manière selon la place sociale qui est occupée ; l'identité ne peut pas inventer n'importe quoi. Surtout pour les populations aux ressources culturelles les plus faibles, qui ne disposent que d'un registre restreint.

immédiates et ponctuelles au contraire (au fil des rêves les plus fous ou en réponses aux contextes divers) jouent souvent la carte de la multiplicité et de l'innovation identitaires. Certes, toutes les identités biographiques n'ont pas une fonction unificatrice, et toutes les identités immédiates ne sont pas fissionnelles. L'histoire d'Alvaro montre par exemple un cas d'entortillement de plusieurs *self-schemas* sur la longue durée, confrontation régulière entre versions biographiques constituées. A l'inverse, certaines identités immédiates s'inscrivent en conformité avec les lignes de vie familières. L'important est de retenir que l'identité biographique est plutôt du côté de l'unité, et l'identité immédiate du côté de la fragmentation. Et de souligner l'antinomie essentielle (qui se profile derrière la contradiction identité biographique/identité immédiate) : celle qui oppose l'unité d'une part, les décalages et la fragmentation de l'autre.

La conception unifiante de l'identité est bien connue. Il n'en est que plus utile et urgent de dégager son autre facette : les décalages et fragmentations[1]. L'affichage de soi possibles se caractérise comme une activité de distorsion de la réalité sociale [Markus, Nurius, 1986], de continuelle production d'écarts avec la socialisation existante. Le processus identitaire, dans sa composante la moins connue, est donc non pas un regroupement sur soi mais au contraire une sortie du soi habituel. Le débat philosophique très ancien opposant (dans les termes de Ricœur) « mêmeté » et « ipséité » serait à reprendre ici et à concrétiser. Car le même et le différent ne s'assemblent pas de façon identique dans les diverses modalités du processus identitaire. Le terme « identité » peut même devenir parfois inadéquat et trompeur, quand toute l'énergie est concentrée vers une tentative de négation et d'oubli du vieux soi. Ce qui est assez bien rendu par le terme « identification ». L'identification est toujours une identification à... À quelque chose, à quelqu'un, à un autre soi-même. Donc une sortie du soi habituel.

1. Le décalage ne s'effectue pas contre l'unité, mais il la réalise dans une autre temporalité, instantanée et non biographique. Toute image de soi unifie de façon spécifique dans l'instant.

Il y a encore plus troublant. L'affichage d'un soi possible est une tentative de sortie du vieux soi au nom d'une nouvelle représentation de soi. Mais que se passe-t-il quand il y a identification à une autre personne ? Ou se trouve l'identité à ce moment précis. Pas dans le vieux soi, puisque ego cherche à en sortir. Pas non plus dans la cible visée par l'identification puisqu'il s'agit d'une autre personne. Cette petite énigme mérite un développement particulier.

La sortie de soi

Il ne s'agit pas en effet d'un procédé marginal. Depuis le succès populaire du roman au XIXe siècle, et surtout depuis la généralisation de la médiatisation et de la société du spectacle dans la seconde moitié du XXe, l'identification à des héros les plus divers (personnages de fictions romanesques ou cinématographiques, vedettes sportives, grandes stars du *showbiz*, stars ordinaires de la télé-réalité, etc.) n'a cessé de se développer. Par la magie de cette identification, ego fait l'expérience d'une sortie du soi habituel, avec la sensation paradoxale d'une intensité existentielle plus forte. Paradoxale, car il garde une conscience relativement claire de l'écart qui le sépare de sa « vraie vie », contrôlant l'envol identitaire pour qu'il ne l'entraîne pas trop loin dans la confusion. Il y a dédoublement. Entre un nouveau soi, qui momentanément semble occuper toute la place disponible, et qui cristallise l'intensité existentielle jusqu'à faire vibrer d'émotion. Et le vieux soi de la « vraie vie » apparemment oublié, mais qui n'en reste pas moins aux commandes. Émergeant à nouveau pour mettre fin à l'expérience. Non seulement parce que la « vraie vie » ne peut pas être effacée (rappelons-nous l'exemple de Walter et de son foot à la télé). Mais aussi parce que l'identification ne peut jamais être poussée trop loin. Ego garde conscience qu'il n'est pas l'autre auquel il s'identifie. L'identification est toute entière dans le mouvement vers, sans jamais pouvoir atteindre ce but. L'identité, à ce moment précis, n'est donc ni dans le vieux soi, ni dans le sujet de l'identification. Elle est, de façon relativement abstraite et indéfinie (mais très sensible), dans le mouvement en lui-même (le « transport » aurait-on dit à une autre époque), le mouvement de sortie de soi.

Bien qu'elle ne soit pas un pur rêve, qu'elle participe d'une expérience identitaire réelle, la sortie de soi reste généralement circonscrite au monde de la représentation, sans retombées concrètes. Mais il arrive aussi qu'elle engage dans des socialisations nouvelles, voire qu'elle inaugure une réorientation profonde de la trajectoire biographique. L'identification comme simple mouvement de sortie de soi se fait alors encore plus complexe et problématique. Les fans de stars représentent une sorte de modèle pour l'analyse de ce phénomène. Au-delà de la puérilité frivole de certains comportements, ce véritable cas d'école permet de mieux comprendre une des modalités les plus avancées du processus identitaire, fondée sur une sortie de soi des plus improbables.

Le point de départ est ce qui vient d'être signalé : la mise en mouvement grâce à l'identification. Identification à un univers et à des sensations autant qu'à une personne particulière. Cette dernière revient cependant régulièrement au centre de structuration du système symbolique. Le fan gardant conscience qu'il est lui-même et non pas son idole va donc se contenter, soit de moments secrets d'identification par procuration (ce que ressent la star compte plus pour lui à cet instant que sa propre existence), soit de simples rapprochements physiques. Devant l'impossibilité de pouvoir supprimer la distance entre soi et l'autre rêvé, il convient au moins de la réduire. C'est ce qui explique l'exaltation intense contenue dans le seul fait de voir « pour de vrai » l'idole, ou encore mieux, de la toucher. Le fan se sent mystérieusement transfiguré. À défaut, il accumulera autographes et objets divers en forme de reliques, comme autant de traces et substituts de cet hypothétique alter ego, de ce faux proche insaisissable.

Christian Le Bart [2000] analyse très bien le désarroi du fan soudainement confronté de près à son idole, partagé entre son envie de densifier l'expérience, de multiplier les preuves de cette impensable proximité, et la retenue qui le fige. Au nom du vieux soi, qui lui dit qu'il ne peut s'abaisser à s'effacer, à n'être rien. Et au nom du respect de la personne concrète en face de lui (qui n'est plus tout à fait la star rêvée) qu'il craint d'importuner. Il est, enfin, incroyablement proche, dans la vie bien réelle. Mais hélas plus séparé que dans ses expériences abstraites et imaginaires, plus étrangement et cruellement séparé que jamais. La rencontre, pourtant tellement désirée, prouve en fait l'irrémédiable distance, et même son immensité. Il surnage alors comme il peut, bricolant un compromis, le plus souvent autour de l'obtention d'un petit souvenir matérialisé de l'événement (une photo immortalisant sa proximité est idéale). Il sent en effet confusément que le plus important est d'alimenter les identifications virtuelles à venir.

Une autre expérience ambiguë est le rassemblement de fans, notamment lors d'un concert de la star. Habituellement condamnés au secret voire confrontés aux incompréhensions et aux moqueries, l'immersion et l'enveloppement dans cette identité collective est pour eux un bonheur de délivrance et de réassurance. Hélas à nouveau le fan individuel est travaillé par de fortes sensations contraires. Il prend en effet conscience, non plus ici de sa fausse proximité avec l'idole, mais de la non singularité de sa relation ; il n'est qu'un parmi les autres.

Le processus d'identification se heurte à des obstacles et échoue donc paradoxalement dans ses manifestations les plus abouties, alors même qu'il semble atteindre au but. Parce que « je » n'est pas un autre. Le fan est donc condamné à vivre des envols qui restent en suspens, voire parfois des retombées brutales. Cette agitation apparemment infructueuse et désordonnée finit pourtant parfois par produire quelque chose. Elle peut participer à la réorientation de la trajectoire biographique, comme le montre l'histoire d'Éric. Ou plus modestement installer des fragments de socialisation nouvelle et spécifique. Un club de fans par exemple. Mais aussi des petits groupes plus informels. Ou même une activité personnelle, discrète sinon secrète. Pouvant envahir cependant l'existence, au point de ne pas toujours être très bien vécue par le conjoint [Le Bart, 2000]. Le fan, dans ce dernier cas, se trouve dans la situation d'avoir à gérer deux « vraies vie » (sa passion, concrétisée dans des espaces et des moments particuliers, et la socialisation familiale établie), entre lesquelles il ne cesse de voyager, en pensée et en action.

Hésitation qui se surajoute au mouvement usuel d'envol dans l'univers d'identification imaginaire. Il doit alors continuellement contrôler qu'il ne va pas trop loin (ni dans le fait de se prendre pour son idole, ni dans le refus du réel que provoquent des envols exagérés dans l'imaginaire, ni dans l'enfermement dans sa socialisation secrète et spécifique, ses petites manies de passionné). Et il doit également sans cesse bricoler les articulations entre ces fragments de soi si disparates, travailler à son unification, même si celle-ci ne peut être que très grossière.

Quand il cherche à s'unifier avec autant d'acharnement qu'il en a eu à imaginer des écarts et des sorties du soi habituel, ego n'est pas schizophrène. Il se positionne simplement à l'un des deux temps du travail identitaire. Car l'identité s'organise autour d'une dynamique contradictoire. Elle est simultanément ce qui permet à ego de s'unifier, de donner un sens relativement cohérent à sa vie, et ce qui lui permet à l'inverse de provoquer des décalages avec les attendus de la socialisation, de s'inventer différent. Selon que l'on se situe à l'un ou l'autre pôle de la contradiction, la perspective identitaire est radicalement différente.

Se heurtant à cette question, Anthony Giddens [1991] fait des efforts louables pour analyser les articulations entre « unification » et « fragmentation ». Mais en se refusant à prendre en compte le caractère intrinsèquement contradictoire du processus identitaire, il est obligatoirement amené à prendre parti pour l'une des deux logiques, et de subordonner la seconde à la première. Il choisit sans surprise l'unité. L'identité n'est pas selon Giddens un bloc homogène, l'individu n'hésitant pas à jouer de ses facettes les plus diverses pour s'adapter, mais il intègre continuellement cette diversité dans un continuum, grâce notamment à sa réflexivité narrative. « Une personne peut utiliser la diversité dans le but de créer une identité distinctive, qui incorpore complètement des éléments de différents ordres dans une narration intégrée ». Ceci lui permettant de se sentir toujours « chez elle dans une variété de contextes »[1] [Giddens, 1991, p. 188]. Une telle analyse est

1. Traduction JCK.

bien entendu juste sur le fond (elle caractériserait parfaitement l'histoire d'Éric). Le problème est qu'elle ne couvre pas l'ensemble de la dynamique identitaire. Paradoxalement, en se faisant raffinée et apparemment exhaustive comme chez Giddens, elle renvoie en réalité encore plus dans l'ombre l'autre logique identitaire, la fragmentation contextuelle, en la subordonnant tout en donnant l'impression de la traiter.

Or cette seconde modalité identitaire, généralement ignorée[1], est la plus importante. Le cœur du processus identitaire est dans la production de décalages. L'unification ne vient qu'après, et est beaucoup moins motrice. Il faut donc nous dégager résolument des habitudes de pensée qui nous font voir l'identité comme un simple récit biographique.

Le récit et l'image

Quand elle parvient à rompre avec le substantialisme, la représentation de l'identité se fait le plus souvent biographique et narrative ; le récit de vie occupe alors une place centrale. Nous avons vu que les histoires étaient en réalité hachées, et qu'elles se succédaient en séquences brèves et disparates. Le grand récit plus ou moins mythique a bien du mal à cacher l'infinité des micro-récits de circonstance. En se rapprochant des contextes d'action, les récits deviennent souvent si courts qu'ils se résument à une image. L'identité devient alors une fixation instantanée et extrêmement simplifiée, qui a besoin de stabiliser ses repères. Le récit induit trop de mouvement et de flou. Il faut au contraire, pour actionner efficacement le système de valeurs et de comportements adapté à la situation, un arrêt sur image. Il y a vraisemblablement beaucoup plus d'images que de récits dans le fonctionnement ordinaire de l'identité. Cette modalité fixe et brève se justifie notamment par la multiplicité des choix

1. Anthony Giddens (s'appuyant sur Erving Goffman) est justement un de ceux qui tentent le plus de la prendre en compte, même s'il ne parvient pas à aller jusqu'au bout, piégé par sa volonté de traiter l'identité comme un processus unique.

adaptés à une situation donnée : des récits complets seraient moins maniables, l'image donne plus de jeu à l'identité.

La multiplicité des identités disponibles correspondant par exemple à un rôle donné est considérable. Ego n'a pas le choix entre seulement deux ou trois identités. Car, outre que les variations sur les divers comportements imaginables sont innombrables, le procédé d'affichage identitaire élargit encore l'éventail. Il ne faut pas oublier que l'identité se déploie dans l'univers de la représentation, qui procure beaucoup plus de liberté créative que les comportements concrets. Il y a les identités virtuelles et les identités possibles, les images du passé et les images du futur, les enveloppements sensibles et la rationalité réflexive, les visualisations abstraites ou au contraire très précises et calculées, la variabilité incessante de la géométrie identitaire, etc. L'activation d'identités multiples est un procédé ordinaire et courant [Burke, 2001]. Y compris l'activation simultanée ou quasi simultanée. D'abord par la comparaison entre deux alternatives tranchées. Affronté à une situation inhabituelle, il est fréquent qu'ego affiche dans son imaginaire deux (ou plus) versions très différentes de la réponse à cette situation. Qu'il teste mentalement des identités possibles, passant de l'une à l'autre s'il est hésitant. Ensuite, une fois engagé dans l'action, il n'est pas rare qu'il maintienne un certain temps en réserve les identités non activées, dans le cas où il s'avèrerait que le choix n'a pas été judicieux. L'enquête sur le premier matin [Kaufmann, 2002] fournit de nombreux exemples d'un tel dédoublement. À mesure qu'ego se sent moins bien dans sa peau, ou que le partenaire qu'il découvre révèle des aspects qu'il trouve déplaisants, l'identité de réserve se réinstalle au premier plan des pensées (par exemple, glisser d'un rôle d'amoureux dans lequel il se sent trop engagé à celui de simple ami, pour gérer un départ en douceur). Les images de soi ont une fluidité sans pareille. Certains affichages identitaires peuvent même être si soudains et radicaux qu'ils provoquent une rupture inattendue avec la socialisation en cours. Permettant alors de reconstituer une estime de soi et un bien-être intérieur mis en cause par la situation [Thoits, 1992].

Nous voici bien loin de l'identité narrative. Il s'agit effectivement d'un tout autre travail de l'individu, orienté vers une cible totalement différente. L'identité biographique et narrative consiste, sinon à définir l'unité globale et définitive, du moins à construire des unités partielles et relatives, à renouer sans cesse les fils cassés, à mener la chasse aux dissonances. Travail d'assemblage inlassable, de charpentier des lignes de force de la vie. Travail mené souvent à quelques moments particuliers et privilégiés, un peu en dehors du feu de l'action habituelle, seul, ou avec des complices et confidents occasionnels.

L'identité immédiate, à travers la multiplicité de ses images fixes mais maniées avec une grande mobilité, se place au contraire au cœur de contextes précis, qui sont lourds de concrétude. Elle est une réponse à donner, instantanément, pour engager l'action dans un certain sens. Elle est même une condition de cette action, un « *working self-concept* » [Markus, Nurius, 1986, p. 957] entièrement tourné vers cet objectif, un instrument opératoire. Elle se meut par ailleurs dans un univers émotionnel chargé, en quête de rétablissement ou de consolidation de l'estime de soi et des sensations de bien-être.

Dans le domaine des sciences humaines, l'identité immédiate et fragmentée est incontestablement la parente pauvre, au point d'être presque ignorée, étouffée par sa cousine narrative[1]. Il me semble important de la dégager avec netteté, pour lui donner toute la place qui lui revient. C'est pour cela que j'ai choisi de la nommer avec davantage de précision. Ordinairement, je ne suis guère un adepte de la multiplication d'appellations nouvelles, utilisées comme autant d'étendards vaniteux pour se distinguer du commun. Procédé qui conduit au morcellement du champ scientifique et accentue les difficultés du débat. Dans *Ego* par exemple, j'avais tenté de maintenir l'usage du vieux concept d'habitude pour désigner les schèmes incorporés. Je ne suis plus très sûr d'avoir eu

1. Ce qui n'est d'ailleurs qu'un moindre mal comparé au maintien de tendances substantialistes très lourdes et aux conséquences sociales incomparablement plus graves, car entraînant vers la contre-révolution identitaire.

raison[1] ; l'habitude, toujours vue comme une petite chose sans importance, est restée dans l'oubli. J'aurais trop peur de renouveler aujourd'hui cette expérience négative avec l'identité immédiate. Il me paraît indispensable de mettre en évidence sa spécificité et de l'afficher plus clairement. En d'autres termes (il ne s'agit nullement d'un jeu de langage), de lui donner une identité.

L'identité immédiate croise un certain nombre de caractéristiques. Elle est plutôt fixiste (préférant l'image au récit), contextualisée et ponctuelle, instantanée et pragmatique ; le problème à résoudre étant celui de l'action présente[2]. Immédiate, Contextualisée et Opératoire : je la désignerai donc par la formule « identité I.C.O. », ou plus simplement encore « identité ICO[3] » dans les pages qui suivent.

---

1. Dans le présent livre, « habitudes » et « schèmes incorporés » sont employés indistinctement. Ils s'inscrivent dans la « mémoire infraconsciente ».

2. En résumé, dans le brassage continuel entre imaginaire et action qui est au cœur du processus identitaire, un dégradé peut être mis en évidence, allant des formes les plus fictionnelles (le petit cinéma intérieur) ne faisant qu'évoquer des actions le plus souvent improbables, jusqu'aux « soi possibles » [Markus, Nurius, 1986], esquisses de transformation des rêves les plus crédibles en projets, et enfin les identités immédiates et opératoires, instantanément prises dans des contextes d'action.

3. La fusion des initiales en morphème me paraît intéressante car évocatrice de la racine grecque désignant l'image. Or les identités ICO, fondamentalement immédiates, contextualisées et opératoires, prennent aussi la plupart du temps la forme d'images.

6

L'identité comme condition de l'action

Une seconde rupture épistémologique

La perception de l'identité comme dynamique représentationnelle, notamment sous la forme d'une mise en récit biographique, a marqué une véritable rupture épistémologique avec la conception substantialiste. Rupture relative et encore très fragile aujourd'hui, la contre-révolution identitaire menaçant dangereusement de réinstaller le substantialisme dans une position dominante. Malgré la précarité de ces acquis, il ne faut cependant pas hésiter à dire que cette rupture est insuffisante, qu'elle ne permet pas d'aller au fond de la question. L'identité n'est pas seulement une procédure réflexive ou narrative, elle ne se limite pas au domaine de la représentation ou du récit. Son rôle le plus important est ailleurs, dans un domaine où on n'a guère l'habitude de la situer : les conditions de l'action dans la modernité.

Le processus identitaire lui-même gagne à être analysé comme un « système d'action » [König, 1972, p. 263]. Un système d'action travaillant continuellement à reconstituer les conditions de l'action. Cet énoncé liminaire surprendra certainement. Car « identité » et « action » sont généralement rangés dans deux catégories bien distinctes du savoir scientifique. Leur croisement provoque pourtant une modification de perspective des plus utiles, clarifiant l'analyse tout en donnant une dimension nouvelle à l'identité dans la société contemporaine. C'est notamment ce que réussit à faire avec brio Alain Ehrenberg. Il avait été précédé dans cette démarche, de façon moins systématique, par les intuitions éparses de quelques chercheurs. Quand par exemple, Georges Herbert Mead signalait que « l'infrastructure du soi se fond dans l'action en cours » [1963, p. 233], que celle-ci est entravée si la fusion est moins intense. Quand Nelson Foote remarquait également que « lorsque le doute sur l'identité s'accroît, l'action est paralysée[1] » [1951, p. 18]. Quand Anselm Strauss enfin soulignait « la relation entre engagement et sens de l'identité » [1992a, p. 44]. « S'impliquer totalement dans un acte signifie s'y intéresser, s'y attacher, s'identifier à lui » [*idem*, p. 43]. Ces bribes lumineuses n'avaient toutefois pas réussi à installer dans la durée un véritable courant de recherche, changeant la perception de l'identité. Le temps de cette seconde rupture épistémologique est sans doute venu aujourd'hui. Car les changements sociaux en cours imposent son urgence.

L'identité comme condition de l'action est en effet un processus historiquement nouveau. Dans les sociétés holistes, l'individu était tenu par la convergence des injonctions intériorisées et des contraintes extérieures. Les *habitus* s'incorporant sous la forme d'une « formule génératrice »[2] de pratiques [Bourdieu, 1980] ; la voie était tracée, il suffisait de la suivre. L'action individuelle était socialement structurée et mise en mouvement. Par rapport à ce présent et à cet avenir prédictibles, vécus comme un destin, la fracture opérée par la modernité est double. Elle enjoint l'individu à définir lui-même sa propre identité. Et elle lui demande en même temps d'effectuer une multiplicité de choix pratiques, de réfléchir avant d'agir. Ces deux impératifs sont en réalité étroitement liés entre eux. D'une façon générale, car ego ne peut donner

1. Traduction JCK.
2. Pierre Bourdieu, bien entendu, ne rapporte pas cette expression devenue classique à la seule société holiste. Il lui donne une portée générale. C'est moi qui l'applique à un certain type de formation social–historique [Kaufmann, 2001], en l'opposant à la modernité individualiste, où les conditions de l'action deviennent différentes.

sens à son action si il ne sait pas qui il est. Mais aussi de façon beaucoup plus quotidienne et pragmatique, à travers le bricolage des grilles significatives orientant l'action (identités ICO). Ces grilles s'inscrivent au cœur du processus identitaire. Or, sans elles, l'individu moderne tombe en panne.

Les identités opératoires

Certes, toutes les actions ne sont pas médiatisées par l'identité. Je l'ai rapidement signalé en introduction de ce livre à propos de la « double-hélice » : une partie reste impulsée par la socialisation, hors de l'intervention du sujet. Car celui-ci incorpore des schèmes (mémorisés dans l'infraconscient) susceptibles de mettre en mouvement son corps sans intervention de la pensée. En dessous de ses capacités imaginatives et réflexives, l'homme se construit basiquement comme un être d'habitudes [Kaufmann, 1997 ; Lahire, 1998]. Pourquoi repasser les torchons, ou pourquoi au contraire ne pas les repasser ? L'intériorisation d'une évidence, structurée sous forme d'habitude, permet de déclencher l'action sans se poser de questions, en évitant d'accentuer la charge mentale. Et quand l'enquêteur justement les pose (« Pourquoi repassez-vous les torchons ? »), l'embarras est grand pour lui répondre. Il faudrait en effet non seulement manier des arguments auxquels on ne songe pas d'ordinaire, mais surtout remonter au niveau cognitif, c'est-à-dire s'engager dans une démarche contraire au fonctionnement habituel. Les personnes interrogées se protègent donc par des réponses brèves proclamant sans commentaires leurs évidences incorporées : « Parce que c'est comme ça ! ».

Hélas, les incorporations sont très souvent incomplètes ou contradictoires ; la réflexivité instille le doute à la moindre occasion. Ego ne cesse donc de travailler au renforcement de ses habitudes, en tentant de se convaincre lui-même de ses évidences les moins bien assurées, dans une sorte de mouvement de propagande tourné contre soi. La tête alors doit commander au corps rétif, incapable de se mouvoir par le simple effet des schèmes incorporés : « Il faut le faire ! ». L'évidence n'est pas mise en doute (« Il faut »), mais sa remontée au niveau conscient la fragilise considérablement. Car dans cet espace de la réflexivité, elle se trouve confrontée à une multitude de pensées discordantes (« En fait, pourquoi faudrait-il le faire ? ou au moins, pourquoi ne pas repousser cette action à demain ? »). André Leroi-Gourhan [1965] a très finement analysé comment une distinction doit être opérée entre fragments profondément incorporés et articulations entre ces fragments, qui remontent nécessairement à la conscience. Ego doit bricoler de nouveaux assemblages entre « maillons » de « séries machinales » [p. 31] plongés dans une « pénombre psychique » [p. 29], pour développer des « chaînes opératoires » [p. 26]. Or ces bricolages, que ce soit pour répondre à des situations imprévues ou pour réorienter l'action dans ses grandes lignes, ne peuvent prendre forme sans la réflexivité. Un sens doit être donné à l'action. Et avec le développement de l'individualisation, qui complexifie le patrimoine de schèmes incorporés (de plus en plus nombreux et contradictoires), ce sens doit être donné beaucoup plus souvent. Si les habitudes restent la base, leur réajustement continuel impose le recours à l'identité. Fixer une image de soi devient un procédé indispensable pour lancer le corps dans l'action. Dans les situations les plus diverses et concrètes, les identités deviennent des modalités opératoires.

Schèmes incorporés et processus identitaire se mélangent intimement pour déclencher l'action. Ils n'en ressortissent pas moins à deux ordres de phénomènes radicalement différents, qu'il me semble essentiel de séparer dans l'analyse. Il faut sortir l'identité de la barbe à papa, elle n'est pas tout et n'importe quoi ; je l'ai dit plus haut. Mais les schèmes incorporés non plus ne doivent pas voir leur sphère d'influence abusivement élargie. Certes, ils jouent un rôle fondamental, trop souvent ignoré. Il est donc important de mettre en lumière ces coulisses infraconscientes du sujet. Sans se laisser emporter toutefois. Le plus important étant de pouvoir détailler les articulations avec le processus identitaire. La comparaison entre deux livres de Bernard Lahire est à ce propos instructive. Dans le premier, *L'Homme pluriel* [1998], l'auteur analyse précisément le rôle central des schèmes incorporés, qu'il conceptualise en reprenant le terme d'« habitudes ». Dans le livre suivant, *Portraits sociologiques* [2002], ce terme est abandonné, et remplacé par « dispositions ». Changement de langage qui traduit en fait un changement de perspective. Les dispositions, en se faisant plus vagues, couvrent en effet un champ infiniment plus large, incluant les cadres éthiques les plus divers et même les croyances. Pierre par exemple (interviewé dans l'enquête de Bernard Lahire) se caractérise par des « dispositions à l'engagement, à la vie en collectif, à l'autonomie et au leadership, mais aussi à une certaine remise de soi, dispositions humaniste, pacifique, pragmatique, rationnelle et ascétique, mais aussi hédoniste » [Lahire, 2002, p. 406]. Les habitudes bien entendu ne sont pas isolables de l'éthique. Tout schème d'action est relié à des schèmes de perception et à des systèmes de valeurs. D'ailleurs, pour Aristote, qui peut être considéré comme l'inventeur du concept, l'habitude était simultanément un *ethos* et une *hexis* corporelle [Kaufmann, 2001]. Le problème n'est pas dans la composante éthique des dispositions, mais dans l'élargissement exagéré de leur portée, effaçant le rôle du sujet. Le sujet certes ne commande pas tout. Il est fondamentalement et secrètement porté par la mémoire sociale qu'il a intériorisée. Il procède toutefois à des arbitrages, notamment parce que cette mémoire est contradictoire. Autant il est préjudiciable d'ignorer le rôle de l'infraconscient social, autant ceci ne doit pas conduire à une négation de l'auto-régulation subjective. Surtout si l'on considère que cette dernière devient de plus en plus importante dans le cadre de l'individualisation moderne. Il faut au contraire saisir les articulations entre les deux processus. Et décrire les modalités précises de la subjectivité dans l'action, hors de tout idéalisme (comme celui qui fleurit dans les théories de l'acteur rationnel). C'est à ce point qu'intervient l'identité. Non pas sous sa forme narrative. Si l'on en reste à cette définition en effet, Bernard Lahire a sans doute raison de considérer l'identité comme un épiphénomène, et de dire que « les acteurs ne passent pas leur temps à se préoccuper de leur « définition » ou de leur « identité » [2002, p. 396].

Mais dans ses modalités les plus opératoires, particulièrement les identités ICO. Le choix entre des représentations de soi concurrentes est permanent. Or c'est lui (en interaction avec le contexte) qui réoriente le sens de l'action, et opère un tri entre les schèmes infraconscients qui seront activés.

Le moment identitaire se caractérise par une prise de distance (réflexive ou sensible) avec l'action en cours, pour reformuler le sens à donner aux conduites [Malrieu, 2003]. Dans le double sens du mot « sens » : une signification et une direction (car la seconde est impossible sans la première). En cela l'identité se présente comme une sorte de nouveau principe moteur de l'action, se surajoutant aux schèmes incorporés et réorganisant ces derniers. Dans le très court terme de l'action immédiate et précisément contextualisée (identités ICO). Et dans le terme plus long de la réorientation d'une trajectoire biographique (voir l'exemple d'Éric, policier fan des Beatles). Hazel Markus et Paula Nurius [1986] notent que la plupart des recherches sur l'identité questionnent sur le passé ou le présent (« D'où venez-vous ? » et « Qui êtes-vous ? »), alors que la préoccupation identitaire est en réalité essentiellement tournée vers l'invention de soi. Les rêveries ordinaires préparent le futur [Singer, 1975], notamment le futur immédiat. Le *self-concept* est un instrument d'action et de changement.

La régulation affective

Le processus identitaire, historiquement, est né du reflet, du suivi mental de la socialisation par les rôles. Il occupe toujours aujourd'hui cette même position : il est un suivi, un double mentalisé des actions en cours ou à venir. Avec des séquences d'effacement quand l'action va se soi et se déroule dans la perfection des automatismes incorporés. Avec au contraire des moments forts et décisifs. Quand l'indécision met le corps à l'arrêt, et implique en conséquence une réorientation du sens. Ou, plus fort encore, quand le processus identitaire s'impose par lui-même, enrayant l'effet des schèmes incorporés.

Ce double mentalisé (pouvant s'inverser en original dont l'action ne devient alors qu'un développement) prend régulièrement un contenu réflexif ; le moment identitaire est assez souvent une mise en questions visant à reformuler les évidences constitutives de l'action. La matière première étant la représentation de soi, il est fréquent toutefois que la simple visualisation d'images permette de faire l'économie de la réflexivité. Il suffit de s'imaginer dans une situation donnée pour percevoir intuitivement la faisabilité de l'action. Mais cette perception, et surtout la décision qui l'accompagne, ne parvient à opérer que dans la mesure où elle s'insère dans une régulation affective. Sans les affects associés, les images seules ne peuvent rien. C'est pourquoi l'univers des affects, des sensations et des émotions est central dans le processus identitaire. De même qu'il ne faut pas séparer identité et action, il ne faut pas séparer identité et affects (ni affects et action). Identité, affects et action s'inscrivent dans un mouvement à trois pôles intimement combinés.

Il serait nécessaire ici de détailler beaucoup plus précisément comment interviennent les diverses catégories de sensations ou d'émotions. Car chacune ne le fait pas au hasard. Je me contenterai de quelques illustrations. Concernant les sensations (le travail des cinq sens), j'avais remarqué dans mon enquête sur la plage [Kaufmann, 1995], qu'avant d'enlever leur haut de maillot de bain, les femmes observent généralement un temps de latence où elles ont l'impression ni d'observer attentivement ni de réfléchir. En réalité, elles recueillent malgré elles un grand nombre d'images, qui les informent sur l'état des normes comportementales à cet instant (car celles-ci sont très évolutives), donc sur la faisabilité de leur passage à l'acte. Ces informations recueillies ne remontent que rarement à la conscience réflexive. Elles restent dans l'univers des sens, et se cristallisent en une sensation de décontraction et d'aisance corporelle incitant au geste pressenti. Inversement, la moindre information négative signalant un changement des règles du jeu (par exemple, la présence d'un homme ne respectant pas le système des regards autorisés) conduit la femme à remettre son haut de maillot, sans même avoir souvent le temps de vraiment penser à ce retournement de la situation. On pourra m'objecter que dans cet exemple, le travail identitaire *stricto sensu* est relativement faible. Effectivement, les projections dans des mises en image de soi sont beaucoup moins importantes que la pure économie des sensations, qui semble presque tout diriger. Mais c'est parce que ce travail sur les représentations de soi a été effectué auparavant, notamment lors des premières expériences de dévoilement corporel[1]. Il est donc au mieux simplement reconvoqué de façon furtive ; les images de soi sont en mémoire ou en arrière-plan. Que cela soit ou non explicite, c'est bien cependant par rapport à elles que les sensations régulent l'action.

Les émotions semblent plus imprévisibles que le travail régulier des sensations ; elles ont le pouvoir d'emporter soudainement vers un autre univers de perception. En réalité, elles le font rarement sans un imaginaire de soi associé. L'émotion emporte parce qu'elle s'inscrit dans l'image de soi qui favorise son surgissement. Le sentiment amoureux notamment se construit dans une interpénétration intime d'événements concrets (la rencontre réelle) et d'imaginaire de soi (la mise en récit personnelle de l'histoire d'amour). L'intensité émotionnelle (en décrochant l'individu de sa socialisation habituelle) donne évidemment en elle-même une force créatrice incomparable au processus identitaire. Le jeu d'images de soi entre néanmoins très vite en action pour canaliser cette énergie de bouleversement de l'individu. Il est même souvent un préalable, dessinant à l'avance le cadre dans lequel les émotions devront être ressenties [Bozon,

1. Le cas de Nancy, jeune étudiante américaine, l'illustre parfaitement. Avant de venir en France, ses parents, avertis du danger qui sévissait sur les plages du vieux continent, lui avaient fait jurer de ne jamais s'adonner à la pratique scandaleuse. Elle n'avait eu ni à se forcer ni à mentir, étant elle-même convaincue du caractère immoral des seins nus. « C'était pas une chose pour moi, très mauvais, très très mal ». Et puis sur la plage tout changea. Elle ne vit pas le mal. Au contraire il n'y avait là que des gens décontractés, sans attitudes malsaines, de superbes bronzages uniformes. Ses copines avaient roulé leur maillot. Nancy avait très envie de les imiter. Un conflit entre représentations contradictoires se déclencha alors dans ses pensées, aussi violent que bref. D'un côté le visage ombrageux de ses parents, lointain ; de l'autre la sensualité et la liberté balnéaires, si proches. Derrière ces quelques images : deux éthiques opposées, deux morales de l'existence. Elle n'eut guère le temps d'approfondir la question (les identités ICO sont rapides, voire instantanées), le désir était trop fort. Elle roula son maillot. « C'est agréable, très très, ça fait voir une autre vie ».

1991]. Ego travaille sur les scénarios des films qu'il aimerait bien vivre pour de vrai, un jour. Il teste mentalement des soi possibles, et, surtout dans le domaine de l'amour, des séquences idéales [Kaufmann, 1999]. Ce visionnage de soi rêvé est bien entendu au cœur du processus identitaire, qui est lui aussi étroitement régulé par les émotions ; chaque image déclenche des perceptions émotionnelles particulières. L'avenir se prépare par un travail de confrontation entre images de soi et émotions. Plus ces dernières prennent la forme de la passion (exclusive, voire violente), plus les images à concrétiser se fixent de façon quasi obsessionnelle, réorganisant, parfois brutalement, tout le sens de l'existence [Frijda, 2003].

Le émotions interviennent aussi de façon beaucoup plus pragmatique, pour réguler les actions obscures et minuscules (le lecteur me pardonnera, j'espère, cette retombée un peu brutale, de l'amour aux tâches ménagères). J'ai déjà signalé que les schèmes incorporés ne parvenaient pas à impulser des chaînes opératoires trop longues. Il y a toujours des imprévus et des doutes, même dans les gestes les plus simples. Surtout quand un détour par la conscience réflexive est obligatoire. C'est le cas des activités ménagères, telles le repassage, dont le moment doit être décidé. Paradoxalement, la réflexivité pure est très peu opérante dans la prise de décision ; il y a trop de paramètres à l'œuvre. Elle doit être enveloppée dans un courant émotionnel qui la canalise et clôt l'univers des possibles [Damasio, 1995]. Une des émotions décisionnelles les plus importantes (sans doute la plus importante) est l'agacement [Kaufmann, 1997]. Il est le complément idéal des schèmes incorporés, intervenant quand ces derniers ne peuvent suffire à eux seuls pour impulser l'action, tout en évitant le recours à la réflexivité. Le mécanisme est très simple, et bien illustré dans les activités ménagères. Les schèmes incorporés définissent un ordre des choses (une place matérielle des objets et substances, imbriquée dans un système de valeurs). Or ces choses sont bien réelles et visibles dans la maison, parfois à « leur » place et parfois non. Il y a donc confrontation entre l'ordre concret des choses et son équivalent mental infraconscient. Ce dernier est déterminant, c'est lui qui a enregistré la mémoire des repères culturels de l'individu et fixé les règles de l'action. Quand il y a dissonances entre les deux ordres (lorsqu'un objet n'est pas à « sa » place), soit le schème à lui seul met le corps en action pour rétablir la consonance, soit (si le corps ne réagit pas) le conflit entre les deux ordres provoque un trouble intérieur, qui se manifeste sous la forme d'un agacement. L'agacement peut alors se transformer en « coup de nerf », qui lance soudainement le corps dans une remise en ordre des choses conforme au schéma infraconscient. Dans l'exemple du repassage, c'est la hauteur du tas de linge en attente qui déclenche l'agacement et la mise en action qui peut suivre.

Il est rare toutefois que le « coup de nerf » soit si violent qu'il ne laisse aucune place aux pensées, et surtout aux images. Le cas le plus fréquent est celui d'un agacement modéré, insuffisant pour provoquer à lui seul un « coup de nerf » décisif. Il ouvre une séquence de confrontations mentales. Beaucoup plus que des réflexions, ce sont alors des images qui s'affrontent, mettant en scène des représentations de soi inscrites dans des systèmes de valeurs opposés, portés par des émotions contraires. D'un côté par exemple, une image de soi discipliné et travailleur, imprégné de l'éthique de l'effort qui crée les conditions d'une souffrance acceptable parce que nécessaire. Sérieux et douleur ; pour jouir plus tard du plaisir subtil qui sourd de la fierté des exploits accomplis. De l'autre à l'inverse, une image de soi modelée justement par le principe de plaisir : pourquoi se martyriser à ce point ? n'y a-t-il pas plus important dans la vie que les mesquineries ménagères ? L'affichage de cette confrontation éthique est à la fois très visuel et très sensible-émotionnel. Ce sont clairement deux identités ICO qui sont testées et mises en concurrence. Ego se met à l'écoute des sensations que lui procurent diverses mises en scènes de soi pour décider. Il visionne l'action à venir dans des versions contrastées, pour percevoir les effets émotionnels des divers choix possibles. Mais, dans ces contextes d'urgence, et y compris pour des décisions minuscules, c'est toujours d'un choix identitaire qu'il s'agit. L'identité (réduite souvent à une simple image de soi) est le filtre qui conditionne l'action. Qui conditionne obligatoirement l'action. La complexification des schèmes incorporés implique que l'action passe par le filtre identitaire, et y passe de plus en plus. L'identité devient une condition ordinaire de l'action dans la modernité.

Surtout dans certains contextes sociaux ou biographiques. La concurrence entre filtre identitaire et schèmes incorporés est en effet inégale selon les lieux et les moments de la vie. L'exemple qui a été pris (les activités ménagères dans une famille installée) s'inscrit dans un type de cadre où l'influence des schèmes incorporés est la plus forte. Pourtant, nous l'avons vu, les identités ICO y opèrent malgré tout pour emporter les décisions. Il s'agit certes plutôt de micro-confrontations identitaires, mais qui sont continuelles, et toujours porteuses en arrière-plan d'alternatives existentielles plus radicales. L'identité régule de façon annexe un système d'habitudes relativement stabilisé. Elle reste toutefois très active dans un univers parallèle, secret et imaginaire, qui est susceptible de remonter à l'avant-scène à chaque instant, pour soudainement chambouler les lignes de vie qui donnaient l'impression d'être solidement établies.

Dans d'autres situations cependant, le filtrage identitaire de l'action est beaucoup plus prononcé. Situations marquées soit par des ruptures biographiques (où, suite à des événements divers, la vie bascule dans une nouvelle direction), soit par des séquences de transition entre deux univers de socialisation stables et solidement définis. Et qui se caractérisent plus fondamentalement par un système d'habitudes trop contradictoire ou insuffisamment dense pour porter l'existence ; les affichages identitaires doivent obligatoirement fixer le sens. Là encore, l'activité ménagère illustre bien cette variation des contextes. Prenons l'exemple d'un jeune célibataire, ou d'un couple, vivant leur première expérience d'autonomie résidentielle. Ils sortent d'un cadre domestique, où, adolescents, ils étaient intégrés dans un système d'habitudes familiales, constitué avant eux et qu'ils s'étaient contentés de bricoler à la marge. Plus tard, ils édifieront leur propre système, qui souvent ne fixera ses repères les plus solides (et quasi définitifs) qu'avec la naissance des enfants. Entre les deux, la période de transition (pouvant s'étaler sur cinq ans, dix ans, voire plus) réduit l'effet des schèmes incorporés à son strict minimum. D'abord à cause de l'indécision et de l'ouverture de l'avenir (cf. l'histoire de Sabine et Romain) ; seule l'expérience à vivre demain dira vers où et comment doit aller l'existence. Ensuite parce que la jeunesse se distingue par son opposition aux valeurs attachées à l'univers familial et ménager ; la vraie vie est ailleurs [Kaufmann, 1992]. Les débuts sont donc généralement très légers du point de vue de l'activité ménagère ; la cuisine par exemple est un jeu [Garabuau-Moussaoui, 2002]. Jour après jour, le système se met néanmoins en place, lentement, par l'incorporation progressive de nouveaux schèmes d'action. Les jeunes ne sont pourtant pas pressés de basculer dans ce nouvel épisode biographique, qui signale justement la fin de la jeunesse la plus libre et légère. Mais le prix à payer pour le filtrage identitaire est trop fort. La charge mentale épuisante. Et la régulation émotionnelle inconfortable. L'exemple de Lola[1] me permettra d'illustrer.

Elle est devenue en quelques années une véritable fée du logis. Presque trop vite. Presque trop bien. Malgré la satisfaction ressentie à la vue de son petit chez-soi impeccable, n'est-elle pas en train d'enfermer abusivement sa vie dans des dimensions étroites ? « Des fois on se demande si on n'est pas un peu cinglé de passer son temps à nettoyer. Je me dis : mais qu'est-ce que je suis en train de foutre là ? je serais mieux ailleurs ». Heureusement ou hélas, il lui reste à traiter la question de la vaisselle, qui ne lui procure que répulsion et pénibilité. Doit-elle profiter de ce point faible pour limiter ses exagérations ménagères ? Ou au contraire effacer ce dernier désordre faisant tâche dans le logement ? La vaisselle est en fait le prétexte à une interrogation sur soi, sur son présent et son futur, sur son identité biographique. Mais elle est aussi quotidiennement un problème à traiter. Lola a beaucoup de mal à trancher. Les identités ICO (faire ou ne pas faire ? faire maintenant ou plus tard ?) se sont affrontées dans la plus grande confusion ces derniers temps, jusqu'à ce qu'elle parvienne à fixer un rythme, mais dont elle a conscience qu'il ne constitue qu'un système provisoire, régulé par les affects.

1. Personne interrogée dans l'enquête pour *Le Cœur à l'ouvrage.*

Elle effectue désormais sa vaisselle une fois par jour, après le petit-déjeuner. Sa journée est fortement scandée par les émotions concernant cette activité pourtant en apparence anodine. Après le repas de midi en effet, l'évier commence à recevoir fourchettes et assiettes sales, qui vont dès lors ne plus cesser de s'accumuler. Passant beaucoup de temps chez elle, son regard est continuellement accroché par l'évier, et l'agacement monte à mesure que le tas grossit (ou qu'une mauvaise odeur s'en dégage). Le soir elle parviendrait à ne pas se retenir de passer à l'action si l'activité ne lui procurait pas autant de répugnance. « L'eau dégueulasse, les éponges, l'eau à changer en cours de vaisselle, l'odeur du produit, l'eau crad', les mains dans l'eau sale et grasse ». Le matin enfin, elle sent monter en elle l'agacement final, en forme de délivrance. Puis, une fois la corvée liquidée, elle éprouve, véritablement, une intense sensation de plaisir à la vue de son évier étonnamment vide et brillant. « Je me dis : ça y est ! ça y est ! oh putain c'est propre ! ». Plaisir qui distillera (plus faiblement) encore ses effets tout au long de la matinée, quand son regard se posera sur l'évier vide et brillant. « Je regarde comme ça, l'évier est magnifique, magnifique ! ». Jusqu'à midi, où le cycle émotionnel s'inverse à nouveau avec la remontée de l'agacement, etc.

L'incorporation d'un schème d'action permet de diminuer la charge mentale et le trouble affectif qui résultent d'un filtrage identitaire ; la vie se fait plus simple et confortable. Lola en aura fini avec ses questionnements harassants et ses violentes émotions contraires, quand, vraisemblablement bientôt, elle fera sa vaisselle après chaque repas, dans une régularité évidente et tranquille. Il suffit alors de se laisser porter, de reproduire les agissements qui font que l'on fait ce que l'on doit faire (« Parce que c'est comme ça »), et que l'on est ce que l'on est. Mais il y a là aussi un prix à payer : le poids gris de la routine, le renvoi des rêves dans le pur imaginaire. Comment penser devenir autre en effet si l'on n'est rien d'autre que ce que l'on est ? Il est difficile d'allier l'excitation que procure une existence dominée par le filtrage identitaire et le confort d'une socialisation profondément ancrée dans le système d'habitudes. J'avais été frappé, en comparant deux enquêtes successives [Kaufmann, 1997 ; 1999] de constater à quel point les trajectoires féminines peuvent s'opposer sur ce point. Car l'entrée dans la vie familiale (à cause du maintien d'une forte inégalité de répartition des tâches ménagères), densifie leur existence au point de limiter les choix identitaires aux micro-décisions ordinaires. Le quotidien se fait trop envahissant, les rêves restent trop des rêves, et l'insatisfaction pointe concernant ce bornage et cet étouffement de la créativité personnelle [Francescato, 1992]. Les femmes vivant en solo au contraire jouissent et souffrent à la fois de la (parfois trop) grande légèreté et volatilité de leur être. La vie est à définir et à réinventer à chaque instant, tout ou presque étant passé au crible identitaire, en des versions très contrastées ne cessant de s'affronter. Les rires succèdent aux larmes entre ces images de soi éclatées. Car le paradoxe d'une vie dominée par le processus identitaire est que l'on ne sait pas qui l'on est.

Le filtre identitaire s'impose comme condition de l'action (il faut donner un sens à sa vie) lorsque les schèmes incorporés sont insuffisamment opératoires, spécialement dans certains contextes biographiques. L'identité ne se manifeste pourtant pas uniquement par défaut de socialisation, comme une sorte de processus d'appoint. Elle est au contraire un principe historiquement grandissant : l'action est de plus en plus passée au crible des images de soi. La vie se dédouble. Nous nous représentons les scènes à accomplir. Et choisissons celles où nous sentons le mieux.

La principale raison de cette montée de l'identité est à rechercher dans l'effet presque technique de la complexification contradictoire des incorporations. Qui provient d'ailleurs en grande part de la montée de l'identité (ainsi que de la diversification et de l'assouplissement des cadres de socialisation, qui, pour simplifier, ne seront pas traités ici). Le mécanisme de cet engrenage sans fin est le suivant. Le filtre identitaire crée des décalages, et fait entrer l'individu dans des expériences de socialisation nouvelles. Les schèmes incorporés pendant le temps de ces expériences sont relativement conformes au filtre, au travers duquel ils passent nécessairement. Mais les expériences sont plus ou moins brèves, et très variées, le principe de l'affichage identitaire étant de produire continuellement de nouveaux décalages. Plus les identités ICO se multiplient et se diversifient, plus les trajectoires des identités biographiques se font chahutées, et plus le stock des schèmes mémorisés devient par conséquent hétérogène. La multiplicité interne implique alors de faire des choix, donc d'accentuer le dédoublement de soi, d'activer le processus identitaire, intensifiant ainsi les décalages et les expériences innovatrices, etc. L'identité devient inévitablement, toujours davantage, une condition de l'action.

Reconnaissance et estime de soi

La montée du processus identitaire amplifie considérablement le rôle anthropologique des images et des émotions associées. Certes, sur le fond, l'identité peut être considérée comme un travail cognitif, visant à « organiser le traitement de l'information pertinente pour soi dans un domaine donné »[1] [Markus, Cross, Wurf, 1990, p. 207]. Le filtre identitaire est une grille de traitement de l'information, préparant l'action. Mais, concrètement, cette grille prend le plus souvent la forme d'images régulées par des affects. À l'encontre de la perception désincarnée propagée trop souvent[2], il importe de souligner à quel point l'activité ordinaire est prise dans un entrelacement sensuel et sensible [Katz, 1999]. Les émotions sont centrales dans la régulation identitaire [Stets, Burke, 2002]. Tout concourt désormais à l'amplification de la composante émotionnelle dans la construction de soi[3].

1. Traduction JCK.
2. Notamment la conception de l'acteur rationnel, atome de base de la science économique.
3. La recrudescence de l'émotionnel et du sensible se manifeste dans des formes et un contexte historique précis. Les émotions ont joué un grand rôle, sous des formes différentes, à d'autres époques. Mais il est par contre incontestable que la première modernité s'est structurée sur la base d'un contrôle de ces émotions. Processus très bien mis en évidence par Norbert Elias [1975], et qui a perduré pendant toute la phase disciplinaire du « programme institutionnel ». L'âge des identités marque une rupture très nette, non en libérant globalement les sensations et émotions, mais en favorisant leur expression dans des configurations spécifiques.

L'affichage de soi possibles toujours plus nombreux et variés (nécessitant un travail des émotions pour choisir). L'*identity salience,* hiérarchisation des images de soi mémorisées, qui ne peut être menée sans énergie émotionnelle [Stryker, Burke, 2000]. Enfin ce qui est sans doute le plus important, et dont je n'ai parlé que trop brièvement : la nécessaire consolidation de la reconnaissance et de l'estime de soi.

Elle est au cœur de l'incessant travail de bricolage de l'identité biographique, qui cherche systématiquement, outre l'unité, à faire ressortir le bon côté des choses. Et surtout elle régule le choix des identités ICO, provoquant les décalages les plus forts. Quand ego se sent soudainement mal à l'aise, par exemple dans une interaction, la non confirmation par autrui de l'image positive qu'il propose le faisant plonger dans des sensations négatives, la meilleure tactique pour restaurer l'estime de soi consiste alors pour lui à s'inscrire dans une représentation radicalement différente[1]. Soit (tactique faible), dans le seul imaginaire, le petit cinéma secret à vertu compensatoire et thérapeutique. Soit (tactique forte), par l'affichage et la concrétisation d'une identité ICO en rupture, suffisamment opératoire pour redéfinir le contexte des échanges. « Sauver la face », pour reprendre une expression d'Erving Goffman, débouche souvent sur une profonde reformulation identitaire. L'estime de soi est à l'origine du changement.

Le demande de reconnaissance submerge la société. Chacun guette l'approbation, l'admiration, l'amour, dans le regard de l'autre. Dans le regard de tout autre ; aussi inconnu ou modeste soit-il. Il n'y a jamais de répit. « L'appétit de la reconnaissance est désespérant » [Todorov, 2002, p. 27]. Sans limites. Cet abîme de frustrations potentielles, entourant désormais chacun, a été creusé par l'autonomisation du sujet (nouveau prix à payer pour la liberté individuelle), et par sa responsabilisation,

1. Agnès Villechaise-Dupont et Joël Zaffran [2001] analysent ainsi comment les personnes en situation d'illettrisme imaginent des tactiques pour contrer leur perception sous l'angle de ce handicap (et leur assignation à ce handicap), développant d'ingénieuses habiletés pour affirmer autrement leur valeur.

qui reste pourtant en grande partie théorique. Les études longitudinales sur l'évolution de la mobilité sociale dans la longue durée concluent à une progression positive mais extrêmement lente [Vallet, 1999]. Bien que l'univers des possibles s'élargisse, ceux qui sont socialement improbables restent fortement improbables. Le destin social pèse encore très lourd. Surtout pour les plus pauvres, qui ne peuvent jouer à réinventer leur avenir que dans des répertoires modestes et réduits. La très légère mise en mouvement de l'échiquier des chances a cependant été suffisante pour secréter dans les mentalités une idéologie de la responsabilité et de la réussite personnelles. Le destin a été métamorphosé en futur ; chacun est censé pouvoir être lui-même responsable de ce qu'il adviendra. Or c'est ce niveau de la représentation qui est opératoire dans le registre de la reconnaissance. Un vrai bonheur pour les individus richement dotés en ressources économiques et culturelles, certains, croient-ils, d'être gagnants d'avance. En fait, ils auront souvent la mauvaise surprise de toujours trouver (ou imaginer trouver) meilleur à qui se comparer. Un malheur sans fond pour tous les autres, piégés dans ce jeu infernal où ils sont sûrs d'être perdants. S'ils le refusent, ils se mettront encore plus à l'écart de la société en marche. Mais s'ils tentent leur chance, ils auront à la fois une faible probabilité de réussite, et l'assurance par contre de devenir dans leur propre esprit encore plus responsables de leur situation. Donc de leur échec, si échec il y a. Car il est impossible de jouer sans se mettre soi-même en jeu. Plus la représentation de la compétition interindividuelle se développe, plus les individus se persuadent de leur responsabilité personnelle. L'échec devient donc de moins en moins imputable au destin, au hasard de la naissance ou à une responsabilité collective. Si ego a l'impression de n'avoir pas réussi, de n'être pas grand chose, la faute n'est pas à chercher ailleurs mais en lui-même. La détresse existentielle se double d'une culpabilisation, psychologiquement encore plus insoutenable, d'une « conscience malheureuse par laquelle il se perçoit comme le responsable de son propre malheur » [Dubet, Martuccelli, 1998, p. 179]. Passe encore d'avoir une vie de chien si chacun dit que « c'est la faute à pas d'chance ». Mais quand le regard des autres, y compris à travers la pitié ou la compassion, commence à délivrer un message plus subtilement accusateur, le désastre et la douleur touchent à l'absolu.

La dislocation du « programme institutionnel » a accéléré la métamorphose des formes de la domination sociale. Si les inégalités restent fortes aujourd'hui [Dubet, 2000], l'aspect le plus important sans doute est qu'elles sont reformulées par le prisme identitaire. Transformées en matériaux de base de la construction de l'estime de soi, matériaux très inégalement répartis. « C'est parce que les transformations des mécanismes de formation des inégalités individualisent les inégalités, que les inégalités conduisent à la perte de l'estime de soi et à la conscience malheureuse » [*idem*, p. 52]. Il est plus facile à certains qu'à d'autres d'obtenir la reconnaissance pourtant nécessaire à tous. Et encore plus nécessaire à ceux qui justement parviennent à l'obtenir le moins.

La domination sociale, hier inscrite dans des collectifs institutionnalisés, est progressivement en train de se doubler d'une domination interindividuelle, qui tend de surcroît à s'imposer comme forme première [Kaufmann, 1988a]. L'oppresseur d'antan, lointain et différent, était psychologiquement un ennemi bien commode. Le semblable, le proche, voire parfois l'ami, deviennent aujourd'hui des évaluateurs et des concurrents potentiels hautement plus complexes à gérer et sournoisement redoutables. Car, alors qu'ils peuvent fournir la reconnaissance la plus significative, ils sont, eux aussi, en quête de regards de compréhension et de bienveillance sinon d'amour. L'esprit de compétition, dans un tel contexte, peut faire des ravages. Le semblable, le proche, et même l'ami (justement parce qu'il est un semblable, un proche, un ami) devient, par comparaison avec soi, l'instrument idéal d'une auto-évaluation favorable. Mais il faut pour cela trouver les arguments permettant (secrètement ou moins secrètement) de le diminuer, voire de le dénigrer. Or ce sont des marques d'estime que lui aussi attendait. Les demandes de reconnaissance surpassent régulièrement les offres ; le marché de la reconnaissance mutuelle est structurellement déséquilibré. Plus les preuves de la reconnaissance de soi se font impératives pour ego, contraint de se construire lui-même par le travail identitaire, plus il lui devient difficile de les recueillir. Et plus elles lui deviennent par conséquent encore plus nécessaires. Déséquilibre structurel qui est encore accentué par des effets de représentation : à mesure que l'estime de soi s'affaiblit (situation très ordinaire dans la modernité), la demande de reconnaissance s'accroît, jusqu'à devenir inflationniste. Il n'y en a jamais assez. Déficit chronique pouvant inciter à instrumentaliser l'entourage. Rien d'autre ne compte alors que cette quête sans fin, la vie toute entière se transforme en manque perpétuel.

La construction de l'identité personnelle peut être analysée comme une vaste transaction entre soi et autrui [Dubar, 1991]. Chaque échange, même le plus minuscule, est filtré par une image (image de soi ou image de l'autre), qui est une grille de classement, de réduction et de fixation de l'information (je suis ceci ou X est cela), à laquelle est associée une dynamique émotionnelle permettant d'en activer ou inactiver les données. Mais ce filtre est à son tour filtré par une exigence supérieure : la demande de reconnaissance. « L'estime de soi se situe au carrefour d'une libération psychique et d'une insécurité identitaire qui progressent parallèlement » [Ehrenberg, 1998, p. 149]. Le choix entre images de soi n'est jamais purement technique ou détaché. Il est continuellement et centralement commandé par la nécessité de restaurer l'estime de soi. « L'estime de soi est un sentiment fondamental concernant la force vécue de l'identité » [Mucchielli, 2002, p. 74]. D'autant plus fondamental qu'elle souffre d'un déficit chronique dans notre société [André, Lelord, 1999].

Le mécanisme est particulièrement clair dans l'*identity salience* : le travail émotionnel sur les images mémorisées est étroitement lié à la vérification de l'estime de soi. Les sensations positives sont favorisées[1], et les scènes qu'elles activent

1. Il serait nécessaire de distinguer ici les exigences de restauration de l'estime de soi et les contraintes de l'action. Alors que les sensations positives sont favorisées pour restaurer l'estime de soi de façon générale, la règle est moins vraie concernant la préparation concrète de l'action. Des sensations trop positives risquent en effet de l'entraver [Costalat-Founeau, 1997], alors que des sensations désagréables comme l'agacement sont au contraire précieuses. L'inclination positivante à restaurer l'estime de soi doit sans cesse s'adapter à des situations et à une nécessité d'action incitant à faire intervenir toute une gamme de sensations les plus diverses.

plus souvent sélectionnées [Stryker, 1987]. Pas toujours évidemment, la vie oblige à traverser des expériences difficiles, et ego ne peut les ignorer, sous peine de décrocher du réel. L'art de la bonne gestion identitaire consiste alors à savoir organiser l'image négative, en lui donnant une place bien définie, qui ne contamine pas l'ensemble de la personne [Markus, Wurf, 1987]. Mais, y compris dans ce cas, le filtrage est gouverné par la restauration de l'estime de soi (globale et à long terme). La reconnaissance et l'estime de soi régissent l'ensemble du processus identitaire.

Ce constat n'est pas sans conséquences dans le domaine des émotions. Les filtres identitaires sont eux-mêmes filtrés par l'impératif de reconnaissance. De façon parallèle, les émotions liées aux choix d'images sont elles aussi doublées par des émotions plus particulières, liées à la restauration de l'estime de soi. Doublées et dominées par ces dernières. « Les être humains aspirent à des reconnaissances symboliques infiniment plus qu'ils ne recherchent la satisfaction des sens » [Todorov, 2002, p. 27]. Or, en réaction à l'approfondissement de la compétition interindividuelle, cet autre creuset émotionnel est encore plus vibrant et profond, les émotions pouvant même y devenir explosives. L'affaiblissement de la définition de l'individu par les places qu'il occupe crée une « sursensibilité à toute manifestation de manque de reconnaissance » [Martucelli, 2002, p. 298]. Y compris dans les groupes de la population les mieux dotés économiquement et culturellement. Qui s'appuient justement sur ces atouts pour reconstituer leur propre estime, dénigrant les moins bien dotés, en distillant subtilement leur mépris. Au nom des compétences propres, valorisées par le principe d'égalité des chances. « L'appel à une conception héroïque du sujet égal élargit l'expérience du mépris » [Dubet, 2000, p. 53]. Le mépris, sensation d'autodéfense des plus fortunés, est un affect dont nous n'avons sans doute pas suffisamment mesuré toutes les conséquences [Honneth, 2000]. Il déclenche en réaction des vagues nouvelles d'émotions intenses. Pour le meilleur : une immense demande de respect. Et pour le pire : la rage et la haine, les éclatements de violence soudaine que l'individu méprisé ne peut plus contenir.

Les implosions subjectives

La rage et la haine, désastreuses pour ceux qui les subissent, ne sont pourtant pas ce qu'il y a de plus éprouvant à vivre pour qui les expriment. Elles peuvent même être analysées comme des « ressources compensatoires » propres aux plus démunis [Maurer, 2001], leur permettant de restaurer leur équilibre psychologique. Le plus féroce est ailleurs, dans les discrètes mais cruelles implosions subjectives, les effondrements de l'intérieur.

Alain Ehrenberg [1998] a décrit avec précision l'histoire de cette nouvelle maladie sociale, véritable « pathologie de la liberté » [p. 31]. L'homme maître de sa vie doit commencer par dire qui il est. « L'identité est le premier vecteur de redéfinition de la notion de personne » [p. 179]. Dans une première période historique, la montée du sujet concomitante au maintient de fortes disciplines collectives produisit la figure pathologique de l'individu coupable et névrosé. Alain Ehrenberg analyse la transition vers la nouvelle période dans laquelle nous sommes entrés, dominée par une autre figure pathologique, celle de l'individu insuffisant et dépressif. La névrose fait place à la dépression. Car, dans une société où les références culturelles se multiplient et sont mises en flottement, l'« inflation de subjectivité » [Ehrenberg, 1995, p. 312] qui en résulte transforme aisément l'autonomie personnelle en insupportable fardeau et en travail impossible, provoquant de véritables effondrements personnels. Il y a vide dépressif. Face à une telle situation, « l'appel permanent aux objets du monde extérieur est un moyen de remplir le tonneau des Danaïdes qu'est l'intériorité du déprimé » [Ehrenberg, 1998, p. 146]. Toutes sortes d'éléments peuvent sans fin s'y engloutir : drogues, médicaments, alcool, tabac, compulsions gestuelles ou alimentaires, mais aussi dépendances télévisuelles ou addictions amoureuses, etc. Sans jamais parvenir à combler le vide intérieur. La dépression n'est pas une maladie comme les autres. Elle est le révélateur du « déplacement de l'expérience de la subjectivité » [p. 180], de la nouvelle économie psychique fondée sur l'autonomie individuelle. Elle nous montre, par défaut, comment fonctionne le nouveau régime de l'être-au-monde. « Défaut de projet, défaut de motivation, défaut de communication, le déprimé est l'envers exact de nos normes de socialisation » [p. 251]. Porté par de nouvelles « institution du soi » [p. 15], ego est en effet condamné à donner sens à sa vie. À chaque instant, y compris en affichant les identités ICO les plus circonstancielles et fugaces. Quand il n'y parvient plus, quand l'histoire de lui-même qu'il se raconte se fait trop lointaine ou trop floue, il tombe en panne. « On n'avance pas quand on ne marche vers aucun but » [Durkheim, 1995, p. 274]. Il décroche du réel et son corps s'alourdit. Le mouvement individuel dépend désormais du travail identitaire. Et le mouvement de la société est de plus en plus fondé sur la capacité des personnes à définir le sens de leur existence. À le définir d'une façon suffisamment claire pour qu'il devienne opératoire, qu'il déclenche efficacement et énergiquement l'action. C'est pourquoi la dépression, qui croise panne de sens et panne d'action, est (plus qu'une maladie touchant une catégorie limitée de personnes) le véritable contre-modèle de l'individu apte à développer son action à l'âge des identités.

Car la clé de tout est bien dans l'action. « La capacité à agir par soi-même est le noyau de la socialisation » [Ehrenberg, 1998, p. 207]. Le temps s'éloigne où les disciplines collectives suffisaient à réguler les comportements. Les principes de la régulation sont désormais à fournir par l'individu lui-même. Il définit le sens, et corrélativement produit l'énergie du mouvement. Émile Durkheim a mis en évidence le lien étroit unissant les principes moraux d'une société et l'équilibre psychologique des personnes qui la composent. « Par elle-même, abstraction faite de tout pouvoir extérieur qui la règle, notre sensibilité est un abîme sans fond que rien ne peut combler » [1995, p. 273]. Abîme qui se creuse dans les contextes anomiques, quand la confusion des valeurs entrave la structuration des individus, et provoque des effondrements pouvant aller jusqu'au suicide. Durkheim n'avait pas imaginé toutefois que cette contrainte normative et régulatrice puisse être intériorisée, comme cela est advenu avec la révolution de l'identité. Ce renversement historique ne change rien au fond de la question. L'action reste conditionnée par la fixation de valeurs, toute aggravation de l'anomie produisant des affaissements individuels. Mais la grande différence est que la fixation de ces valeurs ne provient plus que secondairement d'un « pouvoir extérieur ». Désormais, c'est l'individu lui-même qui peut, et qui doit, fixer le cadre garantissant contre l'anomie et l'incapacité d'action. Construire ce cadre passe nécessairement par l'affichage d'images de soi. Les identités (qu'elles soient biographiques pour définir des choix à long terme, ou identités ICO pour déclencher l'impulsion dans l'instant) sont devenues des conditions obligées de l'action. Ego doit impérativement croire au sens qu'il se donne. Il doit adhérer aux images de lui-même qu'il improvise. Or simultanément la modernité l'enjoint à faire usage d'une réflexivité généralisée, à oser des prises de distance critiques avec sa propre existence. Tiraillé entre ces injonctions contradictoires, l'individu est guetté à chaque instant par l'amollissement de sa dynamique existentielle.

Donner un sens à sa vie à travers un affichage identitaire permet d'adhérer à soi-même et de mettre le corps en mouvement par un double procédé. D'une part, en déterminant un but et des valeurs, c'est-à-dire, contre l'anomie, en fabricant, de façon secrète et interne, l'équivalent du cadre autrefois imposé par un « pouvoir extérieur ». En désignant une direction et en donnant des motifs. D'autre part, en produisant l'énergie nécessaire. Il n'est pas suffisant en effet de définir intellectuellement un cadre, aussi parfait soit-il. Là est une autre grande différence avec la société traditionnelle (la principale étant bien sûr l'intériorisation individuelle). Il faut également qu'une alchimie interne, ressentie comme mystérieuse, conjure les risques de panne et fournisse au contraire l'énergie. Il n'y a en réalité aucun mystère. Les défaillances proviennent de causes faciles à repérer. Un flou ou une instabilité des identités affichées par exemple, un dérèglement kaléidoscopique du petit cinéma subjectif. Et surtout, une insuffisance de la foi en ces identités, un manque d'adhérence aux images de soi que l'on se projette. La capacité de vivre dans le concret est paradoxalement devenue elle aussi un art difficile ; très difficile. L'individu se développe par ses identités. Mais ces dernières, ne l'oublions pas, ne sont pour l'essentiel que sensations et images, qui emportent dans des mondes virtuels desquels il n'est pas toujours aisé de revenir. Donner un sens à sa vie est un voyage permanent qui fait décoller de soi par les images affichées[1]. Le plus dur ensuite est de savoir refaire corps avec le concret. Sous peine de sanction immédiate : l'énergie s'épuise, les images de soi deviennent un simple spectacle qui ne déclenche plus l'action.

Ce sont les situations de crise du sens ou de crise de l'action qui nous permettent le mieux de pénétrer dans les coulisses identitaires de l'individu moderne. Ainsi la dépression révèle comment l'identité est désormais à la base de l'action. Michel Monroy [2003] prend un autre exemple, particulièrement dramatique (les victimes de catastrophes ayant perdu des proches), qui montre combien la perte d'adhésion aux images habituelles, y compris celles qui s'inscrivent dans l'ordinaire quotidien, détruit le sentiment même de l'« être-là ». Sensations, images et cadre de l'existence font divergence. Les émotions et les perceptions, intenses et confuses, ne s'inscrivent plus dans un système de significations organisé. « Chagrin, désespoir, incompréhension, révolte, rage, prostration, perte de ressort, horizon fermé, refus de toute consolation et de tout projet » [p. 22]. Tout l'univers de référence s'est soudainement effondré, vidé de l'intérieur, transformant le monde en décor. Sans prises sur cet univers devenu fantomatique, l'individu sent se diluer encore plus « la fragile consistance de l'"être-là"» [*idem*]. Car l'individu n'a pas naturellement une sensation pleine de sa réalité d'être. La densité individuelle et l'adhérence au monde sont des constructions. Seule la maîtrise du processus identitaire les autorisent. Et cette maîtrise devient impossible quand la vie est brutalement écrasée par le drame.

1. Je ne peux résister au plaisir de citer ici cette belle phrase de Michel Houellebecq : « Depuis des années je marche aux côtés d'un fantôme qui me ressemble, et qui vit dans un paradis théorique, en relation étroite avec le monde. J'ai longtemps cru qu'il m'appartenait de le rejoindre. C'est fini. » [*Extension du domaine de la lutte*]. Quand le corps à corps avec le monde se fait plus concret et même charnel dans l'univers virtuel que dans la vraie vie, l'individu est pris au piège de ses propres images.

Il n'est pas d'action possible sans croyance aux identités que l'on s'invente. C'est la croyance qui produit l'énergie. Mais nous avons vu également que toutes les images de soi étaient subordonnées à la consolidation de la reconnaissance personnelle. Alicia Cast et Peter Burke [2002, p. 13] signalent même que l'estime de soi, une fois bien constituée, peut fonctionner de façon relativement autonome, sur le court terme, comme un « réservoir d'énergie » permettant à l'individu de traverser des expériences négatives. Les identités ICO désastreuses ou inopérantes sont oubliées ou effacées, ego se basant sur son seul « réservoir d'énergie » pour continuer à avancer vers de nouvelles aventures. Quant à la croyance aux identités engendrant motivation et action, elle est évidemment étroitement dépendante de l'estime de soi ; il est plus attrayant de croire à un soi valorisant que le contraire. Derrière les choix identitaires, il y a toujours le combat pour la reconnaissance personnelle. La croyance ne produit l'énergie que si elle va dans le sens d'un renforcement de l'estime de soi. Voila pourquoi, à nouveau, la dépression est paradigmatique. Car la panne de sens et la panne d'action s'y moulent dans la perte d'estime de soi.

Constituer un « réservoir d'énergie » est un art complexe, et qui n'est pas donné de la même manière à tout le monde. Les pièges à déjouer sont nombreux. Une trop grande agilité identitaire peut ainsi devenir contre-productive, la profusion désordonnée d'images faisant perdre les sensations d'être soi les plus simples et l'adhérence au concret de l'instant. Paradoxalement, ce sont souvent les groupes sociaux les plus dotés culturellement qui peuvent en être victimes. Ils devraient pourtant être protégés par leur position. Car selon la place occupée dans le paysage social, les conditions d'élaboration de l'estime de soi sont très différentes. Les nantis ont des atouts, les démunis des handicaps. Les regards croisés de chacun sur chacun utilisent prioritairement les marquages institutionnels et les états des ressources possédées pour considérer ou mépriser. L'estime de soi ne se construit pas sur un mode identique selon les milieux. La fabrication des identités s'y développe de façon différenciée. C'est ce que nous allons voir maintenant.

Troisième partie

Le social reformulé par l'identité

Le social et l'identité

La position sociale occupée, et les ressources (ou l'absence de ressources) qui lui sont associées, définissent l'essentiel des façons dont l'identité s'exprime. On n'est pas soi de la même manière selon que l'on est sans-abri ou PDG. La marginalisation conjuguée à une faiblesse des ressources peut appeler par exemple la libération d'une énergie émotionnelle compensatoire, nécessaire à la restauration de l'estime de soi [Maurer, 2001]. Il est donc crucial, pour la recherche, de dresser « une typologie plus détaillée des configurations sociales qui entrent dans la formation de l'identité personnelle » [Elias, 2001b, p. 318]. En évitant de retomber dans la barbe à papa objectivant ou naturalisant l'identité : l'identification est un processus subjectif. Mais les modalités d'expression de cette subjectivité ne sont pas aléatoires.

Cette troisième partie ne se présente pas sous la forme descriptive d'un paysage social qui définirait automatiquement des modalités d'expression identitaires. Car la réalité, précisément à cause de la révolution de l'identité, est un peu plus complexe. L'identité n'est pas qu'une question personnelle et privée : elle redéfinit l'ensemble de la question sociale. « C'est dans les termes de l'implosion, de l'effondrement dépressif ou, ce qui revient au même, de l'explosion – de violence, de rage ou de recherche de sensations – que se manifeste aujourd'hui une large part des tensions sociales » [Ehrenberg, 2001, p. 201]. Certes les souffrances matérielles n'ont pas disparu, loin s'en faut, hélas. Si l'on élargit le regard à l'horizon de la planète (vers ce qu'on appelle pudiquement le « sud »), la faim et la maladie font des ravages intolérables à l'âge de la surproduction alimentaire et des médicaments faciles. Et dans les pays les plus riches, les poches de misère, le défaut de logement ou de travail, posent de multiples questions aux discours satisfaits sur la justice et la solidarité. Bien que parfois atténuées par une distribution relative de la richesse, les inégalités concrètes, confrontées aux principes l'égalité démocratique, n'ont sans doute jamais été aussi criantes [Dubet, 2000]. Elles sont par ailleurs profondément reformulées par l'individualisation de la société. « Aux inégalités juridiques entre les groupes, se substituent des inégalités tenant à l'activité et au succès des acteurs » [*idem*, p. 10]. Certes, la répartition inégalitaire des ressources économiques et culturelles produit un résultat final qui n'est guère différent ; même en devenant acteurs, les pauvres restent des pauvres. Mais le principe égalitaire (impliquant la responsabilisation individuelle) change tout. Il introduit un nouvel espace d'inégalités. Celui de la représentation de soi, des images et émotions qu'elle véhicule. Nouvel espace qui dans un premier temps sembla simplement s'additionner au premier, ouvrant un abîme de souffrances psychologiques se superposant aux souffrances matérielles. Être pauvre aujourd'hui, surtout dans les pays développés, est une épreuve qui se redouble d'un mal encore plus terrible : le regard des autres disant que chacun est responsable de ce qui lui arrive. « (...) La lutte entre installés et exclus se transforme : les exclus ne luttent plus simplement pour apaiser leur faim, pour assurer leur survie physique, mais aussi pour satisfaire d'autres nécessités » [Elias, 2001a, p. 58-59]. Des nécessités plus impalpables, difficiles à cerner. Norbert Elias s'interroge sur cette privation d'un nouveau genre (« On éprouve quelque difficulté à trouver les bons concepts pour évoquer de tels objectifs » [p. 60]), naviguant entre des termes qui définissent néanmoins parfaitement la quête identitaire. « Quel nom lui donner ? Privation de valeur ? De sens ? De sa part d'amour-propre et de respect humain ? » [p. 61]. Et débouchant sur une conclusion très claire : il faut à tout prix se garder de l'illusion que la souffrance pour déficit de sens et de respect serait moins vitale, « Comme si l'on parlait d'une chose qui n'est pas tout à fait réelle, pas aussi réelle et tangible que le désir d'assouvir sa faim » [p. 60]. Les grandes luttes populaires fondées sur les conditions matérielles d'existence sont historiquement à voir en tant que « manifestation d'un début » [p. 59]. Nous entrons ici dans une séquence de bouleversement profond des modalités de la domination.

Car le nouvel espace inégalitaire ne se contente pas de s'ajouter aux inégalités matérielles : il tend au contraire aujourd'hui à reformuler l'ensemble de la question sociale. Non pas qu'il efface les manifestations de misère matérielle. Mais il les passe au filtre du processus identitaire. De même que l'identité devient un filtre conditionnant l'action, elle est un filtre à travers lequel sont de plus en plus perçues et vécues les expériences de domination sociale.

Les phénomènes de socialisation les plus larges, les plus institutionnalisés, les plus objectifs, conduisant aux déterminations les plus lourdes, passent désormais au crible des subjectivités individuelles pour se mettre en place. Il en résulte des conséquences considérables pour la sociologie, habituée, en référence à une autre époque (celle du Programme Institutionnel) à déduire mécaniquement « l'explication des conduites » de « la position occupée » [Martuccelli, 2002, p. 19]. « La lecture positionnelle se déploie d'un bout à l'autre de la sociologie » [*idem*], jusque dans les sondages d'opinion effectués par des bureaux d'étude. Or dans un social mis en mouvement par l'individualisation, « cette belle taxinomie des êtres comprend désormais trop de failles et de lacunes » [p. 20]. Le procédé devient intenable comme seul mode d'appréhension du réel. Surtout dans un domaine comme l'identité, dominé par la dynamique subjective.

Les différentes modalités d'expression identitaire détaillées ci-dessous ne sont donc pas à lire comme de simples effets de positions sociales, mais plutôt comme des modélisations, des idéaltypes[1] pouvant toucher à des degrés divers n'importe quel individu. Même si chacune des trois formes dégagées se rapporte de façon privilégiée à un milieu spécifique. Tout individu est susceptible de s'inscrire alternativement dans les trois modèles, à des degrés divers, et en les accordant à sa manière. Les variations et déclinaisons sont infinies.

Ces précautions d'usage étant prises, la modélisation me semble précieuse pour tenter d'y voir plus clair sur la reformulation actuelle de la question sociale. Une des conclusions (en apparence contradictoire) qui ressort est grosse d'interrogations et de préoccupations pour l'avenir. L'identité élargit les espaces de liberté des individus, desserrant en théorie l'étreinte des déterminations inégalitaires. Mais corrélativement, l'analyse qui suit montre à quel point l'inégale répartition des manières de se construire soi-même creuse de façon vertigineuse l'abîme qui sépare établis et marginaux. Sans que l'on aperçoive nettement ce qui pourrait freiner cette évolution explosive et tragique.

Voice, Exit and Loyalty

Les chapitres ci-dessous définissent donc trois modèles d'expression identitaire. Le premier, spécialement développé

1. D'autres modélisations auraient bien entendues été possibles. L'idealtype n'est qu'un outil d'intelligibilité, il ne faut jamais l'oublier. Il doit rester souple et révocable. L'erreur (très fréquente) étant au contraire la rigidification et la naturalisation des typologies, piégeant le chercheur dans la croyance que les catégories qu'il a lui-même inventées sont le produit de la réalité.
Parmi ces autres modélisation imaginables, une option radicalement différente aurait consisté à opposer des structures de personnalité. Une telle option est aujourd'hui extrêmement difficile à mettre en œuvre, car les structures de personnalité renvoient à une conception dominante très réductrice, bio-psychologique, fixiste et substantialiste. Alors que l'individu se construit dans un mouvement continuel d'échange avec son milieu, complexe et changeant [Kaufmann, 2001]. L'exercice étant trop risqué, je ne m'y suis donc pas aventuré. C'est sans doute dommage. Car, tranversalement aux milieux sociaux, il semble manifeste qu'une frontière invisible sépare deux groupes d'individus du point de vue de l'identité. D'un côté, ce que l'on pourrait appeler des personnalités stables, profondément inscrites dans une socialisation pleine et régulière adossée à des institutions, et soumises à un ethos disciplinaire quasi immuable. Parvenant donc à reproduire le contexte d'antan où les rôles définissaient les identités. Et de l'autre, des personnes beaucoup plus auto-centrées, fonctionnant au contraire à l'énergie identitaire, caractérisées, outre leur instabilité, par de fortes capacités imaginatives (les conduisant à expérimenter sans cesse le dédoublement de soi dans leur petit cinéma intérieur) et une intensité émotionnelle.

dans les milieux sociaux dénués de ressources, se caractérise par des explosions émotionnelles permettant de rétablir l'estime de soi. Le deuxième montre qu'il est possible de résister au processus identitaire ou d'en sortir. Le troisième enfin révèle comment l'association aux institutions légitimes offre la possibilité d'introduire la réflexivité dans la formation de l'identité.

Arrivé au point de donner un intitulé à ces trois parties, j'ai été frappé de l'étroit recoupement qui s'opérait avec le titre d'un livre, devenu un véritable classique, mais portant sur un sujet bien différent (l'attitude des consommateurs par rapport aux entreprises[1]) : *Exit, Voice and Loyalty,* de Albert Hirschman. Un terrain d'enquête ou d'analyse n'enferme pas toujours les concepts qui lui sont associés. Quand ces derniers sont suffisamment clairs et forts, leur portée se révèle beaucoup plus large et, s'il l'on sait user de la prudence nécessaire, peuvent être transposés avec profit. C'est à l'évidence le cas de la trilogie interprétative *Exit, Voice and Loyalty,* qui permet « d'aborder avec une aisance surprenante des terres toujours nouvelles » [Hirschman, 1972, p. 5]. Je l'avais d'ailleurs déjà utilisée dans un cadre très différent, pour traiter de la gestion de l'insatisfaction dans le couple [Kaufmann, 1992]. Outre qu'il faut savoir reconnaître ses dettes, je dois avouer que j'aurais eu bien du mal à me priver du petit plaisir, en forme d'hommage, consistant à reprendre ce titre canonique (coupé en trois fragments, intervertis pour les besoins de l'argumentation).

Voice : nous commencerons par les voix, en forme de cris.

1. Le lecteur attentif pourra toutefois constater que l'écart n'est pas si grand qu'il n'y paraît entre les deux thèmes. Albert Hirschman signale en effet dès les premières pages qu'il a écrit son ouvrage en réaction aux conceptions réductionnistes de l'acteur rationnel en économie.

7

Voice. Les explosions identitaires

Les ressources du moi

La créativité identitaire (pouvoir s'inventer différent) est étroitement liée au niveau et à la diversité des ressources dont dispose un individu. Les ressources économiques tout d'abord, qui offrent à qui les possède un accès facile à toutes sortes d'espaces, de biens et de services, porteurs d'une reformulation confortable de soi, obtenue presque sans efforts. Il suffit par exemple de pouvoir se payer une semaine de dépaysement à l'autre bout de la planète pour se sentir vivre d'une autre façon. Les ressources sociales ensuite. Les enquêtes montrent qu'elles sont de plus en plus inégales, les milieux sociaux culturellement dominants (distingués par leur niveau de diplôme) ayant un réseau de relations plus important et géographiquement plus étendu : un dixième de la population concentre un tiers des contacts, et ceux-ci sont beaucoup plus diversifiés [Héran, 1988]. Or chaque interaction spécifique est l'occasion d'un travail sur soi changeant la donne identitaire, obligeant ego à démultiplier les identités ICO. Les ressources culturelles enfin, nourritures favorites de la réinvention de soi. Car, par l'imaginaire ou la réflexivité, elles ouvrent sur des univers nouveaux et dégagent les perspectives de la reformulation personnelle sur des horizons infinis. Sans même parler d'art ou de savoir hermétique, la différence entre personnes culturellement dotées et personnes culturellement démunies commence à opérer, du point de vue identitaire, dès les premiers rudiments acquis. Prenons l'exemple de la quantité de mots individuellement possédée[1]. Ceux qui en maîtrisent un grand nombre peuvent entrer dans des argumentations précises et complexes, engageant vers une construction de soi réflexive et posée (impliquant une posture particulière de présentation de soi), donnant la possibilité d'expérimenter des facettes de soi détaillées et multiples. Les autres sont condamnés à l'emploi de « mots baudruches » couvrant un « champ sémantique immense », donc très pauvres en informations [Bentolila, 2003, p. 57]. Pauvreté obligatoirement compensée par des intonations, des gestuelles expressives et des flux émotionnels accompagnant les messages (impliquant une autre posture de présentation de soi). Mais ni les gestes ni les émotions ne permettent d'élargir le répertoire des identités formulables, restreint par la faible quantité de mots disponibles ; les scènes rejouées restent souvent les mêmes.

La faiblesse des ressources limite la quantité et la variété des soi possibles. Elle tend à renvoyer les affichages identitaires vers une pure fiction compensatoire (se faire plaisir en se rêvant différent). Ou vers des soi possibles réellement possibles mais fortement improbables et aléatoires (gagner un million au Loto). Dans une enquête menée auprès de jeunes délinquants de milieux défavorisés (comparés à un groupe témoin), Daphna Oyserman et Hazel Markus [1990] montrent qu'ils formulent une gamme beaucoup plus restreinte de soi possibles. Les rêves effectivement réalisables, susceptibles de se transformer en projets, sont moins nombreux que pour une personne disposant de ressources conséquentes et diversifiées. De plus, les images négatives sont fréquentes dans cette sélection réduite : les soi possibles jouent les mauvais rôles dans des scènes de meurtre ou de viol. Pourtant, malgré ces maigres et sombres nourritures imaginaires, malgré l'étroi-

1. Alain Bentolila [2003] signale que, alors que la moyenne s'établit à environ 2500 mots pour les jeunes, dans les quartiers défavorisés ce patrimoine peut chuter jusqu'à 600 : le jeune des banlieues a quatre fois moins de termes à sa disposition.

tesse de l'inventivité admise, les jeunes délinquants parviennent à atteindre un niveau d'estime de soi presque comparable à celui du groupe témoin.

Le nombre des représentations de lui-même dont dispose un individu n'est en effet pas le seul élément qui intervient dans la construction de l'estime personnelle. Un faible capital en « soi possibles » peut notamment être compensé par la fixation obstinée voire obsessionnelle sur quelques uns, soutenue par une vigoureuse énergie émotionnelle. Chaque image de soi dégage une tonalité affective particulière [Costalat-Founeau, 1997]. Les images hautement définies et fouillant le moindre détail peuvent s'associer à une réflexivité assez froide. Les images floues ou flottantes au contraire doivent être enveloppées dans un halo sensible, de même que leur apparent contraire, les images réductrices ou caricaturales[1]. Les préjugés en forme de stéréotypes fermant *a priori* la réflexion (comme dans le nationalisme agressif) sont toujours portés par une décharge passionnelle [König, 1972]. Les flux affectifs et la crispation sur des systèmes significatifs simples et récurrents rétablissent les conditions de l'équilibre psychologique.

Voyons par exemple l'évolution des rôles masculins et paternels [Castelain-Meunier, 2002]. Le principe d'égalité entre hommes et femmes rend possible en théorie l'aventure moderne de l'invention de soi libérée des impératifs de genre. Les projecteurs médiatiques se braquent sur le mâle nouveau, relationnel et sensible, ce héros contemporain, et sur les papas caressants bordés de biberons et de couches-culottes. Vues de l'intérieur, les séquences innovatrices sont toutefois souvent plus complexes à vivre. La démultiplication de soi conditionnée par des ressources suffisantes permet effectivement d'ajouter des identités nouvelles à un ensemble ouvert déjà diversifié ; la structure de la personnalité devient encore plus riche et subtile. Mais le défaut de ressources au contraire peut conduire à ne percevoir ces nouvelles injonctions que comme des vecteurs de déstabilisation. Impliquant une fixation

1. Contraires seulement en apparence. Une image (une identité) peut très bien être à la fois floue et caricaturale, dessinée à partir de quelques traits simplificateurs, mais changeants et contradictoires.

encore plus obstinée pour reconstituer une cohérence, d'autant plus cadenassée que la fragilisation est grande. Cohérence qui trouve ses repères dans le passé, les rôles anciens confortablement installés dans la domination masculine, et, encore plus profondément en soi, dans l'héritage animal dont l'homme n'est toujours pas défait. C'est alors que les énergies émotionnelles associées peuvent se faire les plus violentes et destructrices [Welzer-Lang, 1992]. Au cœur de la crise, frapper est une soudaine simplification de la vie, une décharge libératrice créant l'illusion d'adhérer enfin à soi.

Le processus identitaire s'inscrit dans une prise de distance avec les socialisations définissant un individu. Il est un instrument d'inventivité personnelle, souple, et aux modalités innombrables. Chacun peut s'en saisir pour ouvrir les failles les plus inattendues, dans une existence qui sinon se serait déroulée comme un destin inexorable. Christian Le Bart, dans son enquête sur les fans des Beatles, souligne ainsi la très grande diversité sociale de ceux qui s'engagent dans cette passion. Des ressources faibles n'interdisent pas de jouer des coups identitaires pouvant bousculer le cours de la vie, en affichant des images de soi en décalage avec les habitudes de la vie ordinaire. Tout le monde ou presque peut devenir fan des Beatles. Mais pas de la même manière. Le répertoire des possibles est proportionnel aux ressources. Les milieux culturellement dotés ont le pouvoir de filtrer leur passion à travers une multiplicité d'identités spécifiques. « Hauteur de vue de l'historien, liberté de jugement du musicologue averti, distance du citoyen critique à l'égard des modes et des médias. De telles stratégies identitaires, parce qu'elles supposent des ressources autres que la seule passion Beatles (diplômes, statut professionnel, expériences sociales diverses, etc.) sont inégalement accessibles aux passionnés » [2000, p. 220]. Les milieux démunis au contraire ont un choix beaucoup plus restreint, tournant autour du « rôle ingrat de fan de base » [*idem*], se caractérisant par l'absence de distance critique : ils sont tout entiers dans cette seule identité (qui est la plus socialement stigmatisée, y compris dans le petit monde des autres fans des Beatles). La prise de distance présuppose en effet des point d'appui extérieurs, d'autres identifications possibles, inscrites dans une structure de personnalité multiple et ouverte, en réseau, alimentées par des ressources. Alors que pour eux, l'alternative identitaire à la socialisation habituelle (la passion Beatles) prend une forme aussi exclusive que cette dernière. « Englués dans l'objet de leur passion, ils sont condamnés à se contenter de l'identité que celle-là seulement leur a conférée » [*idem*].

Les identités totalitaires

Toute identité, quelle qu'elle soit, a une propension à la totalité (y compris les plus fugaces, actionnées dans l'urgence des identités ICO). Car elle est un système de valeur globalisant ayant pour fonction de donner un sens clair. Elle traite donc les informations reçues de façon sélective, résumant en une image l'ensemble d'un univers signifiant définissant ego à un moment donné. Les totalisations moins fortes brouillent et affaiblissent le sens. L'individu est condamné à chasser les dissonances significatives, pour construire un « cocon protecteur aidant à maintenir la sécurité ontologique[1] [Giddens, 1991, p. 187]. Anthony Giddens ajoute que les variations entre personnes n'interviennent qu'ensuite, une fois acquise cette sécurité de base, certains ayant la capacité à tolérer, mieux que d'autres, des degrés de dissonance.

La plus grande différence entre personnes provient du nombre et de la diversité des « soi possibles », conséquence, comme nous l'avons vu, des ressources possédées. Lorsque le jeu d'identités disponibles est riche en effet, les totalisations sont brèves et se succèdent en faisant alterner des systèmes éthiques et cognitifs contrastés. Ego se transforme en manipulateur de ses totalisations provisoires, et développe nécessairement une distance gestionnaire, voire réflexive, avec ces soi changeants. Lorsque le jeu est limité au contraire, la totalisation se répète (et obligatoirement se durcit) sur les mêmes images, la grille interprétative devient permanente, et

1. Traduction JCK.

peut finir par enfermer l'ensemble de la personnalité. La totalisation n'est plus particulière à un instant ou un contexte donné, mais définit l'individu lui-même. Mécanisme d'enfermement qui est considérablement aggravé dans les situations de stigmatisation sociale et d'atteinte à l'estime de soi. L'univers entier devient alors étranger, incompréhensible et hostile. Seules la crispation sur quelques idées fixes et l'énergie oppositionnelle contre toutes sortes d'ennemis évitent une désintégration psychologique implosive. Mais le prix à payer est très lourd : celui d'une structure de personnalité autoritaire [Adorno *et al.*, 1950 ; Greenwald, 1980] et autiste, transformant la vie en enfer.

Car l'autisme identitaire isole encore davantage de la société, qui pendant ce temps poursuit son mouvement vers toujours plus de complexité. Comment dès lors « remplir l'immense vide » [Gehlen, 1990, p. 231] entre soi et l'univers de la réflexivité généralisée ? Seule le permet la magie de « monocultures de slogans » stimulés par des « sentiments exacerbés », créant l'illusion de « rapprocher l'horizon ; ce qui est lointain, et en réalité très compliqué, devient tout proche, il semble accessible et aisément discernable » [*idem*]. Résultat obtenu par l'inversion entre informations reçues et grille identitaire. Ce n'est plus l'information qui commande au savoir. Son potentiel informatif est désarmorcé. Aussi dissonante en apparence soit-elle, elle est reformulée dès sa perception, et trouve sa place en étant traitée par la grille interprétative qui lui donne un sens acceptable. Quand cela est vraiment impossible, un mécanisme de régulation cognitive sauvegarde l'orthodoxie totalitaire en transférant l'information précise vers des représentations plus abstraites et des flux émotionnels[1]. Renforçant encore l'autisme de l'identité totale et récurrente. Alors qu'une perspective plus ouverte (parce qu'elle a les moyens de l'être) et curieuse du monde, n'hésite pas à saisir une information nouvelle pour improviser une identification inédite. Reconstruisant une totalité diffé-

1. Ce qui explique la capacité des croyances religieuses intégristes à absorber les informations les plus diverses. Le mécanisme, analysé par Jean-Pierre Deconchy [1980], dégage un modèle à portée plus large.

rente et provisoire. L'information, y compris dans ce cas, n'empêche pas la fermeture du sens. Mais elle fait évoluer les principes de cette fermeture. La personnalité change à travers des séquences de totalisation fixistes.

L'individu pauvre en ressources peut malgré tout parvenir à s'évader de soi, mais en s'engageant dans des identités qui, bien qu'intermittentes, prennent à leur manière le même caractère de prégnance totale et sans distance, comme le montre l'exemple des fans des Beatles. Construisant (à travers concours de belote, nains de jardin, ou jeux télévisés), par la grâce de ces « passions ordinaires » [Bromberger, 1998], une multitude de petits mondes exprimant la culture modeste des « gens de peu » [Sansot, 1991]. Petits mondes fortement stigmatisés par l'élite culturelle pour leur ringardise et leur supposée vulgarité, surtout quand ils débouchent sur des réalisations trop visibles, osant apparaître à l'avant-scène. Mépris distingué et moqueries branchées diffusent alors sournoisement une violence sociale sans pareille, frappant « d'indignité certaines formes de passion » [Le Bart, 2000, p. 190]. Utilisant sa position dominante pour imposer des goûts légitimes (traçant notamment une frontière entre la vulgarité sublimée par le regard artistique et la supposée obscénité populaire), l'élite perpétue alors un double crime. Un délit d'intolérance et d'ethnocentrisme caractérisé. Et, faute encore plus grave, une tentative d'étouffement de la liberté de s'inventer autre pour les plus démunis. Ceux qui ont un accès facile à un répertoire très large d'identités voudraient fermer les quelques échappatoires restant à ceux qui ne possèdent pas cette potentialité inventive. Les incitant donc à s'isoler et à se replier dans leur seule identité totalitaire, grosse d'incompréhension, de souffrance et d'explosions de haine.

Eux et nous

Les plus démunis n'ont souvent le choix qu'entre implosion (douce ou brutale) et explosion psychologiquement réparatrice. Car, à la faiblesse des ressources, difficile à vivre en elle-même et condamnant de plus à des identifications restreintes, s'ajoute un capital d'image entamé d'emblée par un codage négatif. Les « entrepreneurs de morale » occupant les positions dominantes imposent en effet un étiquetage stigmatisant [Becker, 1985, p. 232] dont il est difficile sinon impossible de se défaire, dans un véritable « racisme sans race » [Wieviorka, 2001, p. 14] qui marque à jamais. Empêtrés dans cette image imposée de l'extérieur et meurtrissant l'estime de soi, les marginaux[1] n'ont comme solutions que le repli dans l'invisibilité protectrice (se faire petit et humble), l'échappée dans les passions ordinaires, l'usage de divers substituts paliant artificiellement les carences de l'« individu par défaut » [Castel, Haroche, 2001]. Ou, option beaucoup plus revigorante, la reconstitution de l'estime de soi par le retournement du stigmate, la conjuration des risques d'implosion par l'extériorisation d'une énergie émotionnelle régénératrice. À un premier degré, le procédé opère sans qu'il soit besoin de recourir à des décharges émotionnelles ni des mouvements d'opposition conflictuels. Il suffit de se focaliser sur des « comparaisons descendantes » [Croizet, Martinot, 2003] en trouvant plus mal loti que soi, pour se dégager du stigmate. Comme dans une sorte de jeu de la patate chaude, chacun parvenant à repérer des cibles négatives autour de lui pour se valoriser. Ainsi, dans une enquête menée sur un quartier à l'image dégradée [Kaufmann, Messu, 1983], untel, habitant un petit immeuble - « plus humain », plaignait, dans un exercice de compassion intéressée, les pauvres locataires vivant dans l'enfer bruyant et sale de la grande tour au-dessus de lui. Cependant que le locataire du 15e étage plaignait le pauvre habitant du petit immeuble en-dessous, toujours à l'ombre de la tour et recevant les détritus, alors que lui avait une vue imprenable sur la campagne et un logement ensoleillé.

Le bénéfice identitaire d'une telle circulation du stigmate reste toutefois limité. Rien n'égale en effet, pour restaurer profondément l'estime de soi, non pas une critique à mots couverts de plus méprisable que soi, mais une décharge émo-

1. J'emploie ce terme dans le sens large donné par Norbert Elias [2001a], qui l'oppose aux « établis », installés dans un système de domination leur procurant des ressources.

tionnelle visant un adversaire. L'aspect premier est le mouvement oppositionnel en lui-même, qui crée un flux identificatoire, quels que soient les contenus. Les cibles peuvent d'ailleurs rester floues (voir les innombrables guérillas contre des « ils » indéfinis) ou changeantes, le mécanisme identitaire tournant même parfois « à vide » [Martuccelli, 2002, p. 421]. L'important étant qu'il tourne. Alors, « l'identification n'existe qu'en opposition », elle « s'oppose ou périt » [p. 422]. L'effet devient néanmoins incomparablement plus puissant quand l'ennemi est clairement spécifié, un véritable ennemi, infâme, incarnant la négativité et le mal absolu. La vie reprend un sens clair, et le corps de l'élan. Quitte à construire l'ennemi en tant qu'ennemi quand il ne s'en présente pas d'évident. C'est la logique du bouc émissaire. Une grande part du processus identitaire (et pas seulement pour les plus démunis) s'alimente au rejet de l'autre[1], exploitant les « réflexes répulsifs et distanciateurs » [Gauchet, 2002, p. 259], se fixant sur la différence permettant de constituer un « eux » exogène et haïssable. Il est difficile, surtout quand les ressources sont faibles, d'inventer une identité (ainsi que l'estime de soi et la capacité d'action qui vont avec) par la seule force incertaine de l'auto-définition subjective. Et incomparablement plus confortable d'isoler des pôles négatifs revoyant des identités en miroir : « je » est implicitement le contraire des « eux » haïssables, « je » devient quelqu'un par son envers. Lorsque cet envers est collectif cependant, « je » se retrouve lui-même défini non comme un individu singulier mais comme membre d'un groupe. Le « nous » prend corps par la dynamique d'opposition et de conflit. Parfois jusqu'à « la régression vers l'état archaïque d'identification fusionnelle » [Vinsonneau, 1999, p. 223].

1. Ou, d'une façon plus atténuée, par la définition d'un adversaire circonstancié, comme dans les compétitions sportives. Celles-ci se caractérisent par le contrôle collectif des limites à ne pas dépasser [Elias, Dunning, 1986], pour les sportifs comme pour les supporters ou les simples spectateurs (avec une fonction compensatoire et de défoulement évidente : c'est une opposition courtoise et sans risques). Hélas il leur est difficile de ne pas se laisser aller parfois à des conflits plus musclés, permettant d'engranger des bénéfices identitaires sensibles. L'identification par opposition est un engrenage, susceptible à tout moment, quelles que soient ses formes, d'entraîner très loin.

Norbert Elias et John Scotson [2001] donnent l'exemple de jeunes socialement stigmatisés, entourés par « les voix et les gestes des gens disciplinés vivant autour d'eux » [p. 241]. Héritiers d'une mauvaise réputation touchant déjà leurs parents, et n'ayant personnellement rien réalisé de notable en mesure de la renverser, « comment auraient-ils pu concevoir de la fierté, trouver une ligne de conduite ? » [*idem*]. Face à l'impossibilité d'une telle stratégie identitaire, la forte intégration dans une bande, soudée par des défis et bagarres contre des ennemis divers, leur permettait de « montrer qu'ils étaient « quelqu'un » à ceux qui les considéraient comme des rien-du-tout » [p. 243]. « Ils pouvaient apaiser leurs doutes » [p. 242]. Sans savoir exactement qui ils étaient en dehors de la définition comme membre de la bande. Mais au moins en étant « quelqu'un ».

Les identités collectives dissolvant l'individu ne sont toutefois qu'une modalité parmi d'autres [Thoits, Virshup, 1997], et pas la plus importante. Ordinairement, l'appartenance est en effet plutôt utilisée comme une ressource par ego. Et cela d'autant plus que le croisement ou la succession d'appartenances multiples l'obligent à se constituer en centre organisateur, en sujet jouant de ses immersions groupales sans jamais s'y noyer. Il faut donc se garder de percevoir tous les collectifs comme des communautés totalement intégratrices, y compris quand ils sont marqués par des cultures particulières. Au contraire, ils représentent très souvent un accompagnement nécessaire du mouvement d'individualisation. Que ce soit sous la forme de solidarités et de socialisations maintenues, pour protéger des ruptures culturelles et assurer la transition ; ceci s'observe couramment chez les immigrés de la première génération [Dubet, Lapeyronnie, 1992]. Ou sous une forme plus représentationnelle, convertissant une culture en ressources identitaires, qui offrent « la fierté et un espace de référence » [*idem*, p. 95] ; cela s'observe couramment dans les générations suivantes.

Le collectif prenant corps au point d'effacer durablement l'individu n'est qu'une variante relativement marginale. Il peut résulter de l'attractivité d'un foyer identitaire ou d'une culture spécifique, notamment quand ceux-ci sont radicalisés par une vision religieuse fondamentaliste. Mais ceci serait impossible sans dynamique d'opposition, sans ciblage d'un « eux » constituant le « nous », sans émotions qui entraînent hors du soi habituel. La forme extérieure d'une identité collective à vocation totalisante est moins importante que le mouvement qui l'agite. Surtout, quand il s'alimente de fortes atteintes à l'estime de soi.

Les affirmations de soi explosives

En règle générale, l'identification provoque des ruptures, développant des décalages avec le soi routinier. Notamment par l'affichage d'images de soi diverses.[1] Tout décalage est une sortie de soi, qui induit un flux émotionnel et des sensations existentielles ; Walter se sent vibrant et plus vivant dans son immersion footballistique bien qu'il ait quitté la « vraie vie ». Un exemple très répandu est celui de fêtes musicales : la transe emportant ego lui tient lieu de définition. Il est ailleurs, nulle part, mais intensément présent à lui-même. La multiplication des images de soi est une autre modalité de sortie de l'ordinaire, pouvant prendre la forme d'une prolifération désordonnée, pour conjurer un risque de vide identitaire. Le mécanisme tend à évoluer différemment dans les milieux démunis souffrant d'un déficit de reconnaissance. Le besoin de reconstituer l'estime de soi est plus fort, nécessitant de trouver l'énergie nécessaire. Mais dans le même temps, le jeu des soi possibles est plus restreint et moins valorisant. Cette faiblesse quantitative doit donc être compensée par une qualité sensible exceptionnelle, des vibrations internes concentrant les sensations identitaires.

Commençons par les identités les plus totales et exclusives. Ego y est prisonnier, ne voyant le monde qu'aux couleurs de son filtre éthique et cognitif. En revanche, un tel état

1. Le travail opposé, sur la cohérence et la continuité de soi, est beaucoup moins fréquent. Il sous-tend par exemple l'unification biographique et narrative. On le trouve également dans les cas d'identités totalitaires n'offrant guère de variété.

repose un peu de la « fatigue d'être soi » ; l'univers est sans surprises. Le prix à payer cependant est une sensation d'être qui perd de sa densité à mesure que l'écart se creuse avec le monde en mouvement. Et une incapacité à jouer d'autres images pour restaurer l'estime de soi. Il y a donc comme un besoin latent de rattrapage. Or les circonstances de la vie procurent souvent de telles occasions de se rattraper quand on ne fait pas partie des nantis. Injustices et manifestations de mépris se succèdent comme des épisodes introduisant régulièrement des ruptures dans un scénario qui sinon aurait été un peu sans surprises. Ruptures qui viennent de l'extérieur et non décidées personnellement, et ruptures plombées par le malheur, certes. Mais ruptures quand même. Offrant malgré tout la possibilité d'une sortie de soi. Cette sortie, quand elle a lieu, prend alors une forme imposée. Grosse de tout ce qu'il y a à rattraper, et fixée sur le motif qui la déclenche[1], elle est une soudaine extériorisation émotionnelle, pouvant aller jusqu'aux cris, à la colère, et même à la violence contre les biens et les personnes. Au cœur de cet emportement, dans l'inavouable secret des pensées, se love un étrange bonheur de cette vibration existentielle surgie du malheur. La vie est plus pleine et vivante, comme pour toute autre sortie identitaire du soi routinier.

L'expérience hélas, est généralement brève. Car les cris ne durent guère sans des arguments qui les fondent. Passé le premier temps de l'explosion libératrice, la sortie hors de soi se révèle très vite simultanément une confrontation avec le monde. Et une prise de conscience que ce monde (ou au moins une partie) ne pense pas comme soi. La vérité constitutive de l'univers personnel, sans compter sa justice et son humanité, paraissait pourtant inébranlable. Prenons l'exemple (malheureusement fréquent) d'une subite fermeture d'usine. Les arguments semblaient simples et convergents :

1. Comme je l'ai dit plus haut, la reformulation du social par l'identitaire n'efface pas la matérialité de la domination : les révoltes sont motivées par des intérêts précis. Il ne sert à rien de mesurer ce qui relèverait de l'intérêt d'un côté, et de l'identitaire de l'autre. Car les deux s'entremêlent et s'enrichissent mutuellement. Ainsi, l'obtention d'une revendication est à la fois un gain direct, appréciable en lui-même, et la marque d'une compétence mieux reconnue (ainsi que la justification de l'action revendicative).

« nous avons passé notre vie ici et partir serait un drame », « seul nous attend le chômage », « le travail était de qualité et l'usine avait des clients », etc. La dynamique collective renforce encore cette vérité commune. Mais en face, la grille d'analyse est bien différente, mettant en avant les « lois » du marché. Or ces lois régulent de l'intérieur les équilibres du monde (Cf. *Post-Scriptum* « La fable du Système »). La confrontation entre les deux vérités est donc rarement équitable. Plus les discussions s'approfondissent dans le détail en effet, plus la vérité installée dans le système de régulation dominant tend à s'imposer. Il faut vraiment, pour que la balance penche dans l'autre sens, soit qu'une alternative à l'intérieur même de la régulation marchande parvienne à se présenter, soit que la mobilisation collective devienne si intense (ou violente) que le politique prenne le pas sur l'économique. Sinon la vérité collective (et son pouvoir identitaire) finit par s'étioler dans la négociation. Passé le temps de l'affirmation explosive, fatigués par l'échec ou ragaillardis au contraire par l'obtention d'un quelque chose à la fois important en lui-même et reconstituant la fierté, il faut aux protagonistes gérer le retour à l'identité ordinaire. La retombée dans son calme un peu fade. Mais aussi dans son caractère sécurisant et protecteur. L'explosion n'aura été qu'une parenthèse.

La rage

Les effets des explosions identitaires sont bien différents quand ego ne dispose pas d'un tel cocon protecteur, qu'il n'est certes pas réduit à une identité exclusive, mais sans disposer pour autant des ressources lui permettant d'exprimer des soi possibles réellement crédibles. La personnalité alors se fragmente en un chaos où le trop-plein d'images contradictoires ne fait qu'accentuer le manque intérieur, et creuser encore davantage les atteintes à l'estime de soi. Se donnant à lui-même, et aux autres, l'impression de « danser au bord du volcan » [Dubet, Lapeyronnie, 1992, p. 132], ego est alors partagé entre risque d'implosion, chute dans le « trou noir » [*idem*] anomique du suicide ou des drogues dures, et soudaines explosions, reconstituant, au moins le temps de l'action, un semblant de cohérence interne. Dans quelques cas paroxystiques, heureusement rares (mais néanmoins symptomatiques), le déchaînement de violence peut prendre les allures d'un inexplicable carnage ; un homme sans casier judiciaire sort brusquement son fusil et tire sur une foule anonyme ou des personnalités avant de retourner l'arme contre lui[1]. Les explosions de violence sont cependant en général plus limitées (démontrant ainsi qu'au-delà de leur anarchie apparente, elles sont relativement contrôlées), mais aussi plus récurrentes. La rage ordinaire d'une partie de la jeunesse des « banlieues sensibles » [Messu, 1997] en représente un cas véritablement emblématique.

Les pauvres enserrés dans une identité exclusive et cadrée, dont j'ai parlé plus haut, ne laissent flamber leur colère que pour un temps limité et des motifs sérieux, des atteintes graves au système leur permettant de continuer à vivre comme ils vivaient jusque-là. La rage au contraire est susceptible d'éclater pour un rien, à tout instant. « Les explosions de violence des banlieues sont toujours spontanées, imprévues, sans objet préalablement constitué. Elles n'ont besoin que de prétextes » [*idem*, p. 175]. Elles se fondent sur une « norme comportementale » [p. 187] organisée autour d'une « attitude de défi généralisé » [p. 173] qui n'attend que des étincelles pour embraser les frustrations et rancœurs accumulées. L'important est d'exploser, « n'importe où, contre n'importe qui » [p. 177] ; de retrouver ce mouvement qui fait être, inscrit « comme mode de vie et modalité essentielle du rapport à l'autre, au monde et à la société ». La rage est à proprement

1. À l'origine de tels événements dramatiques, qui choquent l'opinion autant par leur violence sanglante que par leur gratuité inexplicable, se trouvent généralement bien entendu des dérèglements psychiques ayant à voir avec la maladie. La trajectoire ayant conduit l'individu à de telles extrémités n'en est pas moins souvent très caractéristique. Dans de nombreux cas en effet, elle est marquée par une tension entre, non pas une absence de ressources, mais plutôt une prolifération inexploitable de ces dernières (trop confuses ou mal maîtrisées), et une absence de reconnaissance sociale. Provoquant une situation où les soi, imaginés pourtant comme possibles, ne parviennent pas à se concrétiser et sont refusés par autrui.

parler « existentielle », elle est « constitutive de l'identité » [*idem*].

Elle brouille les règles du jeu habituelles. La circulation du stigmate par exemple, qui n'est plus automatiquement renvoyé vers le bas. Il arrive même qu'il soit transmué en ressource et revendiqué. « L'enjeu est de revendiquer qu'on appartient bien au camp des *barbares*[1] » [Messu, 1997, p. 172]. Et les barbares justement refusent toutes règles du jeu, y compris la désignation d'ennemis bien définis (excepté la police). « Contre qui se battent les émeutiers ? Contre un ennemi sans visage. Contre ceux qui les nient quotidiennement, les condamnent à l'inexistence sociale et leur réservent un avenir en forme d'impasse » [Bachmann, Le Guennec, 1996, p. 355]. « La rage n'a pas d'adversaire social, c'est une émotion qui se développe dans le vide » [Dubet, Lapeyronnie, 1992, p. 122]. Elle n'a pas non plus d'objectifs bien clairs, et n'avance que des revendications « tortueuses subjectivement, maladroites socialement, excessives politiquement. À terme, souvent incompréhensibles et agaçantes » [Martuccelli, 2002, p. 304-305]. Elle est un cri pour le cri, qui paradoxalement finit par se perdre quand il est reçu par des oreilles trop attentives. Que dire en effet plus calmement ? « Reconnu, l'individu est piégé par sa propre vacuité » [p. 305], et par les contradictions de ses références identitaires. Il est irrémédiablement égaré, « dans un temps dilué, dans un flottement des aspirations, dans une ambivalence indéfinie » [Dubet, 1987, p. 9]. L'important n'est donc pas de dire, puisqu'il n'y a rien de précis à dire, mais de crier. De vivre par ce cri, pour effacer la confusion interne des images de soi interdisant tout message clair, et répondre au besoin incommensurable de reconnaissance qui ronge de l'intérieur. Au besoin d'amour et de regard bienveillant sur soi. Hélas, le cri et la violence ne confèrent ces gains qu'à l'intérieur du petit groupe en forme de contre-société. En même temps qu'elle isole du monde, la rage enferme dans une identification collective dont il devient plus difficile de sortir à mesure qu'elle se déchaîne.

1. Souligné par l'auteur.

Les métamorphoses de la fierté

Loin des arguments froids et précis de la réflexivité, l'identité se construit au croisement des images et des émotions, pouvant entraîner dans de violents soubresauts corporels quand le déficit de reconnaissance est profond. Mais quels que soient la violence des coups et des cris, en-deçà, c'est toujours d'images et d'émotions qu'il s'agit, données désormais incontournables de la construction de soi à l'âge des identités.

J'ai déjà parlé des images, de leur émergence progressive à partir des reflets de rôles, jusqu'à la situation d'aujourd'hui où elles constituent une condition obligée de l'action (identités ICO). Il est peut-être utile de dire un mot ici des émotions. Car elles ont occupé une place très importante dans la construction sociale des individus dans des périodes anciennes, où ceux-ci étaient définis par leur inscription institutionnelle. Incitant à penser que peu de choses ont changé en ce domaine. Le besoin de fierté par exemple pourrait apparaître comme une constante assez atemporelle. Or la fierté d'aujourd'hui n'est plus ce qu'elle était.

Prenons le cas de la société traditionnelle. La morale de l'honneur y joue un rôle régulateur central, en fondant le contrôle collectif de chacun par chacun. « L'honneur comme le déshonneur ne s'éprouvent que devant le tribunal de l'opinion, devant le groupe sûr de ses normes et de ses valeurs » [Bourdieu, Sayad, 1964, p. 149]. « L'injonction primordiale était de ne pas déroger, de tenir son rang et de respecter le code de l'honneur » [de Gaulejac, 1996, p. 303]. L'individualisation moderne généralise l'intériorisation de la morale. « Comme la terre, comme la marmite, l'honneur a cessé d'être indivis » [Bourdieu, Sayad, 1964, p. 150]. Et bouleverse en conséquence l'économie émotionnelle de la fierté, et de son envers négatif, la honte, qui lui sont associées. Transformant par exemple le déshonneur en sentiment de culpabilité personnelle. « La honte perd son caractère public au profit d'une gestion privée » [de Gaulejac, 1996, p. 304]. Elle se répand dans les situations de dénégation de la valeur individuelle et de « conflagration psychique » où « l'estime de soi est remise en question » [p. 129]. Elle devient la compagne maudite des effondrements intérieurs, sous le coup des regards méprisants de la société établie.

La fierté a suivi une évolution semblable. Hier elle était la marque de l'adhésion aux règles de la collectivité, l'expression de la capacité individuelle à tenir sa place et répondre aux attentes. Rien de moins, mais rien de plus, une sorte de lubrifiant de la normalité institutionnalisée. Un tel type de fierté constitutive du collectif était encore très répandue dans les classes populaires au milieu du XXe siècle [Hoggart, 1970]. Être pauvre, à la condition de respecter certains codes, n'interdisait ni la fierté ni la dignité. Le nouveau régime de la constitution de soi au contraire, la révolution de l'identité, creuse le manque d'estime de soi comme un puits sans fond ; dont ego est désigné seul responsable. D'où une demande généralisée de respect, jamais satisfaite, et les débordements maladroits d'un orgueil blessé, secrètement ressassé, « affirmation d'un soi qui, au départ, a été profondément mis en question » [de Gaulejac, 1996, p. 249].

Nous sommes là aux antipodes de la fierté conférée par le sens de la place. Au contraire, il s'agit, par la rage, de sortir des places assignées, d'ailleurs pitoyables et contradictoires, de sortir de soi, de ce soi hors des cadres et intérieurement impalpable, pour se sentir être dans le mouvement, porté par une émotion libératrice. Au risque de casser, tout et n'importe quoi. Les émotions, hier, régulaient collectivement la constitution de soi, par leur arrimage à l'institution. Aujourd'hui, elles régulent l'individu de l'intérieur. Il doit donc (nouvelle responsabilité fatigante) définir lui-même une discipline de régulation. Ce qui ne pose guère problème quand les ressources le permettent. Ce qui n'en pose pas trop non plus quand le défaut de ressources est compensé par un cadre d'identification à propension totalitaire, ne délivrant que quelques bouffées explosives de temps en temps. Mais ce qui devient ingérable quand le défaut de ressources et les atteintes graves à l'estime de soi se combinent à des images instables et contradictoires. Aucune régulation alors n'est plus possible. C'est l'émotion en elle-même, dynamique sans boussole, qui mène le jeu, d'autant plus entraînante qu'elle diffuse une sensation identitaire faisant enfin adhérer à soi. Au sein même de la violence, pour qui n'a pas à la subir, gît comme un peu de sérénité.

Les tangentes de la modernité

La violence inacceptable et confuse pousse qui la perçoit à la juger d'emblée, sans se donner les moyens de comprendre. Ignorant donc le processus identitaire qui l'induit. Pas seulement le relevé des circonstances atténuantes (chômage, relégation urbaine, déstructuration familiale, etc.) comme on dit judiciairement d'un délit. Mais bien le processus identitaire dans sa logique même. Ce n'est pas par hasard en effet qu'images et émotions y sont aussi présentes. Car la rage est une manifestation avancée, quoique particulière, de la mise en avant de l'identité dans la construction de soi. Une tentative d'accès à la modernité subjective, empruntant les seules voies autorisées par la situation.

La modernité renvoie ordinairement à un tout autre univers symbolique, froid et réflexif, lisse et clinquant, opposé aux éclats émotionnels incontrôlés et à l'idée de chaos. Mais c'est oublier que l'individu est désormais au centre, seul donneur du sens de sa propre vie, porteur du lourd fardeau de l'invention de soi, et agité en conséquence par le monde fantasque des images et des émotions. Contraint de trouver d'une manière ou d'une autre l'énergie permettant d'être. La rage des banlieues déborde d'énergie vitale. Elle n'est pas un archaïsme ou un reliquat appelé à disparaître, bien au contraire ; à sa manière, détestable, elle porte la marque de l'avenir. De nombreux signes témoignent de cette paradoxale modernité confuse au cœur de la barbarie.

Les plus visibles d'abord, manifestant son attractivité culturelle. Traditionnellement, le fait d'être dominé se traduit pour un groupe social par sa ringardisation, qui le relègue dans un rôle de repoussoir, valorisant *a contrario* les modes les plus distinguées ou branchées. À l'inverse aujourd'hui, à l'âge des identités, une part notable de la mode vient des banlieues ou du *trash* urbain, notamment dans le domaine vestimentaire ou la création musicale. Les marginaux restent marginaux mais ils donnent le ton. Et quand la violence explose, les condamnations et rejets n'arrivent pas à masquer une attirance plus diffuse. Attirance qui explique le décalage existant entre la réalité des faits et leur traitement médiatique [Mucchielli, 2001]. Les actes de violence extrême ne constituent pas l'ordinaire de la vie des banlieues, tramées bien davantage par la simple incivilité lancinante. « Il faut distinguer nettement ces phénomènes ordinaires de la sociabilité juvénile, fût-elle plus violente, de la constitution des bandes d'adolescents ou de jeunes adultes tournées plus résolument vers la délinquance et prêtes à user d'une violence d'un autre niveau » [*idem*, p. 117]. Pourtant, quelques images télévisuelles, gonflées par la force d'un événement, suffisent à qui les regarde pour généraliser la représentation de la violence extrême. Les médias eux-mêmes, producteurs de ces images, sont d'ailleurs également irrésistiblement attirés, et tentés parfois d'en faire un peu trop, jusqu'à fabriquer quelque peu l'événement [*idem*]. D'autant plus facilement que les protagonistes ne sont nullement rétifs à un tel projet, qui densifie la sensation d'être et élargit la présence par l'image démultipliée ; la caméra est rarement une ennemie. Il n'y a aucune mesure entre le traitement médiatique massif des quelques événements les plus violents et le traitement beaucoup plus modeste de l'ordinaire de la vie. Sans parler des groupes ringardisés, encore plus éloignés de cette modernité tangentielle et explosive. Il est rare par exemple, excepté sous la forme d'un humour méprisant, que les petits mondes tranquilles des passions ordinaires (concours de belote et autres nains de jardin), exercent une telle fascination. Il ne faut pas, dans l'analyse, réduire les banlieues à leur seule pauvreté ; il s'y passe quelque chose en lien avec la modernité identitaire. Il s'agit certes, il ne faut jamais l'oublier, « d'un monde économiquement dominé, mais aussi, d'un monde qui cristallise quelques-uns des traits les plus marquants de la modernité culturelle » [Dubet, 2002, p. 301].

Ceci se vérifie en abordant la question sous un autre angle : les profils et trajectoires des enragés. « Leur faible employabilité, les réelles difficultés d'insertion professionnelles qu'ils vont rencontrer, voire les éventuelles procédures vexatoires auxquelles ils seront soumis ici ou là, n'engendrent pas à elles seules, et quelque peu mécaniquement (...) leur identité de jeunes banlieusards "exclus", contraints de recourir à la violence (...). L'explication est trop courte » [Messu, 1997, p. 165]. Car il existe de nombreuses autres catégories de pauvres ou exclus, beaucoup plus discrets, au point de se rendre invisibles. Qui ne connaissent aucune flambée de rage, et dont évidemment on parle peu. Quant aux enragés eux-mêmes, ce ne sont pas toujours les plus pauvres d'entre les pauvres des banlieues. Par divers petits trafics et débrouillardises d'ailleurs, ils sont souvent « d'ardents consommateurs » [p. 184] des marques et des produits phares de la mondialisation économique, les affichant comme autant d'emblèmes ostentatoires. Les rodéos se mènent de préférence avec de grosses cylindrées, le corps siglé d'*Adidas* ou de *Nike*. Leurs rêves sont dominés par l'argent et les ascensions sociales flamboyantes. Goût de l'ostentation et sens de l'image de soi témoignent de l'écart prodigieux entre les aspirations, et les conditions concrètes d'existence (échec scolaire, ghettoïsation, etc.) interdisant de les réaliser. « Le vécu de cet écart entre les aspirations et les opportunités de les atteindre se traduit par des frustrations, une dévalorisation de soi » [Bolliet, Schmitt, 2002, p. 67]. Là est le foyer de la rage, dans les blessures et déchirures intimes, dans cet écart, interdisant de construire une cohérence identitaire, et creusant encore davantage les atteintes à l'estime de soi par la hauteur hors de portée des identités rêvées. Par le frottement et la fausse proximité avec un univers à la fois haï quand il rejette et secrètement vénéré.

L'écart intérieur devient conflagration ingérable quand, ce qui est souvent le cas, les trajectoires sont chahutées, tiraillées entre différentes cultures, multipliant les références possibles. Ce qui dans un autre contexte serait source de richesse et de créativité identitaire génère le vide par le trop-plein anarchique des repères et la mise en flottement des cadres de socialisation. Il faut alors s'appuyer sur un support quelconque pour recadrer un nouveau soi. Hélas, parmi les candidats-supports qui se présentent, les plus réconfortants ne sont pas toujours ceux qui engagent vers les perspectives les meilleures. La bande et sa fraternité virile risque fort de faire connaître les lendemains amers de l'univers carcéral. Et l'intégrisme religieux est gros d'impasses encore plus mortifères.

Toutes les études sur les recrutements opérés par les radicaux islamistes en Occident montrent que ce sont les fractions les plus déracinées et déstructurées de la population qui sont touchées [Kepel, 1987 ; Roy, 2002]. La prison est d'ailleurs un lieu privilégié de prosélytisme. Le passé religieux des nouveaux adeptes est généralement peu assuré et hétéroclite, et leurs références culturelles fortement marquées par la modernité occidentale. La pensée simplificatrice et totalisante qui leur est proposée est alors une réponse directe à la déstructuration de la personnalité. Accessoirement, elle restaure l'estime de soi par la vertu du *djihad* désignant un ennemi. La violence verbale (et parfois davantage) permet « avant tout de constituer une identité » [Roy, 2002, p. 97]. L'analyse des trajectoires des grands terroristes montre à quel point, eux aussi, sont loin de la religion et des cultures traditionnelles. Ils sont presque tous devenus musulmans en Occident, « à la suite de rencontres personnelles dans une mosquée radicale » [p. 193], alors qu'ils effectuaient des études modernes et menaient une vie très éloignée des préceptes coraniques, après des parcours transnationaux et une rupture avec leur famille. La violence est une réponse paroxystique d'un sujet en désarroi ; la déstabilisation individuelle est omniprésente derrière les engagement fondamentalistes.

C'est pourquoi les manifestations d'archaïsme continuellement mises en avant ne doivent pas exagérément tromper. « Quand la modernité porte la marque de l'"Autre", il n'est pas surprenant de voir certaines personnes brandir les symboles de l'archaïsme pour affirmer leur différence » [Maalouf, 2002, p. 85]. Certes l'islamisme radical s'inscrit clairement dans la contre-révolution identitaire, avec pour projet de diluer l'individu dans le groupe (jusqu'au don de sa vie dans l'idée du martyre), et de restaurer une socialisation anachronique, comme l'enfermement des femmes. Certes la contre-révolution identitaire peut demain dominer le monde ;

l'avenir n'est pas écrit. Mais cette entreprise n'est pourtant qu'une variante dénaturée, dans un contexte de crise, du processus identitaire dans son ensemble, de l'invention de soi par l'individu donnant sens à sa vie. Et cet individu en travail sur lui-même est souvent repérable derrière les slogans communautaristes et les invocations du destin. Au-delà des archaïsmes apparents, y compris au travers des violences immondes, la modernité de l'autonomie subjective est discrètement à l'œuvre.

L'inexorable montée historique du sujet (l'homme devenu maître de son existence, son propre dieu), est généralement décrite comme une épopée flamboyante, séparant de façon manichéenne passé sombre et lumineux présent. Nous avons abandonné l'idée évolutionniste du Progrès, pas celle du Sujet. Or la révolution de l'identité, et son émotionnalité instable, indiquent l'éventualité d'autres perspectives. Le sujet engagé dans l'invention de soi, qui nous offre parfois le meilleur, dans certaines conditions est aussi capable du pire.

8

Exit. Le retrait

La reformulation du social par l'identitaire n'est pas un phénomène annexe ; elle change profondément le paysage des cris et des conflits. Elle change aussi la morphologie des groupes. En particulier pour les milieux populaires, qui se séparent en deux groupes. D'un côté, les explosions confuses et violentes de sujets trop expansionnistes et multiples n'ayant pas les moyens de se vivre ainsi. De l'autre, un type de profil et de tactique exactement inverse : le repli sur un être-soi monochrome, confinant, pour autrui, à l'invisibilité.

Ce positionnement a ceci de caractéristique qu'il se construit sur un refus du processus identitaire. *Exit.* La modernité ne condamne pas irrémédiablement à l'identité, au travail sur lui-même du sujet.

Être ce que l'on est

La créativité identitaire est un élan vital qui, en produisant une sortie de soi (du soi habituel), renouvelle le soi et fait vivre plus fort. Hélas, bien des sorties se perdent dans les brumes d'un imaginaire sans matérialité, sombrent dans la fatigue d'être soi, s'égarent dans les explosions existentielles. S'inventer activement comme sujet est une voie truffée de pièges. Un miroir aux alouettes pour qui n'a pas les ressources suffisantes. Une « tentative illusoire d'être plus que soi-même » [Ehrenberg, 1995, p. 66]. Et qui au final risque fort au contraire de creuser le vide intérieur. Alors, pourquoi ne pas tenter d'être tout simplement ce que l'on est ? D'être ce que la vie a fait de soi ? D'être dans le concret de l'instant ? Pourquoi ne pas se vivre quotidiennement comme un produit ordinaire du destin ?

La découverte de cette sorte de nouvelle sagesse au cœur de la modernité la plus avancée renoue curieusement avec des héritages anciens, du temps où la société dans son ensemble conférait à chacun le sens de soi et de la vie. Pour certains groupes cependant, il n'y a jamais eu de rupture, et la sagesse n'est pas nouvelle. Car tenter d'être ce qu'ils sont a toujours été pour eux une défense, les protégeant d'abord des effets de la domination, puis des agressions déstabilisantes de la modernité. Et ils s'y sont maintenus. Une défense avant tout contre la généralisation de la compétition interindividuelle. Être (et n'être que) ce que le vie fait de soi représente en effet la meilleure façon de refuser de se mettre en jeu. Mais le refus de la compétition implique aussi le refus du travail identitaire. Sourds aux sirènes les invitant à construire des projets et se rêver différent, il a fallu aux « gens de peu » s'accrocher à leur réalité d'être. De génération en génération, ils ont pour cela transmis une culture discrète, à la fois instrument de résistance et art de vivre : savoir « faire avec » ce que l'on a et ce que l'on est, créer bonheur et chaleur humaine à partir des petits riens [Kaufmann, 1985].

Cette culture n'est que secondairement une invention active ; elle résulte principalement d'un positionnement particulier, d'auto-défense, incitant à refuser le travail subjectif d'invention de soi. D'abord en se raccrochant à tous les statuts, les rôles, les bouts d'institutions encore aptes à définir la vie telle qu'elle a toujours été définie. « L'ordre social des choses » apparaissant « comme un ordre naturel » [Franssen, 2002, p. 267]. Quitte à dériver vers une crispation où l'identité se « bunkérise » dans des fragments d'institution [p. 268]. Ou au contraire, quand l'individu ne parvient plus à y adhérer fortement, « à se replier sur une dimension minimale de son rôle, à se protéger bureaucratiquement » [p. 269], en étant là sans y être vraiment, faisant comme si la vie continuait normalement.

Ensuite et surtout, encore plus passivement (mais encore plus efficacement), en se reposant sur les « déterminations de l'intérieur ». Sur la mémoire sociale enregistrée d'une façon spécifique, dans un parcours biographique singulier, en un patrimoine infraconscient de schèmes d'actions, reliés à des cadres éthiques et des structures cognitives implicites. Mémoire de soi hors du soi conscient, qui a une double caractéristique. Elle est injonctive, comme toutes les déterminations sociales, et à ce titre épargne le travail du sujet. À la différence des rôles et d'autres cadres de contrainte extérieurs cependant, elle n'appartient qu'à soi, marquant en propre l'individu et le gouvernant du plus profond de son intériorité. Elle conduit la vie en court-circuitant la subjectivité, mais la conduit dans un sens qui individuellement fait sens. Il suffit presque de se laisser porter, en redoublant mentalement ce que l'on fait, pour être ce que l'on est. Pour que l'action crée le sens, plutôt que le sujet ait à créer le sens de l'action. « C'est comme ça ! » ; « ça se passe tout seul » ; « c'est la logique des choses ».

Il suffit presque, car être ce que l'on est représente un art qui n'est pas dénué de complexité ni de subtilité, navigant entre deux écueils contraires. L'option la plus radicale consiste à estomper le redoublement mental jusqu'à son niveau minimum. De se laisser entraîner autant que possible par la seule mémoire infraconsciente de l'action. Comme dit Yolande[1] : « Il faut le faire, on le fait, et puis c'est tout ». D'effacer images et réflexions en faisant corps avec les gestes qui s'enchaînent machinalement, dans des séquences les plus longues possibles. Maïté[2] a mémorisé bien davantage que de simples schèmes d'action : un véritable rythme, et une chorégraphie, qui lui permettent de se fondre totalement dans ce qu'elle fait. « Je perds jamais de temps, tout s'enchaîne, « top-top-top ». J'arrive, je mets le répondeur, et en écoutant les messages, « top-top-top », je sors les affaires pour prépa-

1. Personne interrogée dans l'enquête pour *Le Cœur à l'ouvrage.*
2. *Idem.*

rer la cuisine ». Alors, outre que l'action se déroule comme elle doit se dérouler, les mouvements du corps, l'abandon de soi dans le geste, noient l'esprit toujours trop agité et fatigant, sempiternellement poseur de questions ; la charge mentale diminue, jusqu'à la sérénité reposante. Bernadette[1] jardine sans s'impliquer exagérément dans ce qu'elle fait ; le plaisir et l'intérêt sont ailleurs : « J'aime bien faire le jardinage, parce que ça me vide complètement la tête ».

Il y a hélas un prix à payer pour ces automatismes trop bien huilés : le risque d'un affadissement de la sensation d'être. Notamment dans les phases de transition entre séquences d'action, ou aux moments de bouleversements biographiques. Car le regard sur soi, alors, ne peut plus être complètement refoulé : ego s'interroge sur ce qui dans d'autres contextes le met si facilement en action. La faiblesse des réponses esquissées laisse planer l'angoisse d'un vide intérieur… avant qu'une nouvelle action, par les mouvements du corps, efface les doutes.

Pour pallier ce risque, la méthode la plus courante consiste a redoubler mentalement l'action un peu plus fort. Par exemple, en excitant quelque peu le plaisir pris au jardinage, ou en imaginant les intérêts futurs de ce que l'on est en train de faire. Le sens n'est que faiblement inventé, il n'est pas vraiment en décalage comme l'est un nouvel affichage identitaire, il s'exhale, semble-t-il, comme naturellement, de l'action elle-même. Il y a pourtant bien, malgré tout, invention subjective, et pour le moins frôlement du processus identitaire. Le redoublement mental élargi ouvre en effet un espace de liberté aux images, dont le pouvoir entraînant est souvent incontrôlable. Un autre risque se présente alors (opposé au risque d'affadissement du sens) : perdre les avantages (calme, équilibre, aisance de l'action) de l'existence perçue comme un destin. Il faut donc savoir contrôler les plaisirs et contenir les divagations imaginaires, ne pas se laisser aller à vivre ce que l'on vit avec trop d'intensité ou de projets fous. Les « passions ordinaires » [Bromberger, 1998] doivent être mainte-

1. *Idem.*

nues dans une certaine modération. Le petit cinéma intérieur ne doit pas s'aventurer à trop inventer la vie.

Temps vide et temps plein

Être simplement ce que l'on est, être ce que l'on fait, protège contre la fatigue et les dangers d'une vie dominée par l'invention de soi, agitée par les images et les sensations. Il faut pour cela redoubler mentalement, au plus près du concret ordinaire, sans excès. Vivre par l'action elle-même plutôt qu'à travers le sens donné à cette action. Un tel positionnement produit une perception temporelle très particulière. Le temps, alors, n'est plus une matière première de la vie, une ressource mobilisable pour s'inventer différent ; il s'écoule, tout simplement. Le seul problème étant que, assez souvent (surtout entre les séquences d'action les plus vives), il ne s'écoule pas assez vite. Comme dit Célestine[1], 82 ans : « Alors là, ça me pèse ! le temps me pèse, j'ai trop de temps, j'ai trop de temps ! ».

Un tel constat pourra surprendre certains. Il existe dans les sociétés contemporaines deux cultures du temps, parfaitement antagoniques. Et il est extraordinairement difficile, quand on est situé dans un camp, de comprendre l'autre. Surtout quand on est dans le camp de ceux qui n'ont jamais assez de temps. Le partage entre les deux cultures du temps s'est accentué ces dernières décennies. Car ce qui le provoque est historiquement récent ; le processus identitaire. Les groupes sociaux qui disposent de ressources importantes (sauf de temps) ont un patrimoine infini de soi possibles et des projets de vie potentiels les plus divers. Nombre des rêves qu'ils ont dans la tête peuvent se réaliser. Il suffit surtout de disposer de la ressource pour eux la plus rare : le temps. Ils parviennent à concrétiser une partie de ces rêves en multipliant des séquences d'existence où ils se vivent d'une façon particulière (activités sportives, associations, pratiques culturelles,

1. *Idem.*

etc.), mais le décalage reste permanent entre leurs aspirations démesurées et ce qu'ils parviennent à réaliser. Ils ne le réduisent, un peu, qu'en remplissant encore davantage leurs agendas et en accélérant leurs rythmes. Dans une sorte de course contre le temps, qui devient encore plus folle (et vaine) à mesure que les projections identitaires s'intensifient. Donner sens à sa vie est un beau projet. Mais mille sens sont possibles, et chacun n'a qu'une vie. À trop vouloir être, le temps s'épuise au point de donner l'impression que l'on n'est jamais assez.

Tenter de refuser l'engagement dans l'invention de soi positionne dans une vision exactement contraire du temps. Le temps n'est plus une ressource. Il n'est en effet une ressource que si l'individu a des projets. Mais l'idée de projet est justement au cœur même de la révolution de l'identité : chacun peut se créer différent, en se rêvant d'abord, puis en passant du rêve au projet, enfin à la mise en acte. Refuser le processus identitaire implique donc de limiter étroitement les projets aux petits projets, inclus dans la sphère de reproduction de l'existence telle qu'elle a toujours été, sans dériver vers des univers nouveaux et décalés. Car, justement, l'on est ce que l'on est et ce que l'on fait. Imaginer un projet (notamment sous la forme désormais courante de l'inscription à une « activité ») reviendrait à rompre avec ce positionnement défensif, cette sagesse discrète des gens de peu faisant avec ce que la vie leur a donné. Rien ne l'illustre sans doute mieux que les cas où, soit sous la pression sociale (construire des projets est devenu une injonction généralisée de la modernité), soit lorsque la baisse technique de l'activité habituelle (retraite, départ des enfants) crée soudainement un vide et une sensation de temps interminable, l'idée du projet affleure, mais en même temps, sa difficile exécution. C'est précisément ce que vit Raymonde[1]. « Je mets beaucoup plus de temps à faire ce que je fais. Avant, le petit-déjeuner, c'était du vite avalé, maintenant, je prends le temps de déjeuner. Mais le contact des enfants me manque. Ça fait un très très grand vide ». Pour le

1. *Idem.*

combler, elle a détendu ses rythmes : elle fait tout plus lentement. Les séquences d'actions restantes sont devenues plus longues, volontairement moins efficaces et organisées. Elle « traîne » aussi parfois, bricole des lenteurs, s'« arrange » pour prolonger des conversations ou des promenades. Elle étire sans cesse la trame de sa vie. « Bon je m'arrange, l'été j'ai le jardin, ou bien je vais en ville, je fais des petites tournées, bon je m'arrange à peu près. Mais l'hiver ! il faudrait que j'organise mes journées ». L'hiver, les regards sur l'horloge ne tournant pas assez vite lui révèlent la signification implicite de ce temps trop long, ouvrant une sensation de vide, abyssale. Alors, après discussion avec sa fille, elle a fini par se décider à s'inscrire à une « activité ». Un cours d'anglais. « Ca peut servir pour les voyages ». Raymonde pourtant ne voyage guère. Et depuis des mois et des mois qu'elle parle de s'inscrire, rien n'est toujours fait. Elle en parle avec un tel manque d'enthousiasme dans la voix, la prunelle éteinte, que le doute pour le moins est permis sur la possible réalisation du projet. Comme pour s'excuser, elle invoque des difficultés d'organisation. Il n'y a pourtant aucune difficulté technique. En fait, c'est plus profondément du système d'organisation de son existence dont elle parle entre les lignes. « Mais alors comment s'organiser ? C'est pas évident, on a un flottement là ». Raymonde, sans doute, préfèrera encore le temps trop long à l'aventure des projets, à la projection de soi hors de soi, hors de la vie qui fait que l'on est ce que l'on est.

Une clameur muette sortie des urnes

Être ce que l'on est, reprise d'une vieille sagesse populaire, représente aujourd'hui une tentative de résistance à l'invention de soi ; qui provoque tant de rêves déçus, de violence, de cris, d'effondrements intérieurs, d'addictions compulsives. En contrepartie de la sérénité tranquille qu'elle procure, l'existence prend toutefois pour autrui la forme d'un retrait du monde le plus vivant, agité par ses prolixités et ses vélocités, ses bavardages et ses images. Les résistants à l'identité sont dans un monde qui leur est propre, à l'intérieur d'une société très différente, qui ne les comprend pas et les ignore. D'autant que ce monde du retrait est marqué par l'invisibilité et le silence publics.

Où se situe ce monde oublié, cette contre-culture secrète, à l'intérieur du paysage social ? J'ai averti en introduction à cette partie que mes trois modèles d'expression identitaire ne traduisaient pas automatiquement et précisément une position sociale (l'identité est beaucoup trop volatile pour ne pas brouiller les cartes) : toutes sortes de résistances à l'invention de soi et de reprise de la vieille sagesse populaire se développent, dans les milieux les plus divers. Le modèle du retrait cependant se fixe de façon privilégiée sur certaines catégories qui, surtout, l'appliquent non de façon occasionnelle mais comme un positionnement global et permanent [Kaufmann, 1988a]. Ce sont des catégories modestes, marquées par la reprise d'une discipline héritière du programme institutionnel, inscrites dans une morale de l'existence, qui n'a réussi à parvenir jusqu'à eux que parce que leur trajectoire, depuis des générations, n'a pas été trop chahutée, n'a pas mélangé des univers disparates. Ils sont enracinés, profondément inscrits dans un territoire, et porteurs d'une mémoire longue. Bien qu'ils soient relativement pauvres, il se caractérisent cependant par la possession d'un petit patrimoine : une maison, un jardin, un atelier d'artisan, une boutique, un mobile home, etc. Patrimoine déterminant, sans lequel ils ne pourraient pas développer avec autant de force cette position de retrait du monde les autorisant à construire leur propre monde. Car, d'abord, il leur offre un minimum de réassurance ; la vie est construite sur du palpable et du solide. Ensuite et surtout, il est la base conférant à l'action suffisamment de matière et d'espace pour créer un univers significatif. Suffisamment de sens pour, en elle-même, donner sens à la vie. Sans la maison, sans le jardin, être simplement ce que l'on fait ne pourrait pas avoir cette densité.

Ils ne sont donc pas les plus pauvres d'entre les pauvres (même si leur patrimoine apparaît parfois dérisoire sous le regard d'autrui). Et ils ne sont pas davantage les plus à plaindre (leur positionnement les protégeant des affres mentalement épuisants et déstabilisants de l'invention de soi). Ils n'en souffrent pas moins en silence d'une blessure secrète. Il y a d'abord ce temps trop long. Qui inéluctablement évoque l'idée du vide, encore aggravée quand ils cherchent à remplir ce vide, par exemple en regardant la télévision. Car le remplissage prouve que la vie n'a pas par elle-même tout le sens que l'on imagine ; il faut faire quelque chose pour masquer les affaissements du sens. Alors, surtout dans ces moments critiques, la blessure peut s'ouvrir plus profondément sous le regard d'autrui ; les regards en coin, les regards ironiques. Les résistants en effet ne sont pas dupes de ce que pense d'eux l'autre moitié de la société, emportée par la tourmente de la modernité. Pour qui ils ne sont que des archaïques, des démodés, des attardés. Braves, mais attardés. L'humour contemporain le dit clairement : rien ne fait rire plus fort que l'image d'un individu ne partageant pas les codes dominants de son époque, un démodé. Il est hélas des rires qui font très mal, et qui aggravent la conscience malheureuse de ceux qui se sentent perçus ainsi. Par un regard de mépris. Le mépris, je l'ai dit, engendre la perte d'estime de soi. Y compris pour ceux qui ne voudraient pas entrer dans la compétition interindividuelle et l'auto-production du sujet. Mais comment faire pour rétablir l'estime de soi tout en conservant une position de silence et d'invisibilité ? Comment faire pour se défendre sans parler ?

Ordinairement, la blessure secrète est donc refoulée, la vie continue à s'écouler comme elle s'est toujours écoulée. Jusqu'au jour où se présente une occasion exceptionnelle : la société somme chacun de donner un avis (il faut donc dire ce que l'on pense), un avis secret et muet, par un bulletin glissé dans une enveloppe, seul, protégé des regards à l'intérieur d'un isoloir. Or cette voix anonyme et muette, peut parfois parler très fort. Changer le paysage politique par exemple. Ceci est néanmoins secondaire. Le plus important, pour soi, est qu'elle peut révéler l'existence de la contre-société habituellement ignorée, du peuple invisible des démodés, des méprisés. Faire qu'enfin l'on existe ! Et que l'on retrouve la fierté.

En Autriche, aux Pays-Bas, en Italie, en France, en Suisse et dans la plupart des pays européens, la soudaine flambée de votes populistes d'extrême-droite a choqué et surpris la majorité de l'opinion. D'où provenait donc cette vague de fond incompréhensible ? Sans entrer dans le détail des nombreuses analyses électorales qui ont été faites, je souhaiterais souligner deux points. La volatilité du vote pour commencer. Elle est en constant essor d'une façon générale, quels que soient les types d'électeurs, rendant plus difficiles les prévisions. La raison, à nouveau, est à rechercher dans le développement du processus identitaire (beaucoup plus instable que les cadres institutionnels anciens) fonctionnant à l'image et à l'émotion. Pour la catégorie qui nous intéresse néanmoins, moins marquée par l'identité, l'explication est un peu différente : la clameur muette éclate à certains moments, quand les circonstances rendent possible (et surtout massif) cet étrange cri muet. Mais qui n'a pas vocation à s'installer dans la durée. Parce que justement c'est un cri, circonstanciel. Que l'on est loin d'une intégration dans une possible identité collective (par exemple, de type nationaliste ou raciste) structurant profondément et durablement les individus. Il n'y aurait donc pas lieu de trop s'alarmer.

Le second point, pourtant, est plus préoccupant pour la démocratie : l'extrême-droite exprime réellement une part, non superficielle, de l'éthique consistant à être ce que l'on est, à fixer le sens de la vie autour du « bon » sens le plus ordinaire. L'essentiel de cet accord profond, au-delà du racisme et du nationalisme, se situe dans la critique de la technocratie. Nos sociétés sont devenues extraordinairement complexes, et leur gestion administrative et politique exige désormais une véritable armada d'experts en tous genres, sans cesse plus pointus. Malgré l'accélération de cette spécialisation scientifico-bureaucratique, les débats de société parviennent à s'accrocher au savoir complexe, et deviennent de plus en plus informés et vivants. Une large partie de la société entre avec toujours davantage de compétence dans le détail des dossiers pour se forger une opinion. Et, inéluctablement, l'écart se creuse avec l'autre partie de la société, les retirés du monde, les démodés, habitués à se fonder sur les anciennes idées dictant le simple bon sens. L'écart se creuse entre la société qui bouge et qui change (celle de la réflexivité et des images identitaires) et les petits mondes résistants, cherchant, comme autrefois, à rester simplement ce qu'ils sont.

Les démagogues bien sûr en profitent. Les populistes ont toujours su manier les simplismes pour en faire des fixations fédérant une opposition au système établi. Le racisme notamment est vieux comme le monde de l'extrême-droite. Il s'alimente aujourd'hui à une liste de motifs largement décrits, que l'on trouve réunis chez les résistants à l'invention de soi, notamment le sentiment d'insécurité (parce qu'ils cherchent justement à construire une éthique de vie basée sur la sécurité, ontologique et physique). Leurs petits mondes enracinés dans un terroir et encadrés par ce qu'il reste de la tradition ne peuvent qu'être ébranlés par le choc des différences, de même qu'il se sentent marginalisés et fragilisés par les changements de la modernité. Au-delà du racisme ordinaire, il est intéressant de regarder de plus près qui est visé par ce cri muet (en dehors de l'élite culturelle) : les enragés des banlieues. C'est-à-dire l'autre moitié du peuple, socialement proche en apparence et pourtant infiniment lointaine ; son envers, son contraire. La part bavarde et violente des dominés, fascinée par la modernité, entraînée à sa manière, confuse, dans le processus identitaire. Sorte d'alliée implicite de la technocratie et des milieux culturels branchés. Ainsi se comprend mieux cette critique récurrente : « Il n'y en a que pour eux. Alors que les gens qui le méritent vraiment et qui souffrent en silence sont oubliés ». La coupure est très profonde, et s'approfondit encore.

Régimes d'identité et âges de la vie

Les résistants à la modernité subjective, fondée sur le dédoublement imaginaire, se recrutent donc en priorité dans un secteur précis du paysage social : les moyens-pauvres accrochés à leur petit patrimoine. Ils sont également sur-représentés dans les âges élevés. Le positionnement par rapport au processus identitaire est en effet fortement marqué par le cycle de vie.

La créativité identitaire a incontestablement son temps fort : c'est la jeunesse. Après la mutation de l'adolescence, et les questions sur soi qu'elle induit [Erikson, 1972], le jeune individu ouvre un chapitre de sa vie se caractérisant d'abord par un bouleversement des cadres de socialisation qui le construisent[1]. Non seulement ces derniers sont brusquement et profondément transformés (départ de la maison familiale, découverte de l'autonomie [Cicchelli, 2001], etc.), mais les nouveaux cadres se révèlent incomparablement plus ouverts et légers [Kaufmann, 1992]. Ceux touchant à l'univers domestique notamment, qui se réorganisent autour d'un système de gestes incorporés exceptionnellement peu dense et peu routinisé. Les cadres de socialisation n'enserrent étroitement l'individu que dans quelques séquences institutionnelles (à l'université, par exemple). Séquences qui par ailleurs n'ont pas vocation à se prolonger durablement. Le jeune se trouve donc placé, soit dans des contextes ou les jeux d'interaction et les créations subjectives mènent la danse, soit dans des socialisations plus contraignantes mais provisoires, à l'issue desquelles il devra s'investir pour imaginer son futur.

Jamais dans la vie la situation ne donne à un point si fort l'impression de pouvoir librement s'inventer. Et jamais, effectivement, les rêves peuvent autant prendre la forme de soi possibles innombrables. Tout n'est pas réalisable certes ; le social travaille secrètement par ses déterminations cachées à limiter l'inventivité personnelle. Mais dans l'univers socia-

1. Menant son enquête auprès de jeunes étudiants vivant encore chez leurs parents, Elsa Ramos [2002] analyse très bien les débuts de la transition. La socialisation opère habituellement par l'acceptation et l'intériorisation d'une réalité déjà existante [Berger, Luckmann, 1986]. L'enfant entrant en mutation vers l'âge adulte doit donc commencer par déconstruire cette réalité familiale ancienne pour affirmer une subjectivité qui, ses bases élémentaires étant établies, accélère à son tour la déconstruction. Le cadre familial devient un décor plus lointain, qui ne définit plus tout le sens de la vie. « À partir du moment où la réalité lui apparaît porteuse de significations subjectives, elle devient de plus en plus malléable et il prend conscience de sa possibilité et de sa capacité à façonner lui-même des tranches de sa vie. Il prend conscience de sa marge d'autonomie et de son pouvoir d'action sur lui-même et sur ce qui l'entoure » [Ramos, 2002, p.225-226].

lement cadré des possibles, beaucoup de choses le sont à ce moment précis de l'existence.

Ce pouvoir (conjoncturel) de la subjectivité, perçu de façon très concrète comme une liberté dans l'instant [Kaufmann, 1999] explique que la phase de la jeunesse s'étire sans cesse davantage. L'établissement familial (équipement lourd du logement, mariage, naissance du premier enfant) a lieu de plus en plus tard. Il ne faut pas oublier toutefois que dans le même temps les enfants sont mûrs (donc « adultes ») plus jeunes. On est donc jeune de plus en plus vieux, mais on est aussi, en quelque sorte, vieux de plus en plus jeune. Ce vieillissement précoce est particulièrement remarquable dans la phase de sortie de la jeunesse, surtout quand celle-ci est analysée sous l'angle de l'inventivité subjective. Après son brusque épanouissement en effet, le pouvoir de créativité identitaire commence à décroître relativement tôt. Si les rêves continuent à emporter dans des projections attrayantes, ils renvoient à des soi possibles moins variés.

J'ai constaté ce vieillissement précoce à l'occasion d'une enquête, celle qui fut menée pour le *Premier matin.* L'éveil auprès d'un(e) partenaire peu connu(e), et dans l'indécision sur la suite à donner à l'histoire, plonge le sujet dans une situation typiquement anomique. Engagé dans l'expérience qu'il est en train de vivre, et déjà en partie transformé par elle (il devine l'émergence d'un soi nouveau, plus ou moins en conflit avec l'ancien), il ne dispose plus d'un système de valeurs stable pour définir le contexte. Même la mémoire incorporée de ses gestes habituels, d'ordinaire si calme et régulière, est ici fortement perturbée et peu opérante. Il ne sait plus où va la vie et comment faire. Justement parce que tout est à décider. Face à une telle mise en flottement des repères existentiels, génératrice de gêne et d'angoisse, la réaction la plus fréquente est de tenter de dissiper le malaise au plus vite. Donc d'établir, à deux, un système de références créant une mélodie commune et facilitant la vie. Par exemple, en trouvant les mots permettant d'installer la conversation adaptée au contexte et aux attentes de chacun, engageant ce qui va suivre dans la direction souhaitée. Sans que les acteurs de la scène en aient conscience, ils s'ingénient en fait à mettre en place un cadre limitant l'ouverture de l'avenir, insupportable par le malaise et la fatigue mentale qu'elle crée à trop forte dose. Et, dans les contextes où cette ouverture (à la fois anomique et créative) est la plus grande, ils définissent les rudiments du cadre avec une rapidité stupéfiante. En quelques heures, un horizon infini se transforme en un éventail des possibles beaucoup plus retreint et maîtrisable.

La suite du couple peut être analysée comme une lente et progressive accumulation de nouveaux modules d'échange densifiant la culture commune, et surtout, l'enregistrant dans la mémoire infraconsciente partagée. C'est pourquoi les objets sont des marqueurs remarquables de l'intégration conjugale. Brosse à dents, lave-linge, paillasson : chacun indique une étape de l'inexorable parcours, presque linéaire, menant du face-à-face incertain des premiers jours à la famille confortablement fixée dans ses habitudes, soumise à une mémoire de l'action au poids désormais très lourd, qui lui dit quotidiennement ce qu'elle doit faire et qui elle est. Le couple bien entendu ne se réduit pas à cette évolution-accumulation inexorable. L'essor des ruptures conjugales suffit à le montrer. L'individu-sujet reste bien vivant, apte à faire usage de sa liberté, à l'écoute de ses sentiments, ne voulant pas rater son bonheur. Il ressent, il rêve, il réfléchit. Tout se passe en réalité comme si les destinées conjugales se jouaient sur deux théâtres d'opération bien distincts, aux logiques complètement différentes.

D'un côté, ou plutôt en-dessous, les coulisses secrètes de la mise en place très progressive d'un cadre d'existence et d'une mémoire incorporée qui, par leur convergence, dirigent quotidiennement la vie, la facilitent en limitant la liberté subjective. Une histoire régulière et monotone, sécurisante et solide. De l'autre, ou plutôt au-dessus, les pensées, les évaluations, les projets, les rêves, les passions. L'univers du désir et des sentiments, combiné à celui de la réflexivité. Qui est aussi, dans toutes ces facettes disparates, celui de l'identité, des affichages imaginaires susceptibles d'être validés en soi possibles, des émotions qui emportent à l'improviste, jusqu'à briser d'un coup de cœur le système de la vie ancienne, qui semblait pourtant peser le poids du plomb. Une histoire capricieuse et excitante, déstabilisante et fragile. Le couple mélange donc, chaque jour, intimement, deux histoires complètement différentes, deux dynamiques de structuration de l'existence qui n'ont rien en commun ; ni leurs modalités, ni leurs rythmes, ni les perceptions qu'elles dégagent. La dynamique identitaire se caractérisant par sa volatilité imprévisible et fantasque, est toujours susceptible de renaître, au moment où on l'attend le moins, où on la croit définitivement confinée au pur rêve consolant. Cet aspect aléatoire (qui interdit de dire que tel couple précis est à jamais défini par sa socialisation) étant pris en compte, une règle générale peut être établie : le rapport entre les deux dynamiques évolue, jusqu'à s'inverser, dans le déroulement du cycle conjugal. Le début est (souplement) régulé par les émotions, les rêves et les projets. Dans le second temps au contraire, les émotions, les rêves et les projets sont cadrés par la socialisation établie, qui est devenue l'axe primordial de la régulation existentielle. Avec, de plus, une potentialité évolutive vers une possible place encore plus écrasante donnée à la socialisation, subordonnant les émotions, les rêves et les projets au strict cadre pré-défini. Comme pour les petits mondes résistants tentant d'être ce qu'il sont, qui ne parviennent d'ailleurs à cet état qu'après leur période de jeunesse, une fois constituée la base organisatrice de leur positionnement.

L'inversion du rapport identité/socialisation opère par sauts, dans des contextes particuliers, où une page de la vie soudainement se tourne. Le plus important est sans conteste la naissance du premier enfant. Épisode spécialement intéressant en ce qu'il est précédé d'une douce mais intense flambée des émotions, des rêves et des projets : le bébé est obsessionnellement affiché dans le petit cinéma intérieur mettant en images la vie future. Mais il s'agit d'une sorte de chant du cygne pour le processus identitaire. Car, à peine arrivé, le bébé déclenche une agitation obligatoire, impliquant la multiplication de gestes nouveaux et la mise en place d'un système d'habitudes incomparablement plus dense et sophistiqué. Pris par les changements rapides et profonds qui s'opèrent en eux, les deux jeunes parents acceptent volontiers de devenir un peu les spectateurs de leur histoire, qui s'écrit désormais davantage par leurs mains que par leurs rêves ou leurs pensées. Et cela d'autant plus facilement que leurs rêves et leurs pensées justement semblent en pleine ébullition ; le bébé y est omniprésent. En réalité, un transfert est en train d'opérer. L'énergie subjective, qui quantitativement n'est pas moindre, a soudainement été versée au compte de l'enfant, devenu le pivot de l'identification personnelle. Les émotions, les rêves et les projets esquissent sa vie future. Plus tard, quand l'enfant construira son autonomie de sujet (ses propres émotions, rêves et projets) et, surtout au moment crucial du départ du foyer familial, la sensation de vide sera à la mesure de l'investissement identitaire dans l'enfant. L'identité élargie à l'enfant devra se résigner à une simple identité par procuration, recréant une frontière de représentation de soi plus resserrée à l'individu en propre. La surprise sera alors grande de découvrir la place occupée par les cadres de socialisation dans la définition de l'existence. Le saut, décisif, dans le rapport identité/socialisation s'était néanmoins joué bien avant, sans que l'on s'en aperçoive, à la naissance du premier enfant.

La déprise

Les étapes de la vie ne se succèdent pas sous la forme d'un fleuve évoluant inexorablement des cascades (identitaires) de la jeunesse vers un cours tranquille canalisé par la socialisation. Il y a des surprises possibles à tout instant, venant des événements ou de la subjectivité, des ruptures biographiques, des jaillissements inattendus de rêves forçant le réel. Et l'inversion du rapport identité/socialisation n'opère pas de façon implacable et linéaire. Outre qu'elle se produit par sauts, l'existence offre parfois un nouveau cadre qui, par lui-même, incite au regain identitaire et à son cortège bariolé d'émotions, de rêves et de projets. La retraite en est un bon exemple. En théorie, elle marque, sévèrement, un seuil important dans l'inversion du rapport identité/socialisation, un pas essentiel vers un retrait plus prononcé. En réalité, elle est surtout une sortie d'un univers institutionnel (professionnel) qui souvent socialisait l'individu de manière très étroite. Sortie qui bien évidemment peut précipiter la sensation de vide et d'allongement du temps. Comme si une partie de la vie était supprimée d'un coup sans que rien ne la remplace. Cette perte d'élan vital, alors, peut effectivement entraîner la retraite vers un retrait plus généralisé dans le petit monde autarcique. Une telle évolution est caractéristique des personnes ayant travaillé dur sans retirer de leur labeur des satisfactions personnelles (elles aspirent au repos), et disposant de peu de ressources, insuffisantes pour impulser des stratégies identitaires. Mais un tel scénario n'est pas obligatoire, les options sont diverses, et se clivent notamment selon les milieux sociaux. Elles sont « partagées entre le modèle du repos et celui de l'épanouissement de soi, plus répandu dans les classes moyennes » [Caradec, 2001, p. 73]. L'épanouissement de soi des jeunes retraités, des « seniors » dynamiques nouvellement ciblés par les publicitaires, est l'exemple parfait d'une séquence de regain identitaire. Avec la retraite, l'individu a en effet été « libéré » de sa définition par un cadre de socialisation (professionnel). Soit il continue sa vie comme avant, sur la base de la socialisation (domestique) qui lui reste, dans un univers désormais plus restreint, comme si la vie elle-même était devenue plus petite. Soit au contraire il profite de cette opportunité pour insuffler, par la subjectivité, de nouvelles dimensions à son existence. Pour s'inventer enfin, un peu comme une séquence de jeunesse à un âge où on ne l'attendait plus. Avec sa légèreté et ses rires, et même ses désirs. L'essor des ruptures conjugales et des formations de nouveaux couples à la retraite en est un aspect très significatif [Caradec, 1996]. Dans des circonstances pourtant différentes, et beaucoup plus pénibles, une alternative semblable se présente au décès du conjoint : se replier dans le souvenir et la tristesse de sa désormais moitié de vie ou, dans le respect du conjoint disparu, apprendre à redevenir soi, à se réinventer, à devenir davantage sujet pour compenser la perte d'une partie du cadre qui définissait l'existence. Là encore, la diversité des ressources est décisive pour faire pencher dans l'un ou l'autre sens.

Les choix sont donc très contrastés. Mais, aussi forts soient les rires (et ils le sont dans certaines activités de groupe), aussi fougueuses soient les nouvelles amours (elles restent quand même en général relativement tempérées), aussi remplis soient les agendas, l'invention de soi n'a pourtant jamais rien de comparable avec celle de la jeunesse. Elle s'inscrit dans un créneau d'inventivité à l'intérieur d'une existence fortement organisée d'autre part. La prudence des expériences conjugales l'illustre bien, marquée notamment par des formes de « cohabitation intermittente ou alternée » [Caradec, 2001, p. 76], chacun gardant son logement comme une base de repli et de structuration des rudiments existentiels. La mémoire incorporée est trop longue et profonde pour que les retraités redeviennent aussi légers que s'ils avaient vingt ans. La petite folie des rêves, des projets et des activités les plus diverses n'est qu'un surplus ajouté.

D'ailleurs, avec l'âge et le passage dans la vraie vieillesse, la nouvelle cohorte des faux-jeunes va progressivement rallier ceux qui avaient déjà commencé à se retirer du monde agité dès le début de la retraite, d'autant plus brutalement qu'ils aspiraient au repos. S'organiser autour de nouveaux projets est une nécessité pour compenser le désengagement qui sinon est inéluctable. La perte des rôles professionnels et la baisse de la pression sociale pousse en effet vers un engrenage où chaque réduction en entraîne une autre : le réseau de relations se rétrécit, faisant perdre la compétence pour en nouer de nouvelles, ce qui induit un affaiblissement du goût lui-même pour en nouer, etc. [Cumming, Henry, 1961 ; Caradec, 2001]. À un certain degré, le simple désengagement s'approfondit en véritable « déprise » [Barthe, Clément, Drulhe, 1988 ; Caradec, 2001]. Alors même que leur santé physique pourrait souvent leur permettre d'être plus actives, « les personnes vieillissantes concentrent (...) leur énergie sur quelques activités jugées importantes : elles continuent à avoir des occupations, mais à un rythme ralenti et sur une plus petite échelle. (...) Afin de continuer à faire ce qui a le plus de sens pour soi » [Caradec, 2001, p. 97-98]. Un sens qui fait que l'on est ce que l'on est et ce que l'on fait, dans un cercle et une matérialité de l'être de plus en plus réduits, évidents, fondateurs. Une sagesse antiidentitaire poussée à l'extrême. Par un désir de vivre, mais de vivre autrement : « C'est pour mieux « tenir » d'un côté qu'on lâche de l'autre » [*idem*, p. 98].

Les séquences de retrait

Le repli sur le concret de la vie telle qu'elle est, le refus du dédoublement imaginaire qui crée des décalages et chamboule les trajectoires biographiques, en un mot la résistance à l'invention de soi, se concentre dans certains milieux sociaux (faiblesse et non diversité des ressources, combinées à l'ancrage sur un petit patrimoine) et aux âges élevés. Il s'agit d'un positionnement existentiel, qui, au croisement du groupe social et du groupe d'âge, est à son maximum d'intensité. Il devient alors globalisant et continuel, définissant l'ensemble des conduites, à chaque instant.

À des degrés moindres, le retrait touche l'ensemble des gens, selon des modalités spécifiques. Il peut par exemple être simplement moins marqué, plus ouvert au monde et aux projets d'avenir. À mesure qu'il s'assouplit en ce sens, il tend à se fixer non plus comme un positionnement global et continuel, mais au contraire à des moments particuliers, dans des sortes de parenthèses de repos, des séquences de ressourcement à l'intérieur de petites cosmogonies tangibles. La majorité de la population s'inscrit dans un tel type de retrait modéré et séquentiel. Pour les groupes les plus investis dans la créativité subjective et la compétition interindividuelle, l'alternance est encore plus contrastée, la vie se scandant sur un rythme dual, dans une « approche biphasée » du temps, selon l'expression de Theodor Adorno [2000]. Les séquences de retrait étant d'autant plus profondes que les agitations ont été précédemment épuisantes[1]. Elles sont le contrepoint

1. Les séquences de retrait sont aussi l'occasion de restaurer l'estime de soi quand celle-ci est menacée [Croizet, Martinot, 2003]. L'individu ne se contente pas de changer de décor, il change la structure même du soi, se dégageant provisoirement de la nécessité d'obtenir une reconnaissance.

nécessaire, la respiration permettant de continuer sa course. Prenant parfois, pour un bref moment, une forme semblable à celle des retraits plus globaux et systématiques (dans l'instant où il s'effectue, peu de choses distinguent le jardinage occasionnel du jardinage à vertu durablement ontologique). Ou des formes proches, malgré le contexte en apparence différent (le jogging permet de se sentir être ce que l'on fait, et de se vider la tête, d'une façon qui n'est pas si lointaine du jardinage). Prenant aussi des formes différentes pour tendre au même résultat. Notamment des fermetures du sens, moins fondées sur une action ou un substrat matériel, et perçues comme des enveloppements, que nous verrons au prochain chapitre.

En-deçà de cette variété des formes et des différentiels d'intensité, le retrait s'inscrit, plus transversalement et ordinairement, dans certains contextes particuliers qui lui sont favorables. À commencer par la maison[1]. La maison par qui, d'ailleurs, tout commence. Dès la naissance, immédiatement après le ventre de la mère. « La vie commence bien, elle commence enfermée, protégée, toute tiède dans le giron de la maison » [Bachelard, 1983, p. 26]. Elle est « un grand berceau », « le premier monde de l'être humain ». « Sans elle l'homme serait un être dispersé » [*idem*]. Car elle le regroupe sur lui-même, en lui conférant le sens basique de l'existence par sa cosmogonie chaude et englobante [Kaufmann, 1988]. Il ne quittera jamais vraiment (sauf pour de brèves escapades) ce lieu qui quotidiennement le fait renaître en ce qu'il est, dans ses évidences élémentaires et fondatrices. Et même quand il le quitte, il emporte avec lui ce fragment domestique du soi dans ses rêves. « Nul ne saurait s'imaginer ailleurs que chez soi, de sorte que le plan de cet abri, son atmosphère, ses bruits et ses odeurs se cachent en nous comme nous en eux et que chacun est ainsi un porteur de maison » [Pezeu-Massabuau, 2003, p. 49]. Nous nous cachons en eux par un effort d'oubli de notre subjectivité fatigante, pour renaître par leur matérialité porteuse de mémoire [Pezeu-Massabuau, 1983]. Ils se

1. J'emploie ce terme pour désigner plus largement l'habitat, considérant à la suite de Gaston Bachelard [1983] qu'elle est en l'archétype.

cachent en nous de façon différente, en autant de sensations et d'images, alimentant ce qui ressemble à un dédoublement identitaire. Lorsque nous nous éloignons de la maison, et l'emportons en fiction dans nos bagages. Mais aussi lorsque nous y sommes. Le retrait n'interdit pas complètement l'affichage identitaire : il le cantonne simplement à n'être qu'un reflet. Comme il le fut autrefois, aux premiers temps d'émergence historique du processus. Reflet qui ne peut inventer la vie puisque justement il est son reflet, et qu'il ne s'exprime avec force que s'il colle à ce qui est. Cette limite à l'inventivité n'empêche pas cependant l'intensité des perceptions. La maison se vit, par le regard posé sur elle, à travers le filtre des images-reflet. Ce sont ces images et non la maison elle-même, sa matérialité, qui créent le sens. Bien que discrète, en sourdine, captive des lieux, la dynamique identitaire n'opère pas moins au cœur du retrait. Par la médiation des images. Et par celle des sensations, y compris les plus minuscules ; « par les odeurs de bois ou de cire de son plancher, de pierre mouillée de son escalier, ou la caresse dans notre paume, douce ou rugueuse, fraîche ou tiède, de sa rampe, de ses parois, de ses poignées… » [Pezeu-Massabuau, 2003, p. 33]. Chacun « sent » sa maison.

Les petits mondes résistants, comme le retrait dans des séquences plus brèves, ne sont pas sans images ni émotions ; c'est le rôle de ces dernières qui est différent. Elles ne sont pas les instruments d'un éventuel changement de la trajectoire biographique. Au contraire, elles redoublent ce qui est. Le but étant d'obtenir un « contentement moyen qui donne naissance à ce sentiment de joie calme et active », que l'homme parvient à obtenir s'il « ne met pas toute sa passion à rechercher ce qu'il n'a pas » [Durkheim, 1995, p. 277].

Les paradis verts

Le retrait domestique (qu'il s'agisse d'un positionnement permanent ou d'une simple séquence de repos) devient paradigmatique quand la maison, sous forme de résidence secondaire, prend racine à la campagne. Jean-Didier Urbain, qui l'a parfaitement écrit, sera notre guide dans ces *Paradis verts* [Urbain, 2002]. Reprenant les conclusions d'une étude de Françoise Dubost [1995], il signale brièvement qui sont ces résidents secondaires ruraux : pour plus de la moitié, il s'agit d'ouvriers, d'employés et de retraités modestes. Nous y retrouvons donc, sur-représentées, les catégories ayant une particulière inclination au retrait. Ce qu'elles vont chercher à la campagne, n'est pas la campagne en elle-même (ni sa nature quand elle est trop rugueuse, ni ses traditions du terroir), mais bien un rapport à la vie. Jean-Didier Urbain ayant trouvé les mots justes pour décrire cette quête existentielle (très symptomatique du modèle du retrait), je me permettrai de le citer longuement.

La campagne est d'abord un décor, dessinant une sorte de bonne distance avec le monde, « un compromis idéal entre le vide et la densité » [Urbain, 2002, p. 323]. Le retrait ne doit en effet être ni radical ni proclamé, sous peine d'annuler son effet ontologique (il deviendrait trop visible par son éloignement exagéré et provoquerait des réactions). « "Sortir du système" ? Oui. Mais pas comme un déviant (...) : sans révolte ni effraction majeures » [p. 248]. Or la campagne n'est « jamais radicale, elle est douce. Intermédiaire » [p. 323]. Elle permet d'entrer dans une position de résistance sans même avoir conscience d'amorcer un combat, de « choisir de ne pas choisir » [p. 248] tout en s'engageant dans un chemin apparemment sans histoires, qui « est en fait le signe d'autre chose. Il est le signe d'une *résistance*[1] » [p. 241]. D'une résistance qui s'ignore.

Les inscriptions relationnelles sont gérées avec le même souci d'équilibre. Bien que l'« ultra-provincial » soit « pris d'une envie d'inexistence sociale durant son séjour : d'une envie de suspension, d'abstraction et de disparition citoyennes », il va régir ce « désir d'absence » « sans ostentation ni excès » [p. 243]. Tout en fuyant discrètement les lieux animés, leurs bruits et leurs agitations, et en esquivant les emprises, il va assurer les quelques contacts permettant d'« être parmi »

1. Souligné par l'auteur.

[p. 308] sans être avec, dans une « *osmose minimale avec la réalité locale*[1] [p. 242]. Cette bonne distance donnant les apparences d'une normalité intra-mondaine étant établie, alors la quête peut s'engager vers ce qui secrètement peut ressembler à une radicalité. « Se perdre en terre » [p. 151]. « Comme un refus du monde présent, des gens et de la société » [p. 145]. Dans un « désir de vide, de monde à soi et au fond une envie de non-vie » [p. 144]. Qui laisse flotter comme un parfum de mort. « Et alors ? Quoi de plus naturel, surtout quand on rêve de paradis ? ». Une mort sociale, douce, agréable. Et généralement provisoire. « On rêve de mort non pas biologique mais sociale, d'absence, d'une petite mort, jamais définitive, fugace mais récurrente comme le plaisir » [p. 336].

Le désir d'absence au monde ne se prolonge pas toutefois jusqu'au désir d'absence à soi et au petit groupe domestique, au contraire. La mort sociale est compensée par une vie resserrée. Ni débordante de dynamisme ni très diversifiée. Tranquille. En comparaison avec les séjours en ville, à la mer ou à la montagne, « on y fait tout moins ». Peu d'activités culturelles ou sportives, « on se promène moins, on visite moins, on se baigne moins » [p. 330]. N'y a-t-il donc rien que l'on fasse plus ? « Le sens de la famille y semble plus développé et le goût pour le calme et la tranquillité y est également beaucoup plus prononcé » [*idem*]. Avec une attention spéciale pour la cuisine, les repas, et surtout « l'esprit de jardin » [p. 143]. « Lire près de la cheminée, jardiner, bricoler, faire le barbecue » [p. 333] : tout un chapelet d'activités en apparence des plus banales font en réalité beaucoup plus que fournir une sensation d'être par ce qu'on fait et ce qu'on est. Elles se transforment furtivement en petites passions, très ordinaires. Mais en passions quand même. La radicalité du retrait identitaire est rarement poussée à l'extrême.

Le retrait est généralement ainsi, aspirant à l'absolu de l'inexistence sociale, au sens totalement donné par ce qui est, dans l'instant ; tout en n'allant pas jusqu'au bout de l'exercice, se laissant calmement envahir par des bribes de rêves,

1. Souligné par l'auteur.

de vagues projets, des sensations au-delà du reflet, quelques passions modérées. Le retrait est souvent là, dans cet entre-deux. Et scandé par des séquences alternatives : à l'épisode presque pur d'un être-soi par ce qui est, sans regard sur soi, succède une brusque pensée ou une émotion, entraînant quelque peu en dehors de soi. Mais pas trop, pas trop longtemps, sans chamboulement véritable du cours de l'existence.

Les vacances sont une parfaite illustration de ce balancement. En théorie, comme l'indique l'étymologie du terme, elles tendent au vide, à la vacance sociale. Ne plus être que repos, être par ce qu'on est et en faire le moins possible ; *farniente*. La semi-somnolence balnéaire représente une sorte de modèle ultime de cette échappée hors du monde (parmi la foule). Alain Corbin [1988] ne s'y est pas trompé, en intitulant justement son livre sur l'invention historique de la plage *Le Territoire du vide*. Partir en vacances, c'est se mettre en retrait de l'agitation ordinaire. Se mettre en retrait de l'agitation du monde, par le vide, le repos, la petite mort sociale. Mais se mettre en vacance aussi de l'ordinaire de la vie, pour créer une rupture, et pouvoir s'inventer différent. En d'autres termes, entrer dans le processus identitaire, qui est l'exact contraire du retrait. Ce qui est fort logique puisque la créativité identitaire surgit quand il y a sortie du soi habituel. Or les vacances se définissent précisément de la sorte. Elles sont l'occasion idéale pour faire les mille choses que l'on ne peut faire communément, pour penser possibles les mille vies que l'on n'a pas eues. Les décors changent, comme les postures corporelles ou les vêtements, les projets se multiplient ; et les agendas se remplissent. Entraînant très loin du retrait, faisant même parfois plus intensément plonger dans la dynamique identitaire que ne le fait l'ordinaire de la vie, davantage cadré. Sans compter que la compétition interindividuelle parachève de plus en plus cette non vacance des vacances, imposant insidieusement une nouvelle norme sociale : il faut pouvoir prouver à la rentrée que l'on a eu des idées originales et intelligentes, que l'on ne s'est pas contenté de banalement somnoler, de « bronzer idiot ». Affirmant ainsi son potentiel d'énergie vitale et de créativité identitaire, notamment dans les milieux sociaux détenteurs de ressources. Les vacances comme repos primitif ne tendent pourtant pas à disparaître. Au contraire, la fatigue d'être soi à l'âge des identités les rend encore plus impératives, spécialement pour les groupes les plus investis dans la compétition interindividuelle et dans la diffraction identitaire. Mais le retrait opère par séquences. Et il tend à se faire discret, sinon clandestin. Ce qui sur le fond n'a rien d'étonnant puisque l'on cherche à fuir le monde.

La profusion des images

Comment fuir ce monde tout en restant relié, comment être-parmi sans être-avec, sans être pris ? Comment définir le bon type de lien et la bonne distance ? Les innovations technologiques s'imposent massivement quand elles répondent à des aspirations sociales. La télévision est dans ce cas ; elle a permis de résoudre la contradiction entre proximité et distance. Elle introduit au monde, perçu comme un spectacle, à la fois proche et extérieur à soi, alors qu'ego est confortablement installé dans son propre petit monde, dans la chaleur de son chez-soi, loin des regards. Il voit sans être vu, participe sans en être, débranche quand il a envie de débrancher. D'une façon semblable aux quelques contacts entretenus autour des *paradis verts*, la télévision lui permet d'être officiellement au monde, cependant qu'il approfondit secrètement son retrait.

Mais rien n'est jamais aussi simple qu'on le croit dans le domaine de l'identité. La télévision diffuse des images. Et aussi beaucoup d'émotions. Les deux éléments constitutifs des processus identitaires. Il serait donc impensable qu'elle reste neutre de ce point de vue, qu'elle soit un pur spectacle, une simple détente. Derrière le retrait qu'en partie elle renforce effectivement, se cache autre chose, son contraire : le travail imaginaire d'invention de soi.

Les enquêtes budget-temps montrent l'importance prise aujourd'hui par la télévision ; elle est devenue une activité majeure, quantitativement presque aussi importante que le travail. Se satisfaire d'une analyse en termes de simple détente ne suffit plus, il faut creuser le rapport aux images, notamment sous l'angle de la production identitaire[1]. La retraite ou les vacances portent en leurs dénominations l'idée d'un refus de la dynamique identitaire (bien qu'ils y plongent parfois). La détente et le divertissement à l'inverse véhiculent une notion de dépaysement. Se divertir, c'est être emporté ailleurs, comme on l'est dans les affichages identitaires. L'image télévisuelle ne se résume pas toujours à un simple spectacle. Elle l'est assez souvent, certes. Soit sous la forme d'un bruit de fond, d'un décor vivant. Soit au contraire de façon active, quand elle (l'image elle-même, ou les sensations associées, ou plus largement l'intrigue dans laquelle elle s'inscrit) se fait fascinante, absorbant l'individu, le faisant disparaître en tant que sujet le temps de la perception. « Dans l'image nous nous sentons pris et entourés comme dans un utérus » [Tisseron, 1996, p. 121]. Au point de ne plus penser, de ne plus rêver : nous sommes dans ce qui est, pris par une réalité d'être virtuelle. C'est bien ce que l'on appelle généralement détente ou dépaysement : un décentrement de l'individu sans que ce dernier entre véritablement en mouvement. Mais une telle absorption intégrale est rare, et surtout, elle est séquentielle. L'image à la fois nous berce et nous éveille [Tisseron, 2003]. Autour des moments forts d'oubli de soi, elle fait en réalité travailler l'imaginaire ; l'individu met au travail sa subjectivité. Parfois par des détours confortables, qui n'ont l'air de rien : s'identifier à un héros semble très proche du divertissement ordinaire. Il s'agit pourtant bien d'une façon de se tester sans risque, d'un affichage de soi en décalage, premier pas de la démarche identitaire. Parfois une situation, un mot, un geste, donnent plus directement à penser, à sentir, à rêver : pendant une fraction de seconde, le travail identitaire peut aller jusqu'à l'évocation de soi possibles, et même jusqu'à l'esquisse d'un projet.

---

1. D'autres angles seraient intéressants à creuser. En particulier le véritable rôle de formation permanente assuré par la télévision. Ego dispose de moins en moins de modèles sociaux prédéfinissant ses conduites. Il doit se forger son propre avis, en accumulant informations et références. Il glane ces trésors dans des émissions d'information, mais aussi, très largement, dans des émissions dites de « divertissement ». À travers les fictions et futilités des feuilletons à épisode ou de la télé-réalité, il observe comment fait autrui, pour définir ses propres choix [Kaufmann, 2003].

L'individu vit désormais dans un océan d'images (au double sens de représentations mentales et de représentations matérialisées). Innombrables. Et qui ne doivent pas être renvoyées dans le seul univers des apparences futiles. D'un côté, il s'est transformé en producteur-diffuseur de ses propres repésentations, se démultipliant toujours davantage par leur entremise. Si, analysant l'individu en tant que processus comme le demande Norbert Elias [1991a], on tentait d'en dessiner morphologiquement la surface, elle apparaîtrait incomparablement plus étendue aujourd'hui que naguère ; l'individu se déploie en mille traces (textes, photos, sites Internet, etc.) déposées sur les supports les plus divers [Kaufmann, 2003]. Il est de plus en plus perçu par l'intermédiaire de ces traces, qui sont utilisées par autrui pour se fixer une image (une identité) de l'individu en chair et en os auxquelles elles renvoient. Centrales donc comme instruments de perception et d'identification, elles sont aussi beaucoup plus. Car elles stockent dans la mémoire sociale un double d'ego, susceptible de lui survivre longtemps. Elles opèrent ainsi une véritable mutation anthropologique, en faisant vivre l'individu au-delà de lui-même, par ses traces [Kaufmann, 2001]. L'image n'est pas qu'un reflet superficiel.

D'un autre côté, l'individu utilise les images qui s'offrent à lui, voire qui l'assaillent, dans un mitraillage continuel : images papier, images vidéo, images vivantes de scènes captées au hasard. Sa capacité à enregistrer instantanément leurs messages est de plus en plus élevée [Sauvageot, 1994]. Sa capacité à les manipuler à des fins identitaires aussi. Sans même avoir conscience du travail qu'il accomplit (les visionnages sont majoritairement perçus comme de simples exercices fictionnels et distractifs). Le pur spectacle sans effets identitaires, je l'ai dit, ne représente qu'une part limitée. Ego travaille beaucoup plus sur lui-même qu'il ne le pense.

Prenons le cas, très fréquent, de ce que l'on pourrait appeler l'identification par procuration, ou l'affiliation à distance[1]. À la différence de l'identification à un personnage, ego a

1. Nous en avons vu un bel exemple avec Walter face à ses parties de football.

conscience de rester lui-même et lucide sur la distance qui le sépare de celui-ci[1]. Le soi reste soi, et l'autre reste un autre. L'intensité des vibrations émotionnelles parfois ressenties indique cependant que le processus identitaire est agissant. Et il l'est en effet, de façon détournée, en se fixant non pas sur une personne, mais sur un processus. Outre qu'ils donnent un sens à la vie, les affichages identitaires ont pour fonction de restaurer l'estime de soi. Ils le font très souvent par un procédé d'opposition (se démarquer de qui est étiqueté comme inférieur ou déviant), considérablement accentué par la compétition interindividuelle dans laquelle nous sommes immergés. Trouver à s'opposer par procuration permet donc de faire l'économie de bien des dénigrements réels, qui rendraient la vraie vie relationnelle détestable. De s'opposer à blanc, en prenant parti, mais dans le seul monde virtuel. Les compétitions sportives se prêtent excellemment à ce type de mise en jeu à distance. Mais aussi, de façon plus diffuse, toutes sortes de spectacles, y compris la politique, permettant de s'affilier à un camp contre un autre.

Un degré est évidemment franchi quand l'identification se fixe plus précisément sur un personnage. Quand, par le truchement de l'image, ego se vit dans la peau d'un autre, jusqu'à l'oubli de soi. Mais rarement totalement et très longtemps. Le plus souvent en effet, des passerelles sont tendues, permettant de voyager entre sensations personnelles et identité d'emprunt. Facilitant ainsi le bricolage de nouvelles identités virtuelles, mises en forme plus personnalisées (bien que restant improbables) des visionnages qui viennent d'être effectués.

Entre image perçue et action, l'identité intervient donc à des degrés variables, évoluant vers une personnalisation et une concrétisation croissantes : pur spectacle, affiliation à distance, identification à un personnage, identité virtuelle, soi possible, projet ou identité ICO, passage à l'acte. Le processus ne suit cependant pas obligatoirement toutes ces étapes. La logique du projet longuement rêvé et mûri est d'ailleurs

1. Walter se projette bien davantage sur une équipe (contre une autre) que sur un joueur particulier.

très différente de l'identité ICO improvisée dans l'urgence de l'instant. L'identité se caractérise par ses sautes volatiles, faisant se succéder en séquences serrées les modalités les plus diverses ; un projet peut brusquement surgir d'une image qu'ego croyait regarder comme un pur spectacle. Car les images, toutes les images, alimentent de façon permanente, de près ou de loin, l'inventivité identitaire. Elle sont une eau qui dort dont il faut se méfier.

Pour les tenants du retrait étudiés dans ce chapitre, le pouvoir de chamboulement biographique des images demeure cependant limité. Car ils bloquent leur traduction en scénarios d'avenir, les refoulant vers les sphères où elles restent des images (et des émotions associées) sans effet sur la vie réelle : spectacle, identification fictionnelle et, éventuellement, soi possibles durement sélectionnés pour ne retenir que quelques projets raisonnables. L'affiliation à distance en particulier connaît un grand succès. Par exemple, dans les jeux télévisés, où chaque téléspectateur se déclare pour ou contre tel ou tel candidat, souhaitant ou non qu'il gagne comme s'il en allait de sa propre vie. Être hors du jeu social n'interdit pas de se mettre virtuellement en jeu.

9

Loyalty. Les identités froides

Identités et institutions

L'identité est un processus, historiquement nouveau, consistant à sortir de soi (par l'image ou l'émotion) pour s'inventer différent. À sortir du soi habituel, du soi des habitudes, des schèmes incorporés, mémoire sociale personnalisée stockée dans l'infraconscient, qui canalise le futur sous forme d'un destin imposé. Jouer des affichages identitaires est une tentative pour changer de chemin. Plus ego parvient, par le dédoublement mental, à provoquer un décalage avec les déterminations qu'il porte en lui-même, plus l'inventivité devient forte (les risques d'explosion ou d'implosion aussi). Car il ne se contente pas de changer de chemin : il s'engage sur des pistes moins tracées à l'avance.

Aussi attirant cela soit-il, s'inventer cependant n'est pas simple. Pour conjurer la fatigue d'être soi, il est beaucoup plus confortable, nous l'avons vu, de se recroqueviller dans les petits mondes du retrait faisant que l'on est ce que l'on est. Ou, autre variante, d'utiliser les rôles, cadres sociaux et institutions diverses, en vue de définir son identité. Le déclin du programme institutionnel n'interdit absolument pas en effet aux institutions de socialiser fortement les individus. J'ai signalé plus haut l'amicale polémique engagée avec François Dubet sur la question de la distance aux rôles dans la société contemporaine [Kaufmann, 2001, 2002 ; Dubet, 2002]. Mon opinion est que c'est avec le programme institutionnel dans sa globalité intégratrice qu'il y a prise de distance, condition d'un essor de la subjectivité. Non avec tel ou tel rôle particulier. Au contraire, une prise de rôle peut être un moyen utilisé par un individu pour se transformer, en intériorisant la mémoire sociale (en décalage avec ses habitudes) stockée dans ce rôle [Jousse, 1974 ; Kaufmann, 2001]. Une prise de rôle bouleverse parfois l'avenir, comme le ferait, d'une façon différente, un affichage identitaire. Elle peut correspondre à un travail du sujet sur lui-même pour s'inventer différent, en exploitant un moment de socialisation décalée. Certes, durant le temps de cette socialisation, ego doit disparaître en tant que subjectivité pour développer pleinement son action, qui serait perturbée par la moindre distance au rôle [Kaufmann, 1995]. Il doit momentanément s'oublier en tant que sujet, accepter d'être défini par le rôle, pour se transformer avec plus d'efficacité, pour être davantage sujet de sa trajectoire biographique sur la longue durée.

La question la plus importante n'est donc pas la distance moyenne à tous les rôles occupés par un individu, mais la façon dont ce dernier gère ses enchaînements d'engagements et de distanciations successifs. S'agit-il pour lui d'instruments provisoires (précédant des distanciations ou des prises de rôles différentes) lui permettant de se construire en tant que sujet ? Qu'importe alors qu'il s'engage totalement, qu'il se dilue en tant que sujet lors de la parenthèse de socialisation. Au contraire, car il accentue ainsi la rupture avec son passé. Ou bien s'agit-il pour lui d'une quête de protection contre la fatigue d'être soi, d'une recherche de cadres de socialisation définissant plus durablement son identité, assimilables dans leurs effets aux petits mondes du retrait ? D'une prise de rôle non provisoire intégrée à un univers institutionnel plus large ? D'une subordination ample et régulière du processus identitaire aux cadres de socialisation ? Les deux alternatives, radicalement opposées, sont possibles.

Au-delà des discours convenus de l'époque valorisant systématiquement la personnalisation et le rejet des institutions, il n'est pas rare que le désir secret soit, à l'inverse, de s'inscrire dans un cadre de définition de soi. Les institutions ne sont pas mortes. Malgré leur déclin effectif comme programme intégré et globalisant [Dubet, 2002], malgré leur fractionnement, elles se recomposent en fragments, revitalisées par les individus qui les composent et tendent à les transformer en niches identitaires. Ceci explique d'ailleurs une grande part de la souffrance au travail, si criante aujourd'hui [Dejours, 2000]. Car, au lieu d'y trouver le soutien et la stabilisation auxquels ils aspirent, les individus s'affrontent à un univers de stress et de conflits, miné par la « lutte des places » [de Gaulejac, Taboada-Leonetti, 1994], le combat des ego. Il est si difficile et fatigant d'être soi : comment pourrait-on imaginer que cela soit possible sans au moins quelques supports institutionnels, s'imposant d'évidence, lourds d'une longue mémoire historique, fixant une partie de la personnalité ?

Surtout quand les conditions d'existence sont telles que l'on est guetté par la marginalisation, que les regards entrevus portent le mépris, que l'estime de soi se perd dans la honte. L'identité est la provocation d'un décalage, une sortie hors de soi ; fondamentalement, elle est un moment de désocialisation (préalable à une socialisation nouvelle). Elle présuppose donc une socialisation antérieure suffisamment assurée pour pouvoir se développer dans de bonnes conditions. L'invention de soi par les affichages imaginaires est un luxe qui n'est pas donné à tout le monde. Car les plus fragiles risqueraient de fragiliser encore davantage une socialisation déjà précaire[1]. Aux marges de la société, ou même dans la simple approche de ces marges (quand l'irrémédiable glissade apparaît possible), l'urgence au contraire est de rester inscrit dans l'humanité établie. Le ticket d'entrée se paie en subordination de l'identité aux cadres de socialisation les plus classiques, voire marqués par des formes traditionnelles : un vrai travail, une vraie famille, un vrai logement [Kaufmann, 1990]. Avec une division radicale des identités de genre, qui se crispent sur les marquages anciens. « Un rôle sexuel, pour celui qui le tient, c'est à la fois un domaine d'appropriation réservé, et une identité légitime reconnue. Si les groupes

---

1. Les sans-abris sont relégués sur le trottoir à l'issue d'un « processus de désocialisation » dont les étapes peuvent être analysées avec précision [Mucchielli, 1998].

socialement dominés tiennent fortement à ces repères, c'est d'abord parce que leurs membres y trouvent un accès sans équivalent à la maîtrise d'un espace et à la projection dans une image de soi » [Schwartz, 1990, p. 206] Si l'homme est socialisé prioritairement par le travail – « Cette confrontation à une instance extérieure d'évaluation et de sanction, ce moment de la lutte pour la reconnaissance constituent un nœud capital des identités masculines » [p. 287] – la femme l'est essentiellement par la vie de famille (tenue du logement, aspiration précoce au mariage et à la procréation). « C'est par le mariage qu'elles allaient gagner un espace propre d'affirmation, sortir du degré zéro de l'être et de l'avoir, et se récupérer sur ces deux plans. L'être : une identité, une légitimité, une image reconnue de mère, de maîtresse de maison. L'avoir : c'est un lieu qui leur appartient, et où elles puissent s'appartenir ; des enfants, « leurs » enfants, dont elles supportent très mal la séparation ; un homme, qu'elles vont essayer de fixer en ce lieu et sur ce territoire (...) » [p. 220]. À l'heure où le modèle du report des engagements conjugaux se diffuse toujours davantage, pour élargir le temps d'inventivité de soi de la jeunesse, les plus pauvres se protègent dans un contre-modèle où les identités sont lourdement conférées par l'entrée dans des rôles.

Loin de la légèreté créatrice des affichages identitaires, et pour éviter des dérives explosives ou des enfermements totalitaires, les plus démunis sont condamnés à des stratégies d'engagement institutionnel. Notamment vis-à-vis des dispositifs d'assistance sociale, toujours plus fins et définissant des catégories de populations particulières [Schnapper, 2002], qui peuvent être convertis en socle d'arrimage de l'identité, conférant un peu de stabilité et une certaine normalité. Voire une image vaguement positive (ceci à l'intérieur du groupe globalement déprécié des assujettis sociaux) s'ils se conforment très précisément aux attentes de comportement qui leur sont dictées [Messu, 1991]. En d'autres termes, la stabilisation (sociale et psychologique) et la légitimité (pouvant aller jusqu'à un regard de compassion remplaçant le mépris) se paie en abandon de l'identité à des cadres de socialisation strictement définis par une hiérarchie administrative. Michel Messu [1991] dresse un parallèle intéressant avec la célèbre étude sur *Les Chômeurs de Marienthal* menée en 1931 [Lazarsfeld, Jahoda, Zeisel, 1981]. Car les dispositifs de l'assistance sociale étaient insuffisamment développés à l'époque pour permettre une telle négociation identitaire, rendue possible aujourd'hui par la mise en place d'un vaste « système assistantiel » [Messu, 1991, p. 134]. L'association au système offre des cadres établissant l'identité et garantissant un minimum d'estime de soi. En contrepartie, ego est contraint de suivre des consignes rigoureuses, allant notamment dans le sens d'une discipline de vie et de la maîtrise de ses émotions (tendant surtout à éviter les explosions de violence).

Ce type de marché entre individus et bureaucraties se retrouve dans toutes les catégories sociales et fait intervenir les institutions les plus diverses. À chaque fois cependant l'échange est le même, dessinant mon troisième modèle, celui de la loyauté. L'individu obtient un cadrage identitaire, qui le stabilise et conforte son estime de soi. Mais il compense ces gains par un assujettissement de son expression identitaire aux disciplines instituées. Disciplines régies par une rationalité froide (voire procédurière), qui domestique et réduit la folie créatrice (ou dévastatrice) des images et des émotions. Le contrat étant établi avec l'institution, l'individu est durablement contraint à la loyauté. Car le moindre conflit, ou même une simple divergence, anéantit très vite les gains identitaires, et peut provoquer au contraire l'explosion d'émotions intenses, d'autant plus vives que l'identité n'a, dans ce cadre institutionnel, ni souplesse ni échappatoires[1].

« Notre sensibilité est un abîme sans fond que rien ne peut combler » [Durkheim, 1995, p. 273], et où nous nous perdons si nous ne trouvons pas des protections. Les individus trop violemment emportés par les images et les émo-

1. Ce cas de figure est fréquent dans les relations épisodiques que nous établissons avec des bureaucraties lointaines. Car l'individu se trouve alors subordonné aux règles de l'institution (qui peuvent être saugrenues et tatillonnes) sans en obtenir le moindre bénéfice identitaire puisqu'il n'est pas socialisé par elle. Au contraire, il s'affronte à des personnels adossés à cette institution, sûrs de leur bon droit et protégés dans leur assurance. Le moindre dysfonctionnement fait donc logiquement éclater l'agacement et la colère.

tions doivent, s'ils sont en position de le pouvoir, faire allégeance à une « autorité qu'ils respectent et devant laquelle ils s'inclinent spontanément. Seule, la société, soit directement et dans son ensemble, soit par l'intermédiaire d'un de ses organes, est en état de jouer ce rôle modérateur ; car elle est le seul pouvoir moral supérieur à l'individu, et dont celui-ci accepte la supériorité. Seule, elle a l'autorité nécessaire pour dire le droit et marquer aux passions le point au-delà duquel elles ne doivent pas aller » [p. 275]. Philippe Corcuff [1998] a mené l'enquête auprès des agents des services publics confrontés à des situations sociales difficiles, à l'hôpital, à l'ANPE, et dans d'autres lieux « d'exposition de la détresse » [p. 6]. L'émotion est communicative, et pousse les employés à sortir de leur rôle administratif pour vibrer aux côtés des plus éplorés. Claudine témoigne : « Moi, je pleurerais avec les gens, je... Non, c'est horrible, hein. J'en dors plus la nuit, alors... » [p. 7]. La mise en place d'« écrans à la compassion » [*idem*] s'avère nécessaire pour se cuirasser, créer la distance, refroidir les émotions. « Il faut avoir une armure » dit Claudine. Et cette armure, seule l'institution peut l'offrir. Avec une contrepartie cependant : il faut s'offrir à l'institution.

La médiation familiale donne une bonne illustration de l'extension continue du modèle de la loyauté ; portée par l'élargissement des interventions étatiques visant à réguler les comportements [Schnapper, 2002]. Les divorces et autres ruptures conjugales sont en augmentation régulière, et ceci en lien très étroit avec la révolution de l'identité ; les désirs et les rêves entraînent beaucoup plus facilement dans l'aventure d'un nouveau couple. Le couple est ce mélange curieux de socialisation régulière et d'instabilité identitaire dont j'ai parlé plus haut. Mais au moment du divorce, tout ce qui soudait les deux partenaires dans les profondeurs (parfois tendres) du quotidien est oublié. Ne restent que deux récits opposés, en forme de drame ou de tragédie [Théry, 1993], agités par des images et des émotions. Deux identités nues, à vif. Au nom de la défense de l'enfant, la médiation tente de canaliser la conflictualité destructrice, et d'imposer un nouvel espace de négociation pacifiée, une

« justice douce » [Bonafé-Schmitt, 1992]. La philosophie du projet est irréprochable. Hélas, les enragés de la dispute ne se bousculent guère pour bénéficier de ses bienfaits. Le décalage est évident entre les avancées institutionnelles réalisées par les professionnels[1] et le faible empressement des premiers intéressés pour y répondre [Dumoulin, 2002 ; Bastard, 2002 ; Cardia-Vonèche, Bastard, 2002]. Car, aussi intéressant soit ce qu'ils pourraient en retirer (enfin un peu de calme et moins de tiraillements autour de l'enfant), ils ne réussissent pas à se décrocher d'une logique identitaire parvenue à un tel point d'effervescence. Ils sont sortis de leur vieux soi habituel, et se trouvent presque nulle part ailleurs que dans leur seule histoire, faite d'images réductrices et d'émotions violentes. Ils préfèrent les cris aux bénéfices discrets de la loyauté. L'institution a pour vertu de stabiliser, refroidir, calmer et adoucir ; mais dans des limites raisonnables.

Bénéfices et coûts de la loyauté

Le cadrage institutionnel des identités est le plus fort aux deux extrêmes de la hiérarchie sociale ; tout en bas et tout en haut. Tout en bas, le maillage disciplinaire est d'autant plus dense que les risques de désocialisation sont grands. Les individus ne sont pas laissés à eux-mêmes ; ils n'ont accès que marginalement à l'inventivité identitaire. Au centre, dans les classes dites moyennes, surtout dans les fractions intellectuelles, les institutions se font à la fois plus souples et mesurées dans leurs interventions, prenant davantage la forme d'instruments occasionnellement utilisés. Bien qu'ils ne soient pas aussi libres qu'ils le pensent, les individus n'en ont pas moins ici une marge de jeu maximum.

---

1. La médiation se présente elle-même comme officiellement non institutionnelle, mettant systématiquement en avant sa souplesse et son ouverture, en opposition à la raideur de la justice. Elle n'en est pas moins une institution, et même une institution typique de l'époque du déclin du programme institutionnel [Dubet, 2002].

La surprise est en haut, dans les sphères qui généralement cumulent tous les avantages : argent, pouvoir, privilèges, légitimité, etc. Or pour l'identité, pour la définition par soi-même du sens de sa vie, il n'en va pas de même. Elles se trouvent paradoxalement davantage subordonnées à la socialisation que des groupes ayant moins de pouvoir et d'argent. Il faut dire qu'en contrepartie, les bénéfices de la loyauté au système établi sont très substantiels.

Une position hiérarchiquement supérieure génère d'abord un capital d'assurance psychologique, encore plus important pour qui est un « héritier », installé dans un lignage transmettant cette quiétude réconfortante de génération en génération [Elias, 2001b]. Assurance profondément inscrite dans des goûts et des manières imposés comme légitimes aux groupes dominés ; en norme de jugement à prétention universelle [Bourdieu, 1979]. Il n'y a alors qu'un pas pour s'imaginer humainement meilleur, et il est allègrement franchi. « Les membres des groupes qui en terme de *pouvoir*, sont plus forts que d'autres groupes interdépendants s'imaginent, humainement, *meilleurs* que les autres »[1] [Elias, 2001a, p. 34]. Plus le « badge d'infériorité humaine » [p. 40] est épinglé sur les groupes inférieurs, plus « l'arsenal de la supériorité et du mépris collectifs » [p. 37] est mobilisé, plus le groupe dominant recueille des gains en terme d'assurance psychologique et d'estime de soi. Jusqu'à construire à demi-mots la représentation d'une humanité supérieure fondée en nature, image vérifiée et quotidiennement confortée par les interactions à l'intérieur du groupe dominant [Vinsonneau, 1999]. Cette garantie collective de l'estime de soi personnelle étant établie, l'affichage du mépris peut se faire plus feutré, voire être masqué par une compassion plus ou moins sincère. Car, si le mécanisme est très proche de la technique habituelle du bouc émissaire, l'absence de stigmate à compenser, et la puissance conférée par la position, convertissent ici puissamment la critique d'autrui (même douce et discrète) en gain psychologique. Il n'est donc nul besoin de dépenser une énergie

1. Souligné par l'auteur.

épuisante pour se prouver à soi-même que l'on vaut mieux que le commun puisque le regard des autres et les institutions le disent à l'unisson. L'identité peut tourner au ralenti.

Ce confort identitaire n'est toutefois reproductible dans la durée que dans la mesure où il s'alimente à des indices établissant de façon irréfutable la distinction. Les plus significatifs étant ceux qui expriment très explicitement une séparation du commun : classe affaire dans les avions, badges VIP[1], etc. Les conversations entre amis sont trop suspectes de manque d'objectivité, l'occupation des fonctions supérieures en elles-mêmes trop immatérielles et abstraites : rien n'égale en puissance réassurante les petites marques très concrètes de discrimination. Mais comment faire dans une société qui proclame de plus en plus haut sa volonté d'égalité, qui ne tolère l'ostentation que si elle se pare des paillettes du showbiz ? Toute une habileté se développe donc actuellement pour concevoir des marquages à la fois individuellement convaincants et publiquement discrets. L'accueil par une hôtesse cependant que d'autres restent dans la file d'attente, le calme délicat d'un petit salon, la coupe de champagne, etc. Que l'on aime ou non ce breuvage, la sensation gustative a surtout une vertu symbolique ; comme dans tous les rites d'intronisation, elle prouve, par le contact intime, que l'on est un élu. Le champagne est devenu un tel marqueur de distinction qu'il se décline dans cette fonction pour (presque) l'ensemble de la population : coupe pour les meilleurs clients d'un magasin, petites réceptions publiques sur cartons d'invitation. Mais personne ne se trompe, et situe les degrés de la distinction ; le champagne est toujours relié à d'autres signes qui disent sa valeur discriminatoire. Les cartes de fidélité ont suivi une évolution inverse, en prenant le format des cartes bancaires[2]. Veille pratique commerciale visant plutôt les milieux modestes, elles se sont transformées pour certaines, notamment dans le domaine du luxe, en puissants instruments

---

1. Comment pourrait-on ne pas penser que l'on est une « personne très importante » lorsque l'on porte une étiquette où c'est écrit dessus ?
2. Qui elles aussi renvoient à des catégories de classement social. Il suffit d'acheter un peu plus cher une carte d'une couleur particulière pour avoir droit à des « privilèges ».

de marquage (la carte est en elle-même un signe, ouvrant à d'autres signes, connus des seuls initiés) relativement discrets.

La démocratie avait détruit les privilèges de l'Ancien Régime ; la modernité avancée en réintroduit de nouveaux, imposés par la quête identitaire. Les *happy few* veulent pouvoir s'épargner les affres du combat pour construire l'estime de soi, et sont à l'affût des marques les séparant du commun, condamné, lui, à cette besogne permanente. Hélas, le profit psychologique suit une courbe que l'on pourrait qualifier de « déperdition tendancielle » : plus les marques s'accumulent, moins leur gain spécifique devient élevé. Il y a saturation progressive de leur effet de reconnaissance. Le mode de fonctionnement de la *jet set* l'illustre à merveille. Elle est organisée sur le seul et unique principe de la distinction, sans véritable contenu apte à nourrir l'identité autrement que par ce seul principe, concrétisé par l'exercice des bonnes manières. Entre paillettes et champagne, les bénéficiaires, après avoir multiplié tant de preuves d'appartenance à la supposée élite, sont donc très surpris de se trouver confrontés à une sensation de vide et à des doutes sur la qualité du groupe sélectionné : médiocrité des conversations, banalité répétitive des rituels, etc. Doutes exacerbant le besoin de reconnaissance, réduit à recourir à un vieux procédé très ordinaire : la critique et le dénigrement d'autrui pour se valoriser soi-même. Les privilèges, aussi gratifiants puissent-ils être dans l'instant, ne suffisent donc pas pour garantir contre la perte d'estime de soi.

Être un nanti est trop court ; il faut de plus être un « établi », selon l'interprétation qu'en donne Norbert Elias [2001a], c'est-à-dire être adossé à une institution fournissant à la fois le classement distinguant des inférieurs et des critères précis de définition de soi. L'identité est au croisement de deux processus : l'énergie nécessaire à la constitution de l'estime de soi et la fixation d'une grille cognitive donnant sens à la vie. En cas de faiblesse ou de flou de cette dernière, l'estime de soi peine à se reconstituer, quelles que puissent être par ailleurs les marques de distinction, qui tournent alors à vide. J'ai dit plus haut que la distance au rôle n'était pas une donnée régulière : des séquences variées se succèdent, faisant alterner engagement et distanciation. Il faut ajouter ici que la propension à l'engagement ou à la distanciation est également, en moyenne, différente selon la position sociale occupée. L'individu adossé à des institutions lui apportant des faibles gains matériels et psychologiques aura tendance à prendre ses distances et à chercher d'autres engagements. Tandis que celui qui recueille de forts bénéfices aura au contraire intérêt à approfondir durablement ses engagements. Or les rôles solidement inscrits dans des institutions prestigieuses et situés tout en haut de la hiérarchie sociale ont l'avantage considérable de fournir les deux éléments cruciaux nécessaires à l'identité : la consolidation de l'estime de soi et la grille de définition étayant cette consolidation. L'individu situé à cette place privilégiée ne peut donc que très difficilement, pour pouvoir toucher ses gains, ne pas se donner au rôle. Voire se donner entièrement. Plus il abandonne sa créativité subjective à la socialisation qui lui est offerte en effet, plus il augmente son confort psychologique. Plus sa vie se fixe à son rôle, dans un encadrement continuel de ses pensées et de ses actions, plus elle devient facile. Tout ce qui fait si souvent défaut à l'homme ordinaire (estime de soi, stabilité identitaire, énergie d'action) est dans ces conditions acquis d'emblée. Et vivre à l'âge des identités se présente comme un exercice bien tranquille. La loyauté épargne les sautes émotionnelles, les cris et la violence, qui n'en apparaissent que plus incompréhensibles et méprisables.

Le prix du confort est cependant très élevé. Car c'est la valeur centrale de la modernité (être le sujet de son existence) qui se trouve atteinte. Comment en effet pourrait-on être pleinement soi-même quand l'institution dicte quotidiennement les conduites et donne sens à sa propre vie ? Une enquête ethnographique menée d'un point du vue extérieur révèlerait combien certaines catégories dominantes fortement intégrées dans des institutions (cadres dirigeants des grandes entreprises, haute fonction publique, etc.) produisent des individus étroitement conformistes, ne développant leurs initiatives qu'à l'intérieur d'un espace de jeu strictement délimité. L'enquête pourrait par exemple prendre comme indice le vêtement. Alors que tout le reste de la société (sous l'impulsion des femmes) assouplit son corps et fait chatoyer de couleurs et d'originalité ses apparences, seul un groupe reste craintivement engoncé dans son uniforme (costume-cravate) inlassablement gris-bleu. Elle pourrait prendre aussi le langage, et débusquer ce que l'on appelle la « langue de bois ». La langue de bois n'est rien d'autre qu'une langue de rôle, un langage où l'individu s'efface derrière l'institution. Chaque département institutionnel à son propre langage technique, qui donne à son utilisateur l'illusion d'une compétence à portée générale alors qu'il le piège en réalité dans une conformité étroite. Les anglicismes ésotériques de l'univers du marketing l'illustrent très bien : le jargon construit un petit monde dont chacun se croit le prince. L'enquête pourrait enfin s'élargir à la pensée elle-même, et déboucher sur des conclusions très proches de celles touchant au langage. Car l'intelligence mise en œuvre dans un contexte de forte socialisation institutionnelle ne peut être que spécifique au contexte, les informations étant filtrées par la grille cognitive constitutive de cette institution [Kaufmann, 2001].

Chacun tente alors, un peu désespérément, de desserrer l'étreinte ; pour être soi. L'institution elle-même, dans un parfait *double bind*, n'a de cesse de demander à ses sujets qu'ils fassent preuve de davantage d'initiative, qu'ils soient de vraies personnes, non réduites passivement à leurs rôles. Hélas, la consigne ne fait souvent qu'alimenter une socialisation élargie, notamment dans l'entreprise [Boltanski, Chiapello, 1999] dessinant des rôles plus personnalisés, pouvant aller jusqu'à contaminer le hors institution. Les *hobbies* par exemple, qui auparavant pouvaient apparaître comme des échappatoires permettant de vivre ses propres rêves et projets, sont de plus en plus obligatoires et décisifs dans les CV. On ne se dégage pas aisément d'une socialisation qui vous fait être ce que vous êtes. D'où ce paradoxe : les socialisations institutionnelles les plus lourdement gratifiantes deviennent des pièges à l'expression d'une subjectivité plus créatrice. L'identité est tranquille mais prisonnière. Ne reste plus alors qu'à se battre pour afficher une image disant le contraire, en tentant d'effacer cette stigmatisation touchant de façon inattendue une partie des groupes dominants. Bataille d'image, vitale pour les personnes publiques tels les hommes politiques. Ainsi, X s'adonnera à la peinture, ou encore mieux (après avoir convoqué les photographes *people*), aux joies simples du jardinage et de la vie de famille. Qui à l'entendre sont les seules choses qui comptent vraiment dans sa vie.

Être soi sans l'institution

L'essor du processus identitaire introduit de curieuses mutations du paysage social. Que nous avons du mal à saisir tant elles déplacent les codes de classement communément admis. J'ai signalé par exemple (bien qu'ils restent les uns des pauvres, les autres des riches, chacun dans son camp) les liens discrets unissant les enragés des banlieues sensibles aux groupes culturels branchés, dans leur opposition ricanante aux petits mondes archaïques ; modernité subjectivo-émotionnelle contre tradition des disciplines acquises. De même, j'ai associé dans un seul ensemble deux catégories habituellement distinguées, et renvoyant effectivement à deux univers éthiques en grande partie opposés [de Singly, Thélot, 1988] : les cadres d'entreprise et les hauts fonctionnaires. Les cadres d'entreprise en particulier sont plongés au plus fort de la compétition interindividuelle, qui peut leur donner l'impression que leur adossement institutionnel ne leur procure guère de tranquillité subjective. En réalité, ils se situent dans un espace de jeu étroitement réglementé, fixé sur des critères simples et clairs (le pouvoir et l'argent), permettant des comparaisons faciles. Et limitant considérablement l'inventivité identitaire, ses dérives émotionnelles et autres folies utopiques. La vie est stressante et agitée, mais bien cadrée.

Elle n'est plus du tout cadrée, par contre, quand les cadres justement font défaut. C'est l'exemple paroxystique des banlieues sensibles, où cette absence, combinée aux atteintes à l'estime de soi, déclenche des explosions existentielles. Mais il existe un autre cas de figure, plus étonnant : quand le défaut de cadres s'associe à des ressources abondantes, dans des groupes sociaux classés comme dominants ou intermédiaires.

Les cadres de socialisation confèrent la tranquillité et la sécurité ontologique, voire l'estime de soi s'ils se situent dans des positions hiérarchiques élevées. Les ressources, elles, nous l'avons vu, alimentent le processus identitaire. Lorsqu'elles sont reliées à un adossement institutionnel, l'inventivité de soi est étroitement canalisée, et le processus identitaire fabrique surtout de l'assurance psychologique. Lorsqu'elles sont privées d'institutions au contraire, le processus identitaire, trop alimenté par ces ressources flottantes, peut s'emballer, exacerbant la créativité imaginaire et l'excitation émotionnelle, sans toujours beaucoup de résultats tangibles, provoquant déstabilisation, fatigue mentale, et atteintes paradoxales à l'estime de soi.

À l'opposé des cadres d'entreprise et de la haute fonction publique, un tel positionnement se retrouve souvent dans des secteurs professionnels nouveaux et imparfaitement structurés, laissant de fortes marges d'improvisation. François Dubet [2002] donne l'exemple du travail social, qui s'est développé après la période du programme institutionnel (sans donc pouvoir hériter de sa puissance intégratrice), sous l'impulsion non de l'État mais de vocations et de courants militants divers. Surtout dans un tel domaine, traversé par les drames ordinaires des existences broyées, la froide institution de l'ingénierie et de l'expertise sociale parvient difficilement à s'imposer, et laisse les professionnels exprimer une distance critique où la vision « subjective et privée » est première et détruit les « étayages institutionnels et normatifs » [p. 250]. « Chacun est à lui seul une institution » [p. 267]. Mais chacun en conséquence ne peut obtenir le bénéfice habituel de l'institution : le cadrage identitaire. D'autant qu'à l'inverse du monde de l'entreprise, la reconnaissance sociale se mesurant par le niveau de salaire est faible. Ni l'institution, ni l'argent ne procurent, comme ils le font ailleurs, les assises d'une assurance psychologique correspondant au niveau des ressources détenues. Un contexte semblable entoure les personnels du secteur associatif. Les associations naissent des passions. Elles sont, à l'origine, des sortes de purs produits du processus identitaire. Certaines ne durent que le temps de la passion, mais d'autres s'installent dans la durée et se développent, jusqu'à employer des centaines de personnes. Elles s'institutionnalisent, tout en ne voulant pas devenir des institutions ordinaires, et garder les relations libres et la passion militante des débuts. Entre ces deux impératifs contradictoires, la socialisation professionnelle des personnes employées, déchirées, laisse libre cours aux débordement subjectifs et aux perceptions rivales dans la définition de chacun.

Plus largement, l'insécurité identitaire se répand parallèlement à l'élargissement de l'emploi dérégulé et précaire [Paugam, 2000 ; Castel, 2003]. Ce qui, pour les plus démunis, est une simple aggravation de leur sort, un critère supplémentaire dans une liste d'inégalités déjà longue, prend pour les détenteurs de ressources diverses une forme plus inattendue. Notamment les détenteurs de ressources culturelles, comme les intermittents du spectacle et autres « intellos précaires » [Rambach, Rambach, 2001]. Ils ont en effet à gérer un écart permanent entre des soi possibles nombreux, riches et variés, et la pauvre réalité concrète de leur existence. Contradiction ingérable quand l'écart se fait grand écart, jusqu'à l'extrême ; comment imaginer pouvoir trouver un juste milieu quand il arrive de ne pas manger à sa faim pour vivre de sa passion ? Le regard des autres suggérant que les soi possibles ne sont peut-être, ne sont sans doute, que des rêves, devient alors insoutenable. Le bouillonnement intérieur, l'explosion anarchique, se combinant étrangement à l'effondrement briseur d'élan ; la fatigue d'être ce soi sans supports et le doute à propos du rêve, anesthésient la colère. Mais à d'autres moments au contraire, cette colère alimente l'énergie créatrice, qui déborde en tous sens, rétablissant l'élan et l'allant ordinaire de la vie bien que les impulsions soient désordonnées, poussant parfois l'individu à se dépasser et à faire quelque chose qu'il n'aurait pas osé s'il s'était maintenu dans un cadre plus tranquille. C'est ainsi, le fait est bien connu, que les plus grands chefs-d'œuvre artistiques ont vu le jour, comme si la non reconnaissance sociale était le prix à payer de l'inventivité. Hélas, toutes les situations de non reconnaissance sociale ne débouchent pas sur la production de chefs-d'œuvre. Mais elles placent l'individu qui les vivent (qui vivent leurs seuls aspects négatifs) dans le même écart que celui de l'artiste parvenant à en tirer profit.

La création artistique représente sans doute le modèle le plus pur de l'inventivité identitaire, et pour cette raison mérite d'être étudiée de plus près. La médiation par la présence de l'œuvre en train de se faire (le fait qu'elle puisse compter davantage pour son auteur que la vie réelle) ne fait qu'accentuer la liberté inventive. L'œuvre reconnue est celle qui introduit une rupture avec ce qui est, tout en faisant signe par elle-même ; elle est donc le produit d'un imaginaire créatif. Mais cet imaginaire individuel, aussi créatif soit-il, ne pourra produire que des ruptures modestes s'il reste étroitement encadré et défini par la socialisation de son époque. La fuite imaginaire du soi habituel dans quelques parenthèses créatives est insuffisante. Il faut, pour augmenter sa puissance, que l'individu concret qui la porte construise son propre univers, hors du monde existant. Qu'il le construise parfois matériellement, par exemple en menant une vie de bohême. Mais qu'il le construise surtout intérieurement : qu'il soit continuellement, intensément, dans son propre univers (même si les apparences d'une vie ordinaire peuvent être maintenues). En d'autres termes, il doit pousser la logique identitaire à son extrême, sans se contenter de quelques décalages imaginaires : ne plus vivre que par le rêve et dans le rêve, filtrer la réalité environnante par celui-ci, transformer le reflet en sens principal de la vie. Norbert Elias [1991b] a finement analysé ce processus à partir d'une biographie de Mozart[1]. Soulignant le principal : l'inventivité opère par une rupture avec la socialisation, rendue possible par un dédoublement fictionnel. Il s'agit bien sûr ici d'une œuvre artistique, et d'une œuvre majeure, novatrice. Mais une telle conclusion pourrait être élargie à toute invention de soi. Il faut en effet, pour se faire inventeur de sa propre vie, non seulement sortir du soi habituel mais quitter, par la

1. Mozart a délibérément précipité son échec social pour « suivre le cours de ses propres rêves » [Elias, 1991b, p.50]. Il ne voulait pas, comme Bach à la cour de Weimar, être obligé de jouer des airs convenus habillé en costume turc. Il rêvait d'une autre musique, d'une autre vie. Il était tout entier dans son rêve.

force du rêve, le monde existant. Se déprendre des injonctions institutionnelles.

L'emballement fictionnel

L'invention de soi, le plus souvent, n'est pas volontaire. Elle résulte d'une position particulière, où des ressources nombreuses, s'avèrent être en décalage avec le contexte, qui ne permet pas de les exprimer, et surtout de les refroidir par l'institution, excitant ainsi la fabrication imaginaire de soi possibles, novateurs mais désordonnés et difficiles à concrétiser. « Les passions sont moins disciplinées au moment même où elles auraient besoin d'une plus forte discipline » (...). « On ne sait plus ce qui est possible et ce qui ne l'est pas, ce qui est juste et ce qui est injuste, quelles sont les revendications et les espérances légitimes, quelles sont celles qui passent la mesure » (...). « Et toute cette agitation s'entretient perpétuellement elle-même sans aboutir à aucun apaisement » [Durkheim, 1995, p. 280-281]. Tout peut sortir d'un tel bouillonnement, le meilleur comme le pire. Et il suffit souvent d'un grain de sable pour que la vie bascule dans un sens ou dans l'autre. L'énergie créative doit croiser l'opportunité qui lui est adéquate pour concrétiser un soi possible. Dans de telles circonstances, elle peut produire des merveilles, d'autant plus, souvent, que la souffrance aura été profonde. À défaut, non seulement le rêve n'est pas atteint, mais la personnalité elle-même peut se désintégrer.

La ligne de risque est franchie quand les soi possibles deviennent la référence existentielle, plus forte que la réalité. Ego s'échappe dans ses rêves et finit par s'y installer, ne jugeant plus du réel qu'à travers eux. L'ordinaire de la vie présente n'étant pas à leur hauteur, une distance critique se développe avec sa propre existence, regardée sans amour, jusqu'à la mésestime de soi. L'inverse exact de la sagesse populaire consistant à « faire avec » ce que l'on a et ce que l'on est. Car ce que l'on a, ce que l'on est, n'est rien, ou si peu, si méprisable. L'on n'est pas, l'on veut être, dans un soi possible perçu comme étant la seule source du bonheur. Plus le rêve est rêvé, plus la peinture du présent se fait noire.

Trop s'inventer par la folie imaginaire sans avoir les moyens (en ressources, mais aussi en contextes permettant de les réaliser) de concrétiser ses rêves conduit à perdre ce que l'on a (qui n'est jamais si peu que l'on pense). Il faudrait donc pouvoir d'une certaine manière rêver juste, gérer au plus près la transition du pur imaginaire aux soi possibles. Et « positiver », comme y engage un véritable mot d'ordre de l'époque. Mais est-il pensable de pouvoir gérer le rêve ? Il est beaucoup trop libre, se jouant de la rationalité tatillonne et poussive qui voudrait le contrôler. Quant à tout positiver, disons-le tout net, en faisant avec ce qui est, cela mène à abandonner l'invention de soi. Qui serait prêt à payer ce prix ? Il n'existe donc pas de méthode infaillible permettant de se prémunir contre l'emballement identitaire. Uniquement quelques garde-fous.

D'autant que ce décrochage entre vie concrète et vie rêvée croise dangereusement un autre processus, la compétition interindividuelle, qui démultiplie ses effets.

Le combat des ego

La compétition interindividuelle, je l'ai dit, reformule les conditions de la domination sociale : chacun devient officiellement responsable de ses succès et de ses échecs. Ce qui est intolérable pour les plus pauvres, et ajoute une nouvelle dimension de souffrance, psychologique, à une existence cumulant déjà les malheurs. Ce qui provoque aussi, de façon plus surprenante, de nouveaux effets de domination dans des groupes sociaux habitués à être mieux protégés : aussi haut placé soit-il, l'individu peut devenir (dans sa tête) un perdant s'il regarde trop au-dessus de lui et se désengage en conséquence mentalement de sa vie présente. Et il y a toujours moyen de trouver plus haut que soi ; les soi possibles vont irrémédiablement s'accrocher dans les hauteurs problématiques.

Ces projections ascensionnelles aggravent les atteintes à l'estime de soi. Le regard venant d'en haut est en effet jugé d'autant plus méprisant que le regard personnel vers ce haut est envieux, et celui porté sur soi-même déjà critique. Dans un véritable engrenage pervers, le manque de reconnaissance peut alors conduire à une crispation sur le soi possible, pour renforcer l'estime de soi grâce une petite alchimie secrète : puisque le vrai soi est fixé sur le soi possible, les marques de mésestime sont censées ne pas toucher ce que l'individu a de plus vrai et profond. Hélas, autrui s'obstine à ne pas comprendre cette vérité secrète, qui paraît pourtant d'autant plus évidente à son détenteur que le soi possible envahit ses pensées. Le décalage systémique entre identité pour soi et identité pour autrui [Dubar, 1991] peut alors, à ce niveau d'écart, provoquer une mutation des sensations : la perte d'estime de soi, grosse d'effondrements dépressifs, se transforme en colère et sentiment d'injustice. Mutation très fréquente dans la mesure où les critères permettant de juger des qualités de chacun sont des plus flous. Il n'y a qu'à l'intérieur des institutions bien huilées qu'existent des définitions claires du « haut » et du « bas ». Ailleurs, chacun avance ses propres variables de la qualité humaine et de la comparaison de chacun par chacun, s'appuyant sur des valeurs et des références les plus diverses. À X faisant part de ses réussites professionnelles, Y peut rétorquer que l'important dans la vie est le bonheur familial.

Or, le processus identitaire accélère considérablement la mise en flottement des critères d'évaluation de chacun par chacun. La perception (et la construction) de la réalité passe en effet désormais par les filtres individuels très réducteurs et particuliers que nous avons vus. Chaque individu invente (et réinvente à tout instant) sa petite totalité significative, lunettes au travers desquelles il regarde autrui et le monde. Donc, automatiquement, autrui et le monde seront jugés à partir de ce système de valeurs. Ego est gagnant d'avance : il est le meilleur, puisque le terrain d'évaluation est le sien habituel et les règles du jeu celles qu'il a fixées. Autrui ne peut y apparaître que de façon désavantageuse. Mais autrui se venge en procédant de même, n'évaluant ego qu'à partir de son propre univers de signification.

Les conséquences de ce décalage structurel des significations échangées sont incalculables, notamment pour ce qui touche aux formes de la communication et aux incompréhensions mutuelles. Je me limiterai ici aux effets sur la représentation de soi. Nous avons vu à quel point le déficit de reconnaissance gangrenait l'individu dans la société contemporaine [Honneth, 2000]. La demande de confirmation par autrui est tendanciellement « un phénomène inflationniste : en voulant chaque fois davantage de reconnaissance des autres, l'individu risque de dépasser un seuil fatidique, où le mécanisme s'enraye » [Martuccelli, 2002, p. 297]. Or la perception structurellement minorante de chacun par chacun (puisque ce chacun n'évalue qu'avec ses lunettes réductrices) démultiplie l'écart entre la valeur auto-attribuée et celle qui est conférée par autrui. Les autres ne voient jamais le pauvre ego aux hauteurs très particulières où il pense se situer. Pire, le recueil de quelques informations lui indique que, de plus, cet autrui détestable considère que lui, ego, souffre d'un gonflement de son ego, qu'il se fait une idée de lui-même tout à fait disproportionnée.

La passion de soi

Il y a simultanément atteinte à l'estime de soi et déficit chronique de reconnaissance. La première peut provoquer l'effondrement dépressif, le second au contraire l'agacement et le rebond colérique, la passion désespérée de soi-même.

La passion de soi, comme toutes les passions, commence par des bienfaits. Grâce à l'entraînement émotionnel, elle crée la facilité du mouvement corporel, efface les doutes, remplit les vides de l'existence. Mais comme toutes les passions aussi, elle est difficile à contrôler et peut mener à des impasses quand elle s'enflamme au-delà du raisonnable. Elle peut notamment faire perdre le sens du réel. Excédé par le décalage des perceptions entre soi et autrui, ego préfère en effet parfois s'enfermer dans son histoire et ignorer les signes qui devraient le ramener à davantage de mesure. C'est le principe de la paranoïa. Sauf que ce qui hier était une maladie réservée à quelques patients gravement atteints, tend aujourd'hui à se répandre, sous des formes atténuées, dans l'ensemble de la population. Comme la dépression [Ehrenberg, 1998], la paranoïa est la maladie sociale de l'âge des identités.

Ne parvenant pas à percer le mystère du décalage entre ce qu'il sait de lui-même et ce qu'en pensent les autres (puisque ce décalage est structurel et indélébile, constitutif de la réalité sociale contemporaine), ego est tenté d'imaginer toutes sortes d'explications, avec une attirance toute spéciale pour l'idée du complot, mené contre lui par des coteries infâmes. La lutte pour le pouvoir est généralement une explication bien courte pour ce qui, en-deçà, se révèle être une quête amère et triste pour la simple reconnaissance. Accéder à des positions encore plus hautes n'est souvent que le moyen de conforter le sentiment d'exister au moins un peu. Plus ego s'enferme dans son histoire, plus autrui lui apparaît malveillant et haïssable, l'incitant à s'enfermer encore davantage, et à perdre peu à peu le sens du réel. Le processus identitaire, machinerie fictionnelle permettant l'invention de soi, menace à chaque instant, et selon des modalité diverses, de séparer l'individu de la réalité qui le fait être ce qu'il est. Une fixation exagérée sur les soi possibles par exemple, peut faire décoller du concret, affaiblir les sensations d'être-là les plus simples, et développer le regard critique sur son présent. Ego n'est plus que du vent. Cependant qu'un enfermement dans la fable de vie engage dans une dérive presque contraire : ego est régénéré par l'énergie de la colère. Quant à la combinaison de ces deux enflures fictionnelles, elles fabriquent un cocktail véritablement explosif.

Le caractère historiquement grandissant du décalage des perceptions, qui produit déjà des ravages, n'est pas sans poser des questions sur l'avenir. Elisabeth Badinter [1999, 2002] a décrit de façon très suggestive un contexte particulier, mais très intéressant, d'émergence du mécanisme. Là où peut-être on l'aurait le moins attendu : à l'époque des Lumières, dans les milieux académiques les plus pénétrés de l'idée de la

Science et de la Rationalité. Les plus grands savants, Maupertuis, Diderot ou D'Alembert, par ailleurs réellement pris par leur passion pure du savoir et de la découverte, sentent irrésistiblement bouillonner en eux une autre passion, beaucoup moins avouable, déclenchée par une réception de leur travaux ne correspondant pas à l'idée qu'ils s'en font. Et audelà des travaux, simples médiateurs dans ce processus, déclenché par une perception d'eux-mêmes ne correspondant pas à leur propre représentation. Décalage et incompréhension mutuelle qui sont, de plus, aggravés par l'apparition d'une opinion publique, rivalisant, sur ses propres critères, avec la communauté des pairs pour octroyer la reconnaissance tant convoitée, et brouillant les critères. Dans l'univers calmement empesé et froidement rationnel de l'Académie des Sciences, tout est réuni pour qu'explosent en secret exaspérations et ressentiments, que se rêvent des complots, déclenchant des contre-offensives, elles bien réelles, rendant difficile la sauvegarde des apparences.

On rêve d'un tel travail sur la société intellectuelle contemporaine. Que de passions brûlantes seraient révélées sous les froidures de surface ! Non que l'homme soit mauvais par nature. Mais l'homme de l'âge des identité est pris dans ce qui ressemble fort à un piège, aggravant chaque jour le différentiel de mesure de chacun par chacun. S'il fallait déboucher sur une conclusion morale, on serait du reste tenté de pencher du côté de Rousseau, en pensant au contraire qu'il faut à cet homme d'aujourd'hui beaucoup d'humanité profonde et de sens de la générosité pour résister aux dérives les plus graves quand tout devrait l'y pousser. L'univers relationnel n'est pas devenu invivable. Par la vertu des institutions refroidissantes. Par celle, aussi et surtout, du désir d'humanité et de tendresse, qui surgit comme un contre-poison obligé dans une société trop dure et violente. Des regards de compassion sincère effacent ce qui aurait pu être du mépris. Des regards d'admiration et d'amour inversent la propension à la critique. Ou, de façon plus défensive, un contrôle de soi cherche à limiter les dérives ; ego maîtrise l'inflation de son ego. Nathalie Heinich [1999] souligne ainsi combien les lauréats des grands prix littéraires peuvent être prudents et réservés face au soudain élargissement de leur « grandeur ». D'une part à cause du trouble identitaire provoqué par cette variation de leur géométrie, et du caractère quelque peu artificiel et instable du nouveau périmètre. Mais aussi parce qu'ils sentent que s'élargir est plus aisé à vivre que le mouvement inverse. Intuitivement, ils préfèrent donc prioritairement se fixer sur leurs anciens appuis les plus solides, quitte à se vivre plus petits que ce qu'ils pourraient prétendre. Être simplement ce que l'on est n'est pas réservé aux seuls petits mondes résistant à l'invention de soi.

Les violences intérieures

Cette sagesse prudente n'est toutefois pas également répartie. L'inflation des ego contient une violence potentielle beaucoup plus difficilement maîtrisable dans certains contextes. Quand par exemple, nous l'avons vu, les supports institutionnels sont flottants ou incertains, laissant aux subjectivités le soin d'effectuer le travail d'appréciation mutuelle. Ou quand l'individu est un transfuge, ayant traversé des univers sociaux contrastés, et vécu notamment une ascension sociale [Lahire, 1998]. Il n'est jamais totalement chez lui nulle part, portant une mémoire éclatée, qui le rend attirant et repoussant à la fois. Le principe du décalage interindividuel est aggravé en ce qui le concerne par une perception collective qui ne le reconnaît pas ou le reconnaît mal ; il est différent, toujours décalé, insuffisant en vertu des marqueurs habituels de l'appartenance au groupe. À moins de réaliser un exploit (il est condamné à développer une énergie en ce sens), ou de s'intégrer à l'institution mieux que ne l'aurait fait un héritier, il est assez systématiquement minoré. Ou, très souvent, évalué selon un double registre, faisant tinter, pour le décrire, un langage continuellement contradictoire. Il est trop et trop peu.

Pour lui, la vie se présente sous la forme d'une équation impossible. Sa trajectoire le place en position de demande de reconnaissance plus forte que la moyenne. Or le contexte n'est pas favorable à l'expression de ses ressources, accentuant encore sa sous-évaluation par autrui[1]. Le décalage ordinaire entre production et réception de l'image de soi est démultiplié par le fait qu'ego ne parvient pas, non seulement à faire reconnaître, mais même à affirmer clairement et efficacement ses soi possibles. Au combat contre autrui pour la reconnaissance, se surajoute un combat contre soi, faisant alterner mésestime et inflation délirante de l'ego. L'idée d'une petitesse de soi provoque le repli, le doute et la tristesse ; l'inflation de l'ego au contraire déclenche des réactions violentes et agressives [Stucke, Sporer, 2002]. Le mélange des deux pouvant déboucher sur une violence tournée aussi contre soi-même.

La lutte pour la reconnaissance, bien maîtrisée, se présente comme une sorte de négociation, image contre image, définissant des critères et des niveaux. L'inflation délirante de l'ego par contre, outre qu'elle se manifeste brutalement, provoque une grande incertitude sur les objectifs visés. Officiellement, la prétention est immense. L'anarchie intérieure est cependant telle que la demande la plus pressante est en réalité rudimentaire : être simplement reconnu et confirmé comme existant, ne pas se sentir transparent dans le regard des autres. Nous sommes ici très loin des identités froides. Les institu-

---

1. Jacques Dreyfus a réuni et commenté les *Cris et écrits de Jean Maglione* [Dreyfus, Maglione, 1994], qui illustrent de façon poignante cet inaboutissement de l'expression, précipitant le déficit de reconnaissance. Jean Maglione, fils d'immigrés italiens, mal intégré dans l'institution universitaire, criait trop sa révolte permanente pour extraire de soi des propos conformes aux attentes institutionnelles. Ses manuscrits épars, mélangeant cris et analyses, étaient restés confidentiels. « Cette semi-clandestinité était pour lui une autre souffrance. D'une façon apparemment paradoxale, il aurait voulu être reconnu par ceux dont il dénonçait l'imposture et qu'il provoquait sans cesse, mais ne faisait guère d'efforts pour aller à leur rencontre, s'astreignant rarement à une relecture de ses textes, (...) se désintéressant de la pagination, souvent incohérente quand elle ne manquait pas totalement. Etait-ce de la négligence ? Plutôt une nouvelle marque de cette déchirure qu'il portait en lui » [p.10]. Voici quelques extraits. Après avoir dénoncé les « gens de l'Université et du CNRS » [p.443], tout particulièrement « Monsieur Bourdieu », invité « à venir de temps à autre suivre un cours de sociologie de première année » [p.409], Jean Maglione, qui se dépeint lui-même comme un « Cocktail Molotov – penseur » [p.5] décrit sa vision du différentiel de perception et de langage. « Moi je me sentais, ni formé, ni produit, ni formateur, ni producteur. Un vrai néant, vous ais-je dit déjà. Tout autour de moi, il me semblait n'avoir à disposition que langue de bois » [p.443]. Néant qui pour lui aurait dû malgré tout, en son intime conviction, être compris et reconnus par autrui.

tions du monde établi se transforment en ennemies si hautaines que le combat apparaît désespéré et ne peut être que violent. Mais une violence rentrée, secrète, individuelle, n'explosant qu'en de brefs cris libérateurs. Une violence triste et tournée surtout contre soi, intérieurement dévastatrice. Un peu à l'inverse de la rage des banlieues, malgré la parenté lointaine qui unit ces deux types d'explosions identitaires.

Un premier régulateur, l'argent

Se déprendre de l'institution, perdre les bénéfices de son confort anesthésiant, n'est donc pas simple. Des risques de déstabilisation menacent, y compris pour les détenteurs de ressources. Heureusement, ego n'est pas totalement livré à lui-même. Divers instruments existent, qui permettent de réguler plus calmement et en souplesse l'invention de soi.

Tout d'abord, l'argent. J'en ai déjà dit un mot plus haut. En même temps qu'il renforce de façon commode l'estime de soi, il confère un pouvoir merveilleusement simple de transformation tranquille. La richesse, « par les pouvoirs qu'elle confère, nous donne l'illusion que nous ne relevons que de nous-mêmes. En diminuant la résistance que nous opposent les choses, elle nous induit à croire qu'elles peuvent être indéfiniment vaincues » [Durkheim, 1995, p. 282]. À condition d'avoir suffisamment d'argent (mais tout le problème est là !), il suffit d'acheter un produit ou un service pour rompre un peu avec le passé de l'existence, sans efforts, sans dangers. Sans même parfois avoir à rêver (donc à s'engager trop avant dans la construction de soi possibles), quand l'objet du désir se présente inopinément et qu'ego exécute ce que l'on appelle un « achat d'impulsion ».

Albert Hirschman [1980] explique pour quelle raison l'argent a été socialement installé dans la place centrale qu'il occupe aujourd'hui : combattre le désordre des passions (Cf. Post-scriptum *La Fable du Système*). La soudaine valorisation de l'argent au XVIIe et au XVIIIe siècle est directement liée aux prémisses de la révolution de l'identité, à sa préhistoire, marquée par l'autonomisation du politique [Gauchet, 1985]. Lui seul était vu comme pouvant permettre de canaliser la nouvelle énergie émotionnelle, d'éviter ses excès dévastateurs. Montesquieu le dit clairement dans *L'Esprit des lois* : face aux bouleversements en cours, il est le moyen d'instaurer des « mœurs douces ». Une sorte de contre-feu, diffusant des passions modestes pour en éviter d'autres plus brutales.

L'argent toutefois n'a pas que des qualités. Il peut se transformer de simple instrument en objectif exclusif de la vie, et lancer dans des combats aveugles pour en avoir toujours davantage. Son autre défaut majeur est d'être très inégalement réparti. L'inventivité tranquille et ses mœurs douces ne sont pas données à tout le monde. Pire, les personnes qui possèdent le plus d'argent sont généralement celles qui occupent des hautes positions, protégeant déjà leur estime de soi. Donc celles qui en auraient le moins besoin, d'un point de vue identitaire.

Les effets de cette inégalité de répartition sont toutefois atténués par divers micro-mécanismes correcteurs. Le premier touche les plus riches, et pourrait être résumé par la maxime suivante : trop d'argent tue l'argent. Car, de la même manière que pour les marques de reconnaissance étudiées ci-dessus, il est possible de faire état d'une véritable déperdition tendancielle du pouvoir identitaire de l'argent. Acheter une première maison change la vie ; cumuler une dixième maison, occupée deux semaines par an, ne change plus grand chose. Et peut même finir par affaiblir la sensation d'être-là, en n'étant nulle part. S'acheter de nouveaux vêtements tous les jours, amasser cent paires de chaussures de luxe, banalise l'expérience d'achat ; il y a saturation de l'effet identitaire.

Le second est à l'opposé, et donne accès à cet outil d'inventivité tranquille, sinon aux plus pauvres, du moins aux familles très serrées dans leur petit budget. La même dépense, qui pour un ménage aisé apparaît comme un acte banalisé, au pouvoir identitaire faible (par exemple un aspirateur, ou un billet pour un spectacle), joue au contraire un rôle de rupture avec le quotidien pour qui n'a pas l'habitude des « extra » comme dit le langage populaire. Elle aura donc tendance à être beaucoup plus fortement travaillée par l'imaginaire, préparée par des rêves et projets cultivant à l'extrême son potentiel d'inventivité. Ce qui ailleurs ne serait rien devient ici considérable. J'en ai donné une illustration édifiante dans *La Vie ordinaire,* avec l'histoire de Martine [Kaufmann, 1989]. Elle est vraiment ce que l'on appelle une fée du logis, dans tous les sens du terme. Elle tient parfaitement son intérieur. Mais surtout, elle crée quotidiennement de la féerie. Elle est une véritable artiste du merveilleux, transformant ce qui semblait ordinaire en ce qu'elle appelle ses « moments de l'ange » et autres « petits bonheurs ». Le moindre instant, la broutille la plus anodine, peuvent être transfigurés. Le premier secret de sa baguette magique, ce sont ses rêves, dont elle déploie la puissance à l'occasion des achats inhabituels. Voici l'exemple de la sorbetière. Elle était d'abord apparue à l'improviste dans son petit cinéma intérieur. Pendant des mois, elle garda le secret, se réinventant, en mille images enchantées, seulement pour elle-même, sûre déjà qu'il ne s'agissait plus d'un pur rêve mais d'un soi possible. Puis elle en délivra lentement des bribes à la famille, dans une véritable stratégie de propagande mélangeant images attrayantes et arguments précis (car son mari était réservé sur le coût de l'opération). Le scénario merveilleux devint progressivement collectif, exaltant la montée du désir, donnant à chacun l'impression d'être pris dans un (petit) événement. C'était une nouvelle famille qui était mise en scène, dans des séquences pleines de soleil et de rires, de bonheur et de douce complicité. La récolte des framboises chez les grands-parents maternels, la répartition des tâches dans la cuisine (alors que Martine y est habituellement toujours seule), l'invitation des copains aux prochains anniversaires des enfants.

Hélas, même les meilleures fées font parfois des erreurs. Le rêve est un fol emballement qu'il faut savoir aussi ramener au réel ; Martine parfois rêve trop fort. Elle a été notamment responsable d'un échec mentalement catastrophique, en ayant entraîné sa petite troupe familiale dans un rêve totalement hors d'atteinte : l'achat d'un camping-car. Pendant deux ans, elle avait fait monter l'enthousiasme, avant de se renseigner sérieusement sur les prix. La chute est d'autant plus terrible que le rêve auquel on finit par croire est haut situé. Rêver ne suffit pas pour s'inventer. Il faut aussi savoir associer rêve et réalité, prendre en compte les informations données par la société, réfléchir.

Un second régulateur, la réflexivité froide

Les affichages identitaires sont des tentatives de réduction de la complexité du monde, par l'imaginaire. De définition simple (et belle) du sens de la vie pouvant, si le rêve est exagéré, faire perdre pied et décrocher de la réalité. Ils sont des petites folies nécessaires pour qu'ego puisse s'inventer. Mais ils doivent, pour pouvoir se concrétiser, rester à l'écoute de ce que leur dit le monde. L'information, froide, objective, est la modératrice évitant les excès, et permettant de passer du rêve au projet véritable.

Comme pour l'argent, l'information n'est cependant pas également distribuée. Comme pour l'argent aussi, ce sont ceux qui en auraient le plus besoin qui en sont privés. Pour des raisons techniques et d'inégalité des ressources. Mais aussi, ce qui nous intéresse ici, pour des raisons liées au processus identitaire lui-même. Les personnes installées dans un système de vie leur garantissant un minimum de reconnaissance de soi ont en effet moins à se crisper sur des images et à développer une énergie d'affirmation de soi contre l'adversité. Avec par ailleurs le soutien des institutions qui les protègent, elles peuvent s'ouvrir à l'information, avec calme et curiosité, prêtes à découvrir de nouvelles dimensions de la vie. L'information, et la réflexivité tranquille qui lui est associée, est d'ailleurs dans ce contexte un élément majeur de l'innovation identitaire, qui est alors moins portée par les seules images et émotions. Les personnes atteintes dans leur estime de soi à l'inverse, sont contraintes de se positionner de façon plus défensive, et d'enregistrer les informations au travers de leur stricte grille de lecture construisant a priori le sens de leur univers. L'information, sélectionnée et adéquatement traitée, n'est plus le support d'une découverte, mais une confirmation de ce que l'on savait déjà.

Ainsi une information peut-elle conduire à deux effets opposés selon la position identitaire de celui qui la reçoit. Sa réception dépend en outre de l'architecture symbolique et cognitive de chacun [Giordan, 1998] : il n'existe pas deux personnes qui perçoivent la même information de façon exactement identique. Chacun croit comprendre l'autre alors qu'il ne fait qu'interpréter ses dires à partir de son propre univers de signification [Wolton, 2003]. La société parvient néanmoins à transcender ces filtres culturels et identitaires, et fluidifie la communication en neutralisant l'apport des nouvelles connaissances, fragmentées sous la forme d'informations positives et cumulables. L'information devient une denrée banale, qui se stocke (dans des « banques de données », l'expression est parlante) et s'échange comme n'importe quelle marchandise. Son explosif pouvoir déconstructeur est refroidi, elle est déconnectée de ses relations à d'autres savoirs, et notamment des savoirs théoriques l'intégrant à une vision du monde [Kaufmann, 2001]. Et devient ainsi, comme l'argent, un instrument tranquille d'invention de soi.

Francesca Polletta et James Jasper [2001] soulignent que l'un des défis de la sociologie est de comprendre le lien complexe unissant identité et rationalité, cette combinatoire étrange mariant une logique de fermeture et une logique d'ouverture. Nul ne songe à contester les analyses d'Anthony Giddens [1987, 1991] sur le caractère central de la réflexivité dans la modernité. Mais la réflexivité à propension rationnelle n'est pas la modalité exclusive de l'expression du sujet. Au contraire, elle apparaît souvent dans une position seconde, subordonnée à la dynamique identitaire. Le système de valeurs constitutif du sens donné à sa vie détermine fortement la manière dont la réflexion est menée. Et, plus largement encore, le regard sur soi est souvent davantage dominé par les images et les émotions que par les arguments et les raisonnements précis. Dans le mouvement historique poussant les individus à s'inventer eux-mêmes, le processus identitaire domine la réflexivité, qui ne peut être analysée de façon séparée.

L'ouverture au risque réflexif

L'individu est moins libre qu'il ne le pense. Sa réflexivité, très réelle (et historiquement grandissante) est dirigée. Elle est passé au crible des images de soi, qui peuvent être très changeantes ou au contraire lourdement générées par des foyers identitaires qui les fixent dans des collectifs persistants. Elle est également filtrée par les institutions. Plus un individu s'adosse à ces dernières, et abandonne sa capacité subjective à la socialisation institutionnelle, plus sa réflexivité se trouve être pré-définie par les cadres de pensées, et même les types de langage, qui lui sont attribués et le constituent [Douglas, 1999]. Chacun bricole à sa façon ses ouvertures à une réflexivité plus aventureuse. Mais toujours en combinant des cadres de stabilisation du savoir avec des créneaux d'inventivité.

La consultation des horoscopes en donne une bonne illustration. N'en déplaise à madame Tessier, la vision astrologique du monde représente sans doute l'opposition la plus radicale à la démarche scientifique (centrée sur l'analyse des relations complexes entre phénomènes), l'individu étant représenté comme le simple élément d'une totalité et d'un destin fondé en substance, qui inexorablement le déterminent [Chevalier, 1983]. Pourtant, l'observation détaillée des utilisations de l'horoscope montre qu'elles ne s'inscrivent pas dans un rejet systématique de la science et de la réflexivité rationnelle. Theodor Adorno [2000] avait déjà souligné la fonction de réducteur d'anxiété de la consultation de l'horoscope. Patrick Peretti-Watel [2002] développe cette thèse, et avance l'idée selon laquelle il serait possible de « considérer la lecture de l'horoscope non pas comme une superstition désuète et résiduelle, mais au contraire comme une pratique résolument moderne » [p. 5]. Il s'appuie notamment sur un indice intrigant : ce ne sont pas les plus démunis culturellement qui le consultent le plus, mais « les classes moyennes salariées et les détenteurs d'un diplôme de niveau intermédiaire » [p. 8]. Ceux qu'Adorno appelle les « semi-érudits », qui se posent des questions sur leur avenir, tout en cherchant des raccourcis pour y répondre. S'appuyant sur les conclusions d'une recherche menée par Daniel Boy et Guy Michelat [1993], Patrick Peretti-Watel ajoute que la consultation est également plus élevée chez les personnes placées dans « une situation d'incertitude, de vulnérabilité, consécutive à une rupture professionnelle (chômage) ou familiale (divorce) » [p. 14]. C'est-à-dire à des moments où l'existence ne va plus de soi, et incite à s'interroger sur le sens de sa vie. Dans des catégories sociales, nous l'avons vu plus haut, qui sont les plus sujettes à s'engager dans la dynamique identitaire, la réflexion sur soi. L'horoscope est alors une sorte de soutien, une réassurance, utilisée pour oser au contraire se poser des questions. « L'horoscopie a des vertus anxiolytiques, elle rassure l'individu qui doit mener à bien son « projet réflexif » dans un contexte très incertain » [p. 3]. Daniel Boy [2002] fait un constat analogue à propos des para-sciences. Leur audience ne se développe pas frontalement contre la science, mais dans des groupes de population faiblement inscrits dans des « systèmes de représentation du monde » [p. 43] et ne percevant pas clairement leur avenir (non-pratiquants, classes moyennes, jeunes, femmes). Les croyances particulières sont des appuis nécessaires à l'individu pour ouvrir des fenêtres de vraie réflexivité.

La pensée critique et réflexive parvient donc à faire son chemin à l'intérieur des langages les plus inattendus. Mais l'inverse s'observe également : des formes d'expression aux apparences très rationnelles ne renferment qu'une réflexivité courte. C'est le cas notamment pour des personnes plongées dans un rythme de vie intense, affairées continuellement à résoudre des problèmes. Elles ne cessent d'analyser, comparer, réfléchir, décider. Avec donc l'impression de maîtriser intellectuellement leur existence. En réalité, elles n'opèrent la plupart de ces choix qu'à l'intérieur d'un système d'existence, établi sur des valeurs et des vérités non remises en cause. L'activisme est d'ailleurs souvent une méthode pour ne pas se poser de questions allant trop loin sur le sens de la vie. La réflexivité est intense, mais courte. Et s'associe très bien à la réflexivité froide impulsée par l'institution.

La réflexivité chaude, c'est tout autre chose. Elle peut même être brûlante, comme les passions, rejoignant ici l'identité dans l'invention de soi. Mais à la différence de l'identité, la réflexivité chaude s'organise autour d'un principe d'ouverture, sans fermeture aucune. Elle est ce qui brise tous les acquis, qu'ils aient la forme d'institutions, d'habitudes ou de croyances. Elle est une aventure permanente vers un au-delà des vieilles vérités, découvrant des paysages inconnus. Elle est une distance critique radicale prise avec la vie, pour la réinventer.

Le problème est qu'elle est beaucoup plus performante dans la première phase (la déconstruction de ce qui est) que dans la seconde (la reconstruction). Car cette dernière présuppose la maîtrise de modèles théoriques, de plus en plus difficiles à mettre en œuvre, et dénigrés dans leur principe par les idées dominantes de l'époque. C'est précisément pourquoi elle est si brûlante, et même dangereuse quand elle est utilisée à trop fortes doses à l'état brut, appliquée à soi-même sans filtrages identitaires. Ou durant des laps de temps trop longs. Il faut savoir aussi se reposer.

Les identités douces

Trop de questions, trop de maîtrise de sa pauvre vie donnent parfois à l'individu l'impression qu'il n'est bon qu'à courir après des lunes. Il tente de s'arrêter, rêvant d'être simplement en tête-à-tête avec lui-même, en quête d'une sérénité parfaite. Rêve illusoire. Car le plus gros de la fatigue ne vient pas de l'extérieur mais de lui-même, du plus profond de la petite fabrique intime à inventer le soi : la machine à images et à pensées se remet inexorablement en marche, entraînant dans son petit cinéma éclatant d'émotions. L'individu seul parvient d'ailleurs mal à fixer ses limites et à s'y isoler ; il doit se lover dans des enveloppements divers pour oublier un instant les images flamboyantes et les feux questionnant qui le brûlent de l'intérieur. Face à l'agitation extérieure et intérieure, au stress de l'activisme, aux interrogations toujours plus nombreuses assorties de toujours moins de réponses, aux mises en image de soi les plus folles et les plus inventives, il lui faut un deuxième temps de la vie beaucoup plus calme et sécurisant.

Il le trouve dans des enveloppements (variante moderniste du retrait dans les petits mondes) où il se regroupe et où toute la fatigue d'être soi semble soudain oubliée un instant. Des enveloppements où il n'est qu'un être-là sans rien d'autre ; où il arrive même que cette conscience s'estompe. Il n'est plus alors que repos, agréable quand l'enveloppement est doux. Des enveloppements qui ne doivent être ni trop durables ni trop contraignants. Ni trop éphémères ou diaphanes non plus. Saisissant fort sans emprisonner ni aveugler trop longtemps. Doux à vivre sans questionner. Intenses et faciles à la fois. Mille instruments divers peuvent être utilisés pour construire la sagesse de ce bien-être momentané, communiant dans l'idée d'une totalité hors du monde agité et du temps. Une fête baignée de musique, une soudaine émotion esthétique, un bain chaud parfumé, une plongée dans l'univers d'un roman. Mais l'idéal est qu'ils parviennent à disparaître comme instruments : la sagesse harmonique la plus pure est celle d'une plénitude vide.

Conclusion

S'inventer soi-même ne s'invente pas ; les mécanismes de la création identitaire n'ont rien d'aléatoires. Bien que les instruments de l'invention (images et émotions) soient des plus volatils, ils s'inscrivent dans des procédures socialement définies et très précises. Ego ne se rêve pas n'importe comment.

C'est pourquoi ce livre ne pouvait faire l'économie d'une analyse pointilleuse du concept d'identité et de son histoire, d'une revue critique des problématiques disponibles, avant de déboucher sur des propositions argumentées. Il fallait établir des bases rigoureuses ; tel est le b-a-ba de toute bonne démarche de recherche. Il s'engage ensuite dans une forme plus proche de l'essai, risquant le mélange des genres. Mais ceci aussi était inévitable. Car les enjeux de société sont immenses autour de la question de l'identité.

La thèse centrale est que l'identité est un processus historique, qui, après une phase de transition où il fut dirigé d'en haut, par l'État, n'a pleinement surgi au niveau individuel de l'invention de soi que depuis moins d'un demi-siècle. Surgissement qui résulte d'un renversement entre structures sociales et reflets de ces structures. Non pas que ces dernières soient devenues moins opérantes ou soient moins déterminantes, sous l'effet d'une mystérieuse émancipation abstraite du sujet. Mais tout simplement parce que, s'étant faites plus contradictoires, le reflet ne pouvait que se transformer en réflexion. Ego doit désormais fabriquer (avec la matière sociale disponible) la grille éthique et cognitive conditionnant son action. La construction sociale de la réalité passe par les filtres identitaires individuels.

Ce renversement, je l'ai dit plus haut, est une révolution, aux deux sens du terme. La révolution de l'identité nous introduit dans un monde nouveau, alors que nous pensons encore avec les catégories de l'ancien, et que nous refusons de voir que l'avenir se joue selon nos décisions d'aujourd'hui. Nous avançons donc en aveugles, cependant que les dangers qui se profilent, en ce tournant aigu de l'histoire, nécessiteraient au contraire que nous fussions exceptionnellement lucides. Oui le nouveau monde dans lequel nous entrons est dangereux, très dangereux. La raison en est précise : pour la première fois dans l'histoire, ses fondements sont soumis chaque jour au questionnement, et sa reconstruction permanente repose sur la fluidité évanescente des identifications individuelles, travaillée par le mouvement imprévisible des images et des émotions. Au moment même, circonstance aggravante, où la mondialisation rapproche et confronte des différences culturelles enfouies sous les apparences de la communication, et des inégalités sociales des plus choquantes. Or l'individu de l'âge des identités est contraint de fournir lui-même l'énergie de sa propre action. Il doit pour cela croire à ses valeurs (voire se crisper sur ses croyances) et restaurer l'estime de soi. Hélas, dans un univers ravagé par la compétition interindividuelle et le déficit structurel de reconnaissance, celle-ci n'est souvent obtenue que par le dénigrement d'autrui, et parfois le combat sans merci. Sous les causes proclamées en surface, il faut savoir lire plus profondément la quête existentielle. Je existe parce qu'un autre est mauvais, parce qu'un autre est vaincu. L'invention de soi, perspective irrépressible et fascinante de responsabilité et de liberté (qui accepterait de revenir à l'ancienne société du destin ?), ouvre parallèlement sur un horizon de désarroi, d'implosions individuelles et d'explosions collectives. Car il n'existe rien de plus difficile à canaliser que l'énergie mentale d'affirmation de soi, pourtant de plus en plus indispensable.

L'invention de soi émotionnelle et imagée, ainsi que le retrait dans des enveloppements exquis ou de petites cosmogonies sécurisantes, expliquent que les institutions (politiques, économiques, sociales ou culturelles) de gestion de la société soient perçues, de façon critique, comme froidement lointaines et bureaucratiques, engoncées dans leurs habits tristes et perdues dans leur langue de bois. Elle sont pourtant le support d'une logique de rationalité réflexive, qui nous sauve d'un déchaînement d'explosions incontrôlables. Que ce soit au niveau de l'individu ou à celui, le plus global, des affaires du monde, la concurrence est permanente entre logique réflexive et logique identitaire, la première animée par l'ouverture à l'information, la seconde par la fermeture du sens. Rien n'est écrit à l'avance, l'une pouvant toujours l'emporter sur l'autre et inversement. Avec des conséquences sociales considérables selon les options qui sont prises. C'est pourquoi par exemple, il me semble important de refuser de suivre tous ceux qui, au nom du réalisme, déclarent que le projet de l'ONU et du multilatéralisme est une utopie, que les grandes nations défendront toujours d'abord leurs intérêts. Une utopie ? Peut-être. Mais une utopie nécessaire. Qui ne conviendrait des défauts de fonctionnement et des limites de cette ombre de gouvernement de la planète ? Ce trop peu et ce si décevant comparé au rêve, est pourtant infiniment précieux au regard du pire, susceptible à tout moment d'éclater. Les États notamment n'ont pas abandonné la tentation nationaliste. Seule une force de contrainte multipolaire peut la contenir. Seule une régulation croisant des points de vue contradictoires peut briser les enfermements, qu'ils soient nationaux ou communautaristes.

Au point de non maîtrise des événements où nous sommes parvenus, la bureaucratie à prétention rationnelle et régulatoire est la première arme dont nous disposons pour refroidir et stabiliser quelque peu la société. Arme purement défensive, et guère enthousiasmante, incapable de dessiner un projet d'avenir. La seconde n'est encore qu'embryonnaire, engluée dans les tâtonnements du mouvement citoyen pour une autre société, ou émergente dans la générosité bénévole des organismes humanitaires internationaux. Hélas, le mouvement citoyen du monde s'enferme souvent dans des catégories de pensée étroites et anciennes, piégé lui aussi par la logique identitaire, l'incitant à se focaliser sur la seule opposition à des ennemis, ne dédaignant pas à l'occasion l'usage de la violence. Les méthodes et les théories ne sont pas à la hauteur de la nécessaire utopie. Peut-être faudrait-il apprendre à rêver collectivement ? À préférer l'altruisme et le goût des autres au conflit et au mépris systématiques ? À construire au quotidien une société de chaleur et de caresses ? Utopie, utopie, belles paroles, dira-t-on. Certes, j'en conviens ; ceci ne constitue pas un programme politique sérieux. Mais l'invention de soi vient du rêve. Pourquoi l'invention de la société ne pourrait-elle pas un jour venir des plus douces utopies ?

POST-SCRIPTUM
La fable du Système

Au moment de refermer l'écriture de ce livre, je me dis que si les dangers qui nous menacent sont bien ceux que je dessine, alors les « armes » proposées sont très insuffisantes pour répondre aux défis de l'époque. Peut-être même dérisoires. La réflexivité bureaucratique est trop tristement froide pour mobiliser les cœurs et les âmes. La douce utopie de relations plus humaines trop utopique ; le beau slogan des rêveurs *hippies,* « Faites l'amour, pas la guerre », n'a jamais arrêté aucune guerre et a été recouvert par le déchaînement des violences. Les individus seuls ne peuvent rien s'ils sont entraînés par un monde qui dérive sans boussole. Donner sens à sa propre vie ne suffit pas, il faudrait pouvoir redonner sens au mouvement du monde. Autant dire que l'utopie franchirait encore un cran supplémentaire !

Utopie ou pas, la question demeure : pourquoi le monde a-t-il perdu le sens de son mouvement ? Était-il inéluctable qu'il le perde, alors même que les individus donnaient sens à leur propre vie, comme par une sorte de transfert des cadres significatifs, déplacé des sociétés vers les individus ? Je ne le crois pas, ou du moins, pas au point qui a été atteint aujourd'hui. Il faudrait, pour vérifier cette simple intuition, reprendre l'histoire de l'identité sous un autre angle, en privilégiant la question du gouvernement de la société. J'ai dit que l'histoire de l'identité était celle du passage du reflet à la réflexion, et j'ai détaillé ses mécanismes au niveau de l'individu. Mais je suis resté très succinct sur les convulsions de la préhistoire de ce processus, alors qu'il était dirigé par le haut (me limitant à la question des papiers d'identité, c'est-à-dire à l'aspect technique de la fabrication des identités individuelles). Or bien des événements majeurs se sont produits, bien des luttes sociales, politiques et idéologiques se sont développées pour tenter de définir l'orientation des premières expressions identitaires. C'est d'ailleurs leur épuisement qui explique l'essor de l'invention de soi individuelle depuis quelques décennies. L'argent en particulier (dont j'ai signalé le rôle actuel dans la canalisation des identités) a fait l'objet de débats, qui peuvent paradoxalement nous apprendre beaucoup sur l'avenir du monde malgré leur ancienneté.

D'où l'idée d'ajouter au présent livre ce post-scriptum plongeant dans une autre histoire, pour tenter de comprendre pourquoi le monde a perdu le sens de son mouvement. Hélas, je ne peux pour cela faire autrement que brasser cinq siècles en quelques pages, rendant raison des principes de toute l'économie et de la politique ! Autant dire un vrai suicide intellectuel pour tout scientifique se voulant honnête. Je demande donc au lecteur de considérer ce qui suit comme une très libre rédaction, une sorte de fable scientifique. Il n'y a là à mon avis rien de déshonorant. D'ailleurs, y compris les hypothèses des sciences les plus dures peuvent être considérées comme des fables provisoires, en attente d'être reconnues comme vérités. Ma fable scientifique est donc simplement un peu plus fable que les fables scientifiques ordinaires, une suite d'hypothèses un peu plus hypothétiques que leurs consœurs établies.

• La folle ronde de l'argent

Où donc la mondialisation nous entraîne-t-elle ? Ses défenseurs expliquent qu'il n'existe pas d'autre choix possible que le marché, désormais global. Qu'il faut jouer le jeu, de bonne ou de mauvaise grâce, et plutôt le jouer du mieux possible. Car le pays qui rechigne se trouve aussitôt pénalisé d'un moindre développement, gros de souffrances sociales. L'économie impose sa loi. Les hommes sont devenus ses sujets.

Pourtant, parallèlement, d'autres nous expliquent que les mêmes hommes sont devenus sujets dans le sens contraire du terme : maîtres de leur existence personnelle et collective. La « frénésie transformatrice et accumulatrice » [Gauchet, 2002a, p. XXVI] qui nous mène par le bout du nez prend dès lors l'allure d'une énigme :

comment des maîtres de leur destinée peuvent-ils ne pas être en mesure de choisir les règles du jeu qui les agite ? « La vérité est que la raison de l'économie n'est pas dans l'économie. Elle relève d'une orientation culturelle et non de la nécessité naturelle. C'est le ressort de cette démesure qu'il faudra percer si l'on veut un jour gouverner pour de bon l'économie » [*idem*].

Il faut pour cela nécessairement regarder du côté de l'histoire, remonter au moment où, et aux circonstances qui ont fait que, le dieu (ou le démon ?) économie a commencé à s'installer à la place qui est désormais la sienne. Malheureusement, l'exercice s'avère pour le moins problématique. Car un récit de ces faits existe déjà, largement perçu comme légitime. Qui plus est, se présentant comme simple, clair, efficace, honnête et rigoureux. Pourtant, il ne répond pas à la question. Il raconte de façon limpide l'enchaînement quasi-naturel des choses ayant produit la société par l'élargissement continu du marché et l'innovation technologique. L'histoire, toute l'histoire, se récite alors par l'économie et la technique, sous forme de simples étapes d'un processus inéluctable ; depuis les marchands vénitiens jusqu'à la révolution industrielle, de la manufacture à Internet. Celui qui veut chanter sur une autre musique apparaît comme un esprit original mais dérangé ; pas sérieux. Il lui faut faire preuve d'un soin méthodologique et d'une argumentation hors du commun pour parvenir à se faire entendre. Tel fut l'exploit de Max Weber [1964], démontrant avec brio que les hommes qui fondèrent avec le plus de succès le capitalisme s'inscrivaient dans une éthique particulière ; l'économie pouvait donc dépendre de dispositions mentales. L'explication wéberienne fut toutefois récupérée, et réduite à l'état d'épiphénomène. Oui, sans doute, une éthique avait prédisposé certains individus plutôt que d'autres, mais cela ne changeait rien à l'affaire : les lois de l'économie étaient au-dessus des personnes, elles devaient de toute façon un jour ou l'autre s'imposer.

Le cours des idées est décidément chose curieuse. Dans les débats actuels (contrairement à la théorie officielle stipulant que chacun est censé pouvoir développer ses arguments sur un pied d'égalité), une discrète mais stricte hiérarchie classe les propositions, des plus légitimes, admises tout en haut des évidences massivement partagées, aux méprisables incorrectes renvoyées tout en bas. Tout en haut par exemple, se trouve aujourd'hui le scepticisme critique et le relativisme culturel, très à la mode. Tout en bas, l'idée que les mouvements de l'histoire pourraient à l'inverse nous dire quelque chose de notre avenir. Le seul mot d'évolution donne des frissons de dégoût à la bonne société intellectuelle. Dénigrée l'entreprise de Patrick Tort [1996] pour revisiter le procès fait à Darwin ; rejetés les textes de Norbert Elias [1993] où il inscrit le social dans la très longue durée. Autre hiérarchie : le symbolique et l'idéel pavanent et bavardent sous les feux de la rampe, alors que la matérialité qui fabrique quotidiennement l'humain est renvoyée au silence dans un sombre recoin des coulisses. Ignorées les puissantes analyses d'André Leroi-Gourhan sur la mémoire matérielle [1965] ; tournées en dérision les brillantes intuitions de Bruno Latour sur les non-humains [1991]. Or l'histoire racontée par l'économie s'inscrit dans le matérialisme le plus plat et dans l'évolutionnisme le plus rectiligne que l'on puisse imaginer. Un évolutionnisme naturalisé, devenu limpide parce qu'il a effacé les contradictions et la dynamique du social. Ce qui est le plus contraire aux idées de l'époque s'impose donc comme discours dominant, cependant que celui qui voudrait contester ce discours est stigmatisé pour manque de sérieux ! Il faudrait oser poser la question de savoir de quel côté en réalité est la fable : ne nous racontons-nous pas sur notre histoire une véritable histoire à dormir debout ? Mais j'ai promis que je ne me prendrais pas trop au sérieux. La partie n'étant pas égale, c'est à moi de rester dans le fabuleux. Voici mon récit.

• Dès le début des problèmes

Il ne commence pas, il ne peut calmement commencer par « Il était une fois... ». Car dès le début a surgi un problème ; l'humanité est née d'une contradiction. J'ai tenté de décrire ces origines dans *Ego*, origines trop souvent récitées, là encore, comme une simple évolution, faisant suite à l'évolution biologique : l'homme, ayant acquis un gros cerveau, serait devenu intelligent, et aurait inventé la société. Alors que c'est par les mille traces de lui-même (les outils, les savoir-faire, le langage), progressivement inscrites en une mémoire sociale autonome, qu'il est parvenu à créer le fait social et l'idée de société, qui l'ont rendu vraiment intelligent [Guille-Escuret, 1994]. Qui l'ont rendu intelligent justement parce qu'il y avait un problème. Car la création n'était pas à la hauteur du rêve.

Ce rêve, il est important de bien le comprendre. Les pré-hommes, proches cousins des singes, avaient effectivement réussi à développer de premières formes d'habileté technique et d'intelligence. Leurs comportements continuaient toutefois à être régulés par le biologique. Il y avait un système de régulation globale (biologique), et, à l'intérieur, des improvisations astucieuses et des apprentissages, de plus en plus nombreux. Or autant l'évolution de l'intelligence pratique pouvait être progressive, autant il était impossible qu'il puisse en être de même pour le système de régulation globale. Il ne pouvait donc y avoir que rupture brutale entre le biologique et le social. Non pas qu'il n'y ait eu que du biologique avant et que du social après (au contraire, l'homme d'aujourd'hui reste encore largement déterminé par l'animalité qu'il porte en lui). Mais le système de régulation lui, ne pouvait être qu'unique.

Bien que nous manquions de témoignages, il est probable que l'idée de société soit apparue soudainement, non sans transes ni violences. Nous savons mieux quelles furent ses formes initiales : religieuses, perçues comme conférées par une puissance dépassant l'humain, l'intégrant dans une totalité organisée. Tel était en effet le rêve : trouver un nouveau Tout, aussi merveilleusement total que le biologique, qui définisse avec la même évidence le sens des actions et les mouvements de la vie. Et c'est bien là qu'il y eut problème. Car jamais, même dans les phases les plus intensément religieuses de l'histoire, le nouveau Tout social ne parvint à atteindre la perfection circulaire du biologique. Il y avait toujours au moins un petit quelque chose à remettre au point. Le grand Tout vraiment total n'était qu'un rêve. Il parvint toutefois pendant des millénaires à créer l'illusion. Jusqu'au jour où… (puisque le ton est à la fable, je me permets cette liberté narrative). J'ai raconté dans *Ego* le moment décisif, au siècle des Lumières, où quelques philosophes eurent l'idée de remplacer Dieu par la Raison comme clef de voûte de l'ordre du monde. Les conséquences en furent incalculables. La Raison échoua dans le rôle qui lui avait été confié, et précipita au contraire la fragmentation sociale, jusqu'à ce qu'émerge un nouveau pôle de réorganisation : l'individu.

• Raison et passions

Après ce trop long préambule, il est temps de rentrer dans le vif du récit. Je m'aiderai pour cela d'un livre n'ayant rien d'une fable, à qui je reprends nombre des idées qui vont suivre. La découverte d'un tel trésor, quand des arguments manquent pour étayer des thèses qui tiennent à cœur, est un bonheur intense ; on se sent moins seul pour continuer. Merci donc à Albert Hirschman pour son superbe livre *Les Passions et les intérêts,* et pour ce bout de chemin ensemble.

L'histoire des hommes, depuis le début, n'est peut-être rien d'autre que l'impossible quête de la totalité perdue. Les sociétés premières furent sans doute celles qui se rapprochèrent le plus de cet idéal. Les instruments inventés par la suite, perçus comme pouvant renforcer la cohésion, engendrèrent en réalité à chaque fois l'effet inverse. Tel fut le cas de l'État et du politique. Qui émergèrent d'une nouvelle conception de la religion, laissant aux individus une relative autonomie dans la gestion de leur destinée.

Avant même que cet État moderne ne soit pleinement instauré, sous l'égide de la Raison, quelques fins penseurs et conseillers du Prince, commencèrent à discrètement s'inquiéter de cette trop libre puissance. Et si le Prince était pris de quelque coup de folie, qu'adviendrait-il de l'ordre du monde ? Or en ce temps-là, les passions emportaient aisément les hommes et étaient même cultivées comme autant de vertus distinguant l'aristocratie de la masse. Rien ne semblait pouvoir être placé au-dessus de l'honneur chevaleresque et de la gloire. Le politique naissant était donc susceptible de ruiner le bel ordonnancement des choses si une parade n'était pas trouvée. Une réflexion s'engagea à propos des méandres émotionnelles de la nature humaine. Certains prônèrent la répression, cohérente avec le vaste mouvement de réorganisation du sensible qui disciplinait l'ensemble du corps social [Elias, 1975]. D'autres arguèrent que de tels ressorts de l'action ne pouvaient être éliminés et qu'il était préférable de combattre les passions par les passions, de faire le tri, de rejeter les mauvaises et de favoriser les bonnes. « Il faut mettre affection contre affection, et maîtriser l'une par l'autre » écrit Bacon dans *L'Avancement des sciences,* en 1605. En quelques dizaines d'années, la représentation sociale des passions fut bouleversée et la hiérarchie s'inversa. Ce qui était noble hier devint détestable, et ce qui était vil paré de tous les mérites.

L'honneur et la gloire, magnifiques en eux-mêmes, étaient malheureusement trop contraires à une sage et saine administration des hommes exigée par le nouvel État. Elle se métamorphosèrent donc en passions dangereuses et de ce fait condamnables. À l'inverse, il fallait trouver quelque passion plus tranquille, capable de donner de l'énergie tout en évitant les écarts de conduite. Elle fut découverte dans les bas-fonds de la mentalité de l'époque, avec ce qui était considéré auparavant comme le plus infâme : l'avarice et la cupidité, l'amour de l'argent.

• Intérêt et raison d'État

Ce retournement aurait été impossible sans un artifice. Comment, en quelques dizaines d'années, le plus infâme avait-il pu se métamorphoser en vertu suprême ? L'étonnant est sans doute que ce fut par la grâce des mutations discrètes d'un simple concept. L'épisode qui suit est donc passionnant du point de vue d'une sociologie de la connaissance : parfois quelques idées suffisent pour bouleverser le monde. Situation rare, et qui n'est pas donnée à n'importe quelle idée, dans n'importe quel contexte. Situation troublante aussi. Car une des caractéristiques de ces idées révolutionnaires est d'être des idées fausses. Certaines exagérément abstraites, et trahissant de ce fait la réalité. Comme les concepts de rationalité ou d'individu [Kaufmann, 2001]. D'autres particulièrement floues et confuses, comme celle qui nous intéresse ici. Paradoxalement, c'est le flou qui crée la force (nous l'avons vérifié avec le concept d'identité). Plus curieusement encore, le flou des définitions crée une illusion d'évidence. Le concept soudainement s'impose, et est repris par tous, sans que personne ne cherche à répondre aux questions les plus simples à son propos, alors qu'il enveloppe pourtant des contenus hétéroclites et changeants. Il se transforme en terme magique. Voilà ce qui est arrivé à l'identité. Voilà ce qui arriva quelques siècles plus tôt à l'intérêt.

À l'origine le terme n'avait pas la signification que nous lui connaissons aujourd'hui. Au XVIe siècle, il ne se rapportait pas de façon étroite au monde de l'argent, mais « s'étendait au contraire à l'ensemble des aspirations humaines, en impliquant toutefois un élément de réflexion et de calcul dans le choix des moyens de les satisfaire » [Hirschman, 1980, p. 34]. Il était une sorte d'équivalent pratique d'une Raison insaisissable et quelque peu difficile à concrétiser. Pour Machiavel, l'intérêt et la raison d'État sont d'ailleurs synonymes. En 1638, le duc de Rohan ouvre son essai *De l'intérêt des princes et États de la chrétienté* par cette phrase en forme de précepte : « Les princes commandent aux peuples, et l'intérêt commande aux princes ». Signifiant par là que la raison pratique doit conjurer le dangereux dérèglement des passions. Il ajoute plus loin qu'« en matière d'État on ne doit pas se laisser conduire aux désirs déréglés, qui nous emportent souvent à entreprendre des choses au-delà de nos forces, ni aux passions violentes qui nous agitent diversement selon qu'elles nous possèdent, (…) mais à notre propre intérêt ; guidé par la seule raison, qui doit être la règle de nos actions ».

Le terme avait toutefois, depuis longtemps, une seconde signification, très différente, peu utilisée dans le monde intellectuel : il désignait la rente perçue sur les prêts d'argent. Est-ce l'idée du calcul, présente dans les deux cas ? Toujours est-il qu'un glissement sémantique s'opéra sur une période très brève. L'intérêt, sans que personne ne relevât le changement, prit soudainement un contenu plus économique ; les calculs raisonnables trouvaient à s'accrocher à des objectifs pragmatiques et profitables. À peine cette trouvaille émergea-t-elle qu'elle provoqua une « véritable effervescence intellectuelle » [Hirschman, 1980, p. 48] : le terme magique était mis en position de résoudre tous les problèmes.

Cette puissance résultait des ambiguïtés et zones d'ombre. La brusque gloire du concept se forma en effet à partir d'une confusion, issue d'un concours de circonstance. L'intérêt vu comme équivalent de la raison avait été placé au plus haut de la hiérarchie des valeurs. Il avait acquis une noblesse intellectuelle telle qu'elle occultait les méprisables questions d'argent. Quand le glissement vers un contenu plus économique s'opéra, il conserva ce prestige intact. En enveloppant de nouvelles réalités, le terme magique les transforma alors aux yeux de l'opinion. La cupidité, passion infâme, sitôt renommée intérêt se métamorphosa en vertu cardinale. Bien que les faits désignés par la nouvelle expression fussent objectivement les mêmes, le changement de représentation bouleversait leur place dans l'ordre du monde. L'ancienne passion était détestable en ce qu'elle s'opposait à l'idée de grandeur et de noblesse ; elle était petite et mesquine. Une fois rebaptisée, elle eut au contraire pour elle d'être un sentiment calme et paisible, loin des exaltations et autres fureurs dangereuses pour la conduite de l'État. De faire appel au calcul et à la mesure, qualités essentielles pour l'administration en train de naître.

De faire appel, donc, d'une certaine façon à la raison. Mais de quoi parlait-on exactement ? S'agissait-il de passion ou de raison, les deux grandes catégories qui depuis Platon divisaient l'âme humaine ? Le flou du concept permettait justement (c'est cela qui lui donna sa force et lui permit de s'imposer si rapidement) d'inventer une troisième modalité, un hybride entre passion et raison. L'intérêt, passion modérée et réfléchie, était l'instrument rêvé permettant d'éviter « le pouvoir destructeur de la passion » et « l'impuissance de la raison » [*idem*, p. 44].

À vrai dire, l'instrument sembla échouer dans sa visée la plus directe : la gestion des affaires de l'État. L'intérêt n'était guère plus concrétisable que la raison. Mais, miracle des concepts flous, en s'appliquant plus largement aux sujets du royaume, il procura les instruments qui manquaient à la nouvelle administration. En façonnant « une personnalité humaine moins luxuriante, moins imprévisible et en fin de compte plus « unidimensionnelle » » [*idem*, p. 119], il dégagea un horizon social stabilisé, mesurable, maîtrisable. Des hommes guidés par l'intérêt permettaient à l'État de développer une rationalité opératoire. Pour les conseillers du prince, le concept et son arrière-plan obligé (le développement des échanges marchands) était le « moyen d'éviter l'effondrement de la société » [*idem*, p. 117], le nouvel outil de structuration de la cohésion sociale.

• Le « doux commerce »

Le capitalisme évidemment ne se fit pas prier pour occuper la place qui lui était offerte. Il n'attendait que cela, avide de libérer l'énergie transformatrice qui était en lui. Mais il n'aurait pu le faire s'il n'avait été positionné ainsi au cœur du politique par le politique lui-même. Albert Hirschman souligne ce point important : la révolution capitaliste n'est pas venue de contestations extérieures à l'ordre ancien, mais de l'intérieur, des conseillers du prince et des grands commis de l'État. D'une manière très pragmatique et discrète, par l'introduction de l'intérêt au centre de la machinerie sociale.

Rares sont ceux qui, comme Tocqueville, notèrent que le goût des jouissances matérielles peuvent se développer « plus rapidement que les lumières et que les habitudes de la liberté » [cité par Hirschman, p. 111]. Au siècle des Lumières justement, la Raison majuscule semblait pouvoir s'harmoniser naturellement avec son équivalent pratique régulant le commerce des hommes. Le commerce ! Nouveau flou de la définition ! Parallèlement à l'intérêt, ce terme avait en effet une double signification. Outre les échanges marchands, « commerce » désignait aussi les conversations et relations de politesse. Comme pour l'intérêt également, la montée du commerce dans la représentation de l'ordre du monde fut donc facilitée par son aimable second sens. Ascension aussi irrésistible que discrète, car l'univers marchand était alors vu de haut et peu considéré. « Le triomphe du capitalisme, comme celui de maint tyran des temps modernes, doit beaucoup au refus de le prendre au sérieux » [*idem*, p. 57]. Les penseurs qui imaginèrent de l'utiliser pour établir une nouvelle régulation sociale et réformer la gestion étatique étaient donc des innovateurs, en rupture avec les idées de leur temps. Tel fut notamment le cas de Montesquieu, argumentant sur les « douceurs » du commerce. *L'Esprit des lois* développe bien sûr d'autres propositions pour préserver le pays du despotisme. Mais les passages sur le commerce sont particulièrement clairs : « (…) C'est presque une règle générale, que partout où il y a des mœurs douces, il y a du commerce ; et que partout où il y a du commerce, il y a des mœurs douces ». L'amour de l'argent est une passion modérée, un désir tranquille contrastant avec les fureurs guerrières, un contre-poison idéal à la folie dévastatrice de possibles tyrans. Un siècle plus tard, Marx aura beau jeu de railler le « doux commerce » et de dénoncer sa violence inhumaine, la misère du peuple, le travail des enfants. Pour le moment la perception est très différente, et elle installe secrètement l'économique comme pivot du politique. En canalisant l'action humaine, et en réduisant la raison à l'intérêt, le doux commerce conjure les risques d'ingouvernabilité. En réduisant les passions humaines à des paramètres calculables, il rend possible la maîtrise de l'avenir. « En somme on demandait au capitalisme d'accomplir très exactement ce qu'on présentera bientôt comme le pire de ses méfaits » [*idem,* p. 119].

L'économique, le politique et le scientifique se présentaient en prétendants au remplacement de la religion comme axe organisateur du nouvel ordre du monde ; rien n'était écrit à l'avance. Officiellement, la Raison sembla occuper cet avant-poste, et commença effectivement son travail progressif d'infiltration subversive du corps social par la réflexivité. Concernant la conduite directe des affaires communes cependant, elle était un outil trop abstrait, et s'assujettit logiquement au politique, qui lui-même se structura comme nous l'avons vu autour d'un capitalisme qui n'allait pas tarder à imposer son auto-régulation, théorisée par Adam Smith. L'économie de marché, bien entendu, n'est pas une pure invention du politique. Elle existait déjà, active et calculatrice, dans certaines villes italiennes et flamandes du Moyen Âge. Mais au XVIIIe siècle, elle ne régnait encore que sur « des secteurs très limités d'échanges, la finance, le commerce international, minces pellicules à la surface » [Castel, 1995, p. 202]. Elle fut choisie comme instrument de gouvernement bien avant de dominer la société. Elle ne domina la société que parce qu'elle avait été choisie comme instrument de gouvernement. Le débat sur les passions et les intérêts au XVIIe siècle n'avait donc rien d'une causerie anodine.

• Les méfaits de la main invisible

Les promoteurs de la première phase, capitaliste-libérale, opérèrent une véritable rupture historique. Certes le nouveau (l'économie de marché, le salariat) n'était pas si nouveau que cela, il avait longtemps cheminé dans les marges. Mais ils l'imposèrent au cœur de la société, « *contre* les régulations précédentes » [*idem*, p. 158, souligné par l'auteur]. Ils étaient moins des capitaines d'industrie que des utopistes, animés par l'idéal des Lumières, convaincus d'appliquer concrètement son programme ; la Raison davantage que le profit. Ils croyaient d'autant plus à leur rêve qu'ils avaient de l'homme une vision séraphique : le doux commerce était censé exalter les sentiments moraux. Pendant la première moitié du XIXe siècle, au-delà de quelques épisodes agités, il sembla que l'utopie pouvait se réaliser : la Raison réduite à l'intérêt fabriquait ces individus calculateurs qui, par la grâce de la « main invisible » du marché, instauraient un équilibre des mouvements remplaçant l'ordre fixe de la vieille société. L'individualisation précipitée par l'avènement de la Raison se coulait tranquillement dans la forme capitaliste.

Robert Castel [1995] montre comment en France, lors de la Révolution, cette conception ne s'imposa toutefois qu'au terme de controverses sur le secours aux indigents. Deux conceptions du rôle de l'État s'affrontaient. Elles étaient inconciliables ; minimaliste assurant l'efficacité du marché, ou interventionniste garantissant une redistribution sociale. Le libéralisme imposa son modèle. Mais, « ce qui va alimenter l'histoire du XIXe siècle, c'est le retour de ce social à la fois libéré et refoulé par la synthèse libérale révolutionnaire » [*idem*, p. 194]. Le doux commerce allait arracher les individus à leurs communautés intégratrices, les entasser dans les faubourgs miséreux de la modernité naissante, fabriquer une « classe dangereuse » pour les nouveaux nantis. Car les « damnés de la terre » mercantile allaient bientôt se dresser contre l'inhumanité et l'injustice de la « main invisible ». L'autorégulation sereine purement libérale était un leurre.

Notamment parce qu'elle forma deux catégories bien distinctes de citoyens. La Raison réduite à l'intérêt permettait certes d'inventer un individu autonome, maître de sa destinée. À la condition toutefois qu'il puisse disposer d'un capital. « C'est ce que l'on pourrait appeler l'aporie fondamentale de la propriété, posée comme le support nécessaire de la citoyenneté, mais dont la majorité des citoyens sont exclus » [Castel, Haroche, 2001]. Les larges masses, outre leurs conditions misérables, étaient de fait exclues du principe d'auto-définition du sujet inscrit dans la *Déclaration des droits de l'homme et du citoyen.*

• Deux régimes d'identité

Nous avons vu que le concept d'identité doit être historiquement contextualisé avec précision, et que l'appliquer à des sociétés anciennes est souvent un contre-sens ; la quête identitaire est intrinsèquement liée à la modernité. Elle ne s'impose d'ailleurs véritablement que dans la période contemporaine, avec la généralisation de l'invention de soi individuelle. Les formes dont je vais parler en sont seulement annonciatrices.

Quels sont les ressorts qui poussent les hommes à l'accumulation de richesses, quelle est l'énergie qui agite la main invisible ? Dans sa *Théorie des sentiments moraux,* la réponse d'Adam Smith est très claire. « Nous n'en attendons d'autres avantages que d'être remarqués et considérés, rien que d'être regardés avec attention, avec sympathie et avec approbation ». L'économie de marché repose sur la recherche d'estime de soi. Condamné à se construire lui-même, l'individu amasse des biens pour se percevoir positivement dans le regard des autres (l'intérêt d'ailleurs est alors souvent synonyme d'« amour de soi » [Hirschman, 1980, p. 44]). L'argent est l'équivalent universel, l'instrument de fluidité permettant de mesurer la grandeur : chacun sait où se situer. Face aux horizons infinis susceptibles d'être ouverts par la Raison (les mille autres critères marquant la valeur personnelle), où l'homme pourrait se perdre dans des quêtes insensées, il définit une simple place dans un classement. Il repose et il rassure. L'individu peut vivre sans risques l'autonomie quand l'autonomie se limite à l'intérêt. La propriété privée fut la base matérielle qui permit la propriété de soi [Castel, Haroche, 2001], première forme d'identité moderne.

Pour les riches évidemment, et uniquement pour eux. Car les masses miséreuses urbaines au contraire, qui n'avaient rien demandé, furent plongées dans un abîme, un effondrement des références existentielles. Violemment déracinées, sorties des cadres qui définissaient traditionnellement leur être, elles n'avaient à offrir que leur pauvre force de travail dans le nouveau jeu social qui s'ouvrait. Elles étaient soudainement propulsées dans la modernité enjoignant de se construire soi-même sans en avoir parallèlement les moyens, réservés aux possédants. Elles ne se sortirent de ce piège qu'en inventant un autre mode d'inscription identitaire, non pas individuel mais collectif : la classe sociale. Peter Wagner relève qu'au XVIIIe siècle, personne ne parlait de travailleurs au sens actuel, et encore moins de classe ouvrière. C'est entre 1780 et 1840 environ, en Angleterre, en France, en Allemagne, aux États-Unis, qu'ils commencèrent « à se désigner eux-mêmes comme tels et à développer largement leur sentiment de solidarité » [1996, p. 92]. Après les premières combats informels, le mouvement ne tarda pas à s'organiser. « L'apparition du mouvement ouvrier peut être comprise comme une lutte pour une identité sociale » [*idem*, p. 103]. Le marxisme enfin donna une théorie, en forme de destin, une fierté, un cadre collectif de définition positive des identités personnelles. Un cadre opposé à la société dominante. Deux groupes sociaux, deux théories politiques, deux régimes identitaires se faisaient face. Jean-Pierre Terrail remarque que l'identification ouvrière a précédé les concentrations industrielles, que la représentation a anticipé les faits, notamment à travers l'effervescence des grandes luttes sociales, qui « confèrent à cette identité ses caractères originaux : le poids de la conscience antagoniste qui leste dans l'*ethos* de classe l'opposition du eux et du nous, la revendication d'autonomie prolétarienne que théorise l'anarcho-syndicalisme, et qui transparaît dans les pratiques de lutte, le sentiment non seulement de la domination sociale mais de son caractère historiquement périssable » [1990, p. 81]. Ce n'est pas la classe qui a défini une identité, mais l'identité qui a fabriqué la classe.

• Naturaliser la nation

Le politique, qui aurait pu déjà se dissoudre dans la simple administration économique des hommes et des biens, connut donc un début de sursaut autour de la question sociale, qui ne cessa de prendre de l'importance tout au long du XIXe siècle. Il trouva également une autre faille lui permettant de s'émanciper de la plate régulation économique : la nation. Les libéraux se référaient à un modèle abstrait du marché, ou, comme Adam Smith, théorisaient de façon visionnaire les principes du libre-échange. Les premiers temps du capitalisme triomphant furent cependant beaucoup plus marqués à l'intérieur de frontières nationales. La « main invisible » ne pouvait tout faire à elle seule, un minimum d'organisation était indispensable, dont le seul acteur possible était l'État-nation. D'autant que le nouveau système politique démocratique associé au marché devait obligatoirement émerger dans des territoires spécifiques bien délimités [Rokkan, 1970].

Le fondement culturel (et même linguistique) des entités nationales était néanmoins à l'époque beaucoup moins évident qu'aujourd'hui. Il fut en grande partie imaginé et bricolé, avec du matériau disparate. En Italie par exemple, les intellectuels du *Risorgimento* étaient conscients d'inventer une nouvelle forme sociale dépassant les nombreuses particularités localistes. Mais le rêve était autre, comme dans toutes les nations européennes. Il était de découvrir (dans la langue, la culture, l'histoire) une essence naturelle légitimant ce nouvel ensemble nécessaire. De parvenir à se représenter la nation comme un être vivant [Noiriel, 2001]. De la vivre comme une totalité aussi parfaite et charnelle que la régulation biologique, clairement séparée des autres nations. Les esprits s'enflammèrent autour de cet autre concept flou, cette autre identité collective, qui allait avoir un grand avenir dans les deux siècles suivants. En France, l'idée se cristallisa aussitôt dans le feu et le sang de la guerre révolutionnaire puis des conquêtes napoléoniennes, qui à leur tour excitèrent le nationalisme des peuples agressés. De tels événements violents traduisent mal toutefois ce que fut la tonalité de l'idée nationale dans le cours du siècle. « Ces entreprises intellectuelles étaient fort éloignées du nationalisme agressif si répandu vers la fin du XIXe siècle, mais elles visaient elles aussi à tracer des frontières, à définir et borner l'autodétermination collective autour de communautés sociales « imaginées » » [Wagner, 1996, p. 90].

Le politique affûtait ses armes. Il disposait, avec la question sociale et avec la nation, de deux instruments majeurs d'intervention lui permettant de s'imposer. La « main invisible » n'avait gagné que la première manche. Pendant qu'elle semblait s'établir comme régulateur du social, le politique s'assujettissait les professionnels de la Raison pour préparer (après les premiers temps glorieux de la fondation de la démocratie) son retour fracassant sur les devants de la scène.

• Le paroxysme du politique

L'espace du politique nous apparaît (faussement) comme un donné quasiment universel et anhistorique. Il y aurait eu de tout temps, excepté peut-être pour les sociétés premières, des querelles de pouvoir et des projets concurrents d'organisation de la société, avec seulement des variations de forme et d'intensité. Or une telle vision est sans doute l'effet d'une conjoncture particulière ayant provisoirement installé le politique dans une position dominante ; nous généralisons abusivement à partir de cette conjoncture particulière qui nous aveugle. Ce qui nous interdit d'ailleurs de comprendre la crise actuelle du politique, la distance toujours plus grande séparant professionnels de la politique et simples citoyens. Pourquoi, malgré leurs efforts souvent méritoires, les élus ne parviennent-ils pas à trouver les mots qui comblent l'abîme entre le monde qui est le leur et la « vraie vie » de la société d'« en bas » ? La réponse est pourtant simple, et ne tient nullement à l'absence de compétence des intéressés : parce que la politique est en train de changer de rôle dans la régulation sociale, qu'elle perd sa place centrale. La société dominée par la politique n'aura été qu'une parenthèse de l'histoire ; la démocratie ne se réduit pas à l'exercice du politique.

Pour saisir le mouvement du monde, il faut résolument sortir d'une perspective étroitement technique de la politique. Marcel Gauchet [1985] nous donne la clé, en montrant de quelle façon la politique s'est historiquement présentée comme le substitut de la religion pour composer le nouvel ordre du monde. Notamment par l'intermédiaire des monarques de droit divin. Elle est venue de très haut, elle est tombée du ciel. Il n'y avait pourtant pas à l'époque de coupure avec les sujets. C'est paradoxalement quand elle est retombée sur terre, quand elle est devenue exercice ordinaire recherchant la proximité, que tout s'est gâté. Non sans qu'il y ait eu auparavant quelques sursauts, vigoureux mais guère convaincants. Il est utile de survoler brièvement les épisodes les plus marquants de cet irrésistible déclin.

Le récit commence, je l'ai dit, par une rapide démission du politique au profit de l'économique : le doux marché régulé par la « main invisible » devait conjurer les risques d'un pouvoir trop humain, gros de dérives despotiques. Hélas, le doux commerce engendra le déracinement et la misère. Et l'avènement de la classe prolétarienne. Le génie de Marx, fin lecteur des économistes libéraux, fut de déduire de son analyse des mécanismes du marché un programme qui peut se lire comme un axe d'identification collective pour ceux qui n'avaient plus à perdre que leurs chaînes. Prenant appui sur l'indispensable réforme sociale, la politique reprend la main au XIXe siècle, à la fois par les sommets de l'État, et par la rue. Les contestations et revendications inscrivent les individus rejetés par la modernité capitaliste dans un projet ontologique dessinant l'avenir et procurant l'estime de soi. La force du politique provient de nul autre facteur que de l'intégration identitaire ; seul le captage de la représentation existentielle des individus lui donne sa puissance.

Cette conclusion se vérifie aisément à propos de l'autre instrument du sursaut : l'idée nationale. Durant le XIXe siècle, elle fut surtout travaillée en chambre par les intellectuels. Là aussi il faut lire ces travaux comme des tentatives pour établir les fondements d'une identité collective. À la fin du siècle, un événement précipita sa cristallisation. Le doux commerce en effet, après une phase relativement ouverte, tendit à être organisé dans des marchés nationaux de plus en plus protégés, durcissant les frontières et les antagonismes entre pays. Il en résulta ce que l'on sait, la Première Guerre mondiale, qui allait ouvrir un demi-siècle d'apogée paroxystique du politique, travaillée par « les démons de l'État total » [Gauchet, 2002a, p. XI].

« L'ingénieuse idée selon laquelle des individus autonomes atteindraient de façon autonome une organisation viable de la société, était maintenant largement considérée comme erronée et remplacée par des conceptions d'ordres politiques collectifs beaucoup plus fortement fondés sur les classes, les cultures ou les ethnies » [Wagner, 1996, p. 114]. De façon iconoclaste mais convaincante, Peter Wagner tisse le lien qui dans l'entre-deux-guerres unit secrètement, outre le collectivisme stalinien, le « Front populaire français à la social-démocratie suédoise et au New Deal américain, jusqu'au régime de Vichy, au fascisme italien et au national-socialisme allemand » [*idem*]. « Notre entendement politique se refuse tout d'abord à considérer ces mouvements de pensée, dont certains nous semblent diamétralement opposés, dans une perspective analytique commune. Tous ont pourtant en commun un éloignement des théories sociales libérales, au profit de la formation d'arrangements collectifs primant sur tout individu concret » [*idem*, p. 116]. Certes aucun amalgame ne doit être fait, même l'assimilation du stalinisme au nazisme est sans doute trop rapide. Le rapport à la personne humaine notamment fut très différent. Distinction plus secondaire : l'engagement supra-libéral de la Grande-Bretagne et des États-Unis fut moins prononcé, laissant une place primordiale au marché. Mais ces variations n'empêchent pas qu'il y ait eu simultanément un mouvement d'ensemble, qui peut se résumer dans une problématique identitaire instrumentalisée par le politique. Le « doux commerce » n'était pas parvenu à créer ces individus autonomes aptes non seulement à s'autoréguler harmonieusement mais aussi à s'autodéfinir eux-mêmes. La politique, aidée par la montée de la question sociale et des crispations nationales, s'était alors brusquement et parfois violemment réinvitée sur le devant de la scène, avec d'autant plus d'élan qu'elle parvenait à impliquer les individus dans leur définition personnelle, à donner intimement sens à leurs vies. « La naturalisation de l'ordre social clôturait les questions fondamentales » [*idem*, p. 267].

Tant de haine et de sang ! L'après-guerre fut perçu comme une renaissance, avec une telle envie de vivre qu'elle diluait les anciens antagonismes identitaires. Or c'est précisément à ce moment que le « doux commerce » présenta un nouveau visage, qui allait bouleverser le mode de régulation globale, en réduisant le politique à la simple administration des personnes et des choses. L'histoire de la question sociale peut s'écrire comme le lent et difficile passage des luttes protestataires à l'auto-organisation mutualiste puis à l'intégration dans la société salariale par la vertu de l'État social [Castel, 1995]. Ce processus de conversion constitua l'autre élément qui alimenta le politique dans sa période de gloire, sous la forme classique d'une opposition droite/gauche (cf. républicains/démocrates, conservateurs/travaillistes, etc.) confrontant deux projets privilégiant soit la logique du marché soit l'inclusion sociale en cours. Il déboucha, c'est ce qui nous intéresse ici, sur une amélioration notable des conditions matérielles d'existence, en particulier dans le domaine des assurances sociales et de l'assistance. Quand le marché découvrit dans l'après-guerre que la demande pouvait participer à l'expansion, les travailleurs, encore pauvres mais enfin intégrés, étaient prêts à devenir les nouveaux consommateurs.

• Le chant du cygne

Étrange époque que celle des années 1950. La paix combinée à l'essor économique créa l'illusion d'un progrès continuel, qui semblait renouer avec les espérances évolutionnistes du XIXe siècle. En même temps toutefois, la sourde perception d'une perte, d'un étiolement, envahissait les esprits : la société perdait le souffle du destin, des causes épiques, elle devenait structurellement molle en se faisant moins dure à vivre. Cette mélancolie défaitiste n'a fait que s'accentuer depuis, empêchant de voir qu'il n'y a aucunement déclin mais transition, vers un type de société profondément nouveau, qu'il est urgent de comprendre.

Les révolutions laissant des traces durables ne sont pas toujours les plus criardes et violentes ; l'invention de la consommation de masse fait partie de ces événements tranquilles qui ont changé la face du monde. D'abord, d'un point de vue strictement économique, en relançant l'expansion. Ensuite, en offrant une « nouvelle éthique du capitalisme », plus consensuelle, là où le productivisme de l'offre divisait [Cochoy, 1999 , p. 137] ; en provoquant une « moyennisation de la société » par l'« extension de l'accès aux biens » [Dubet, 2000, p. 18]. Enfin, en proposant de nouveaux instruments d'identification. La première époque du capitalisme avait séparé bourgeois et prolétaires, les renvoyant à deux régimes d'identité distincts (individualisée autour de la propriété pour les riches, collective-protestataire pour les pauvres). La consommation de masse généralisa l'individualisation à l'intérieur d'une configuration sociale réunifiée. Il ne s'agissait cependant pas de n'importe quelle individualisation. De la même façon que le doux commerce avait réduit la Raison à l'intérêt, la consommation de masse canalisa la nouvelle autonomisation individuelle vers la simple acquisition de marchandises [Dobré, 2002]. Advint alors le règne des « besoins » (autre concept flou), catégorisés par la science du marketing [Cochoy, 1999]. La consommation ouvrait la possibilité « de façonner et de démontrer son identité propre à travers des objets matériels ». Néanmoins « les identité « disponibles » étaient non seulement très limitées mais en outre définies de façon très univoque » [Wagner, 1996, p. 143]. Après que les riches eussent découvert l'autonomie par l'argent, les pauvres, désormais moins pauvres, la découvraient par la marchandise. Ce n'était encore là cependant qu'une entrée très modeste et particulière dans le monde de l'invention de soi.

Car il ne faut pas oublier cette thèse centrale de ma fable : l'individualisation de la société n'est pas venue de l'économie, cette dernière n'ayant été que l'instrument (utilisé par le politique) qui a donné forme à cette individualisation. Le processus fondamental était ailleurs : dans le remplacement de l'ordre religieux par la réflexivité [Kaufmann, 2001], provisoirement contenue par les lois du marché et la marchandisation de l'existence.

Le décalage entre ces deux ordres de phénomènes, étroitement liés mais de natures très différentes (l'un, le marché, secondaire mais ayant été mis en position d'occuper une place centrale dans la régulation sociale ; l'autre, la réflexivité, historiquement déterminant mais refoulé en périphérie) ne pouvait pas ne pas provoquer une rupture majeure, un basculement des principes de structuration du social. Avec le recul, nous pouvons dire aujourd'hui qu'il se produisit vers le milieu des années 1960. Curieux basculement en vérité, qui ne fut pas perçu comme tel par les observateurs d'alors ; le changement était en tous lieux mais nulle part, insaisissable sous la forme de grand événement. Les femmes déliaient leur corps et s'émancipaient de leur rôle traditionnel, les jeunes affirmaient une nouvelle culture, impertinente et rythmée. Partout « l'accomplissement personnel » remplaçait la « socialisation disciplinaire » [Lipovetsky, 1993, p. 11 et 13], sans toutefois que cette métamorphose n'occupe de façon spectaculaire les devants de la scène.

Jusqu'à ce qu'explose le printemps 1968, qui n'était que l'aboutissement et la manifestation au grand jour de la sourde mutation engagée depuis quelques années. Alors que la « moyennisation de la société » avait incité nombre d'analystes à conclure à la fin de la lutte des classes, 68 fut interprété comme un retour impétueux du politique, digne de la grande époque sans cesse évoquée par les militants révolutionnaires tenant le haut du pavé. Il n'en représentait en réalité que le chant du cygne. Car derrière les slogans s'inspirant du passé du mouvement ouvrier, une autre logique était souterrainement à l'œuvre, libérant les mœurs dans le sens d'une autonomisation individuelle. La critique de la société de consommation avait de ce point de vue une portée symbolique : ego ne pouvait réduire son pouvoir créateur à l'univers étroit de la marchandise. Il voulait s'engager, sans limites aucunes, dans l'invention de soi, se poser mille questions, à propos de tout, pour se transformer lui-même en centre éclairé de son propre univers.

• La régulation élargie

Quand l'activisme se fut quelque peu refroidi, il devint évident que le panorama social avait profondément changé. La consommation de masse avait permis un retour de la régulation économique au détriment du politique. Qui par ailleurs ne parvenait plus à s'imposer par la prescription normative face à l'autonomisation des comportements. Contre l'éthique commune du juste et du bien garantie par l'État, commençait à se faire jour le nouveau mot d'ordre de la modernité individualiste : chacun fait ce qu'il veut. Après un demi-siècle de tourmente où il avait conduit le bal (parfois pour le meilleur et souvent pour le pire), le politique était soudainement confronté à l'expérience du vide intérieur ; il avait perdu de sa superbe et de sa substance, il était relégué à un rôle de simple arbitre de la régulation animée par le marché et les individus eux-mêmes.

C'est ce vide au centre de la scène publique que le thème de la défense des droits de l'homme vint combler [Gauchet, 2002a]. Il s'imposa, en quelques années, avec une telle évidence unanime que ce brusque avènement pourrait faire penser qu'il s'agit d'un nouveau concept flou. Il ne peut en être vraiment ainsi étant donné qu'il s'inscrit dans le juridique, ayant justement pour mission de fixer des cadres ; les droits de l'homme répondent à des définition précises. Mais au-delà du théâtre immédiat des opérations, les raisons qui expliquent le succès du thème, elles, restent dans le flou. Il est donc utile d'en dire quelques mots.

Les droits de l'homme sont liés d'abord à la montée de l'individualisation. Contre ce qui a été proclamé trop souvent, il n'existe aucune désinstitutionnalisation du social, mais une métamorphose de l'institution, recomposée désormais autour de l'individu [Ehrenberg, 1998]. À cette raison presque technique, il convient toutefois d'ajouter la problématique plus globale de la régulation du système économico-politique. La première phase libérale n'avait construit que l'illusion d'une régulation par l'intérêt ; le « doux commerce » avait déclenché au contraire de vrais cataclysmes sociaux. Nécessitant une intervention forte du politique, qui n'évita pas les dérives despotiques autrefois envisagées par Montesquieu. Dans l'après-guerre, l'ouverture des frontières et l'élargissement de l'État social, permirent de pacifier le nouvel ordre du monde. Mais, moins que jamais, la vie ne pouvait être réduite à la consommation marchande ; une régulation étroitement économique devenait intolérable. Les droits de l'homme représentaient exactement l'élément qui manquait, permettant de faire de la politique (ou quelque chose lui ressemblant) sans tomber dans les travers de la politique. « Car telle est bien l'utopie tranquille, mais vigoureuse, à laquelle nous sommes attelés : le dépassement du politique, sous les traits de l'État-nation, au profit d'un espace exclusivement économique et juridique, à distance de la reconstitution de quoi que ce soit comme les contraintes d'une unité politique de rang supérieur » [Gauchet, 2002a, p. XXIII]. Le rêve inconscient est celui d'une régulation parfaitement auto-suffisante, technique, s'alimentant elle-même, le politique n'intervenant que pour résoudre les dysfonctionnements. Ce que l'on appelle un « système » dans la théorie éponyme. Pour la première fois dans l'histoire, l'articulation contradictoire du marché et des droits de l'homme était parvenue à installer un tel système comme centre organisateur de l'ordre du monde.

Une troisième raison, enfin, doit être ajoutée. Ma fable je le sais a bien des défauts ; il y manque beaucoup de choses. On ne peut raconter l'histoire du monde (surtout d'une façon inhabituelle) en quelques pages. Il y manque justement la plus grande part de ce monde : j'ai fait jusqu'ici comme si tout se résumait à l'Europe et à l'Amérique du Nord. Or le « doux commerce » avait bouleversé aussi l'Afrique, l'Asie et l'Amérique latine. Il avait brisé les ressorts de maintes civilisations fondées sur des traditions ancestrales, mettant en place pour cela des régimes conquérants et des expéditions guerrières. Qui provoquèrent en retour le légitime sursaut politique des peuples colonisés, s'armant comme en Europe naguère des deux questions, sociale et nationale. Là aussi, un déluge de haine et de sang. Les droits de l'homme, recomposés autour du thème de la justice internationale, apparurent comme une sorte de politique juste et consensuelle, claire et neutre, morale et généreuse. Une évidence planétaire.

Entre 1820 et 1870, les transactions commerciales avaient déjà tendu vers la mondialisation, avant de se crisper dans le protectionnisme et le nationalisme, jusque vers 1950 [Wagner, 1996]. La nouvelle phase d'ouverture des frontières parvint cependant dans la seconde moitié du siècle à des degrés qui n'avaient jamais été atteints, interconnectant les divers marchés en un seul système. La régulation du social par le « doux commerce », qui fonctionnait dans chaque pays, se transféra donc au niveau mondial. Les sociétés particulières étaient désormais placées sous la « transcendance du marché global » [Cochoy, 1999]. Le rééquilibrage de la régulation économique par les droits de l'homme, qui se généralisa dans le dernier quart du XXe siècle, se fixa donc directement à un niveau mondial. Le système effaçait les frontières en même temps qu'il trouvait le contre-poids lui permettant de s'autoréguler, prenant la forme d'une sage et experte gouvernance internationale.

Sa répartition géographique n'est cependant pas égale. Si le centre est nettement situé dans les métropoles occidentales, le rapport des sociétés au système mondial de régulation économico-juridique est plus ambivalent dans les périphéries du sud. Les institutions locales, contraintes par la nécessité de la viabilité économique, sont prises au cœur par les lois du système. Mais les forces vives de la société restent majoritairement en dehors, se manifestant parfois en violentes flambées sociales et nationales, dangereusement recyclées par la nouvelle dynamique identitaire. Le système n'a pas tout résolu, et il ne s'agit pas seulement de bavures ou d'erreurs. Car il accouche, mondialement, d'un nouveau problème : le caractère incontrôlable des explosions identitaires.

• Le Système

Je rappelle que je raconte ici une fable ; j'ai d'ailleurs choisi d'affubler le Système d'une majuscule pour que cela ne soit pas oublié. Je relate un modèle d'interprétation, beaucoup trop général et abstrait, qui exigerait d'être précisé et vérifié pour se transformer en propos académiquement acceptable. Ce qui suit risque de n'être guère plus concret.

Les premières sociétés pensaient avoir trouvé l'équivalent de la régulation biologique dans des formations hiérarchiques très intégratrices imprégnées d'une idéologie uniforme. Les Lumières avaient ensuite rêvé de remplacer Dieu par la Raison tout en conservant la même architecture. J'ai expliqué la suite : la faillite de l'entreprise, la réduction de la Raison à l'intérêt, la démission collective au profit de la « main invisible », les errements du politique. Puis la réinstallation au centre de commandement du marché globalisé, inscrit dans une régulation élargie grâce au contre-poids juridique-humanitaire. Après quelques siècles de débats furieux, sorte de longue transition, tout se passe aujourd'hui comme si la société avait trouvé de nouveaux équilibres et défini de nouvelles règles du jeu. Par un renversement complet de l'ordre du monde. Hier, les principes étaient fixes et donnés de l'extérieur, la société se reproduisait, explicitement et égale à elle-même, dans la légitimité (reconnue par tous) de ses structures. Aujourd'hui, elle est une société en mouvement continuel, et surtout, ce qui la tient désormais vient d'une régulation interne.

Le Système, qui guide désormais le destin du monde, est tout le contraire d'un bloc homogène. Enchevêtrement inextricable, il est constitué d'interactions multiples entre une infinité de sous-systèmes spécifiques voire concurrents entre eux [Montbrial, 2002]. D'États nationaux mais aussi d'entreprises, d'associations, d'institutions internationales, d'ONG, etc. Les responsables politiques de chaque pays, abandonnant leur rôle d'architectes, se sont transformés en avocats des intérêts nationaux [Cohen, 2000]. Les conflits d'intérêt ne représentent nullement un défaut, mais constituent à l'inverse un instrument de la régulation, qui opère par confrontations et équilibrages permanents. Les « configurations organisationnelles » assurent, à tous les niveaux, leurs propres relations, développant une « autonomisation horizontale » qui brise les anciennes hiérarchies de commandement [Beck, 2001, p. 461]. Non que les lieux de pouvoir disparaissent. Il sont même concentrés avec une force inégalée dans certaines multinationales ou dans le gouvernement d'un pays comme les États-Unis. Ce dernier, appuyé sur sa puissance militaire, peut certes être tenté par une politique plus unilatérale. Les dangers d'une telle dérive pourraient être incalculables. Heureusement, l'interconnexion multiforme du Système réduit la portée de chaque centre de pouvoir, et limite les risques, y compris pour les États-Unis. « La mondialisation n'est pas un choix. Personne ne l'a décrétée. Personne ne l'a en charge : nul ne l'a lancée, nul ne peut l'arrêter. C'est une sorte d'irresponsabilité organisée » [Beck, 2003, p. 76]. Il n'y a plus de pilote dans l'avion, l'essentiel du pouvoir est en réalité dans le Système lui-même, fonctionnant en boucle. « L'idée que se faisaient les scolastiques de la justice assure ce bouclage du normatif sur ce que l'on peut presque appeler l'*automatisme* du fonctionnement naturel : est juste ce qui est bien, mais aussi ce qui *s'ajuste* parfaitement à la logique des choses » [Barel, 1984, p. 41, souligné par l'auteur]. Les interventions se placent dans un jeu de forces et un cadre de contraintes. Elles résultent généralement d'une crise ou de l'analyse d'un dysfonctionnement : c'est seulement parce que le Système ne s'est pas mécaniquement ajusté que des arbitrages économiques, politiques ou juridiques s'avèrent nécessaires. La politique ne dessine plus l'avenir, elle doit « tirer les conséquences de son autolimitation historique » [Beck, 2001, p. 489]. Nous changeons d'époque et il faut le dire clairement. « L'idée d'une concentration du pouvoir décisionnel hiérarchique au sommet du système politique commence à devenir un souvenir du passé, prédémocratique, semi-démocratique ou pseudo-démocratique » [*idem*, p. 417]. Car la complexification du Système et l'autonomisation grandissante des individus interdisent désormais « qu'il existe un centre de régulation de la société moderne » [*idem*, p. 416]. L'autorégulation globale résulte du simple jeu de forces contradictoires.

La politique se voit ainsi restreinte à des décisions locales d'ajustements, fondées sur des expertises technico-scientifiques de cabinet. Elle parvient au mieux à arbitrer entre différents modèles de régulation redéfinissant les articulations de classe et de genre [Merrien, 2002]. Elle réussit cependant à sauver la face en se reconvertissant à un « machiavélisme du bien » dans sa mise en scène publique. « Le nouveau machiavélisme devra être un machiavélisme du bien, dédié à la célébration de l'homme et du droit, voué au ministère des justes causes et des bons sentiments, sans cesse à témoigner de son humanité, de sa compassion pour les victimes, de son souci sensible des malheurs du monde » [Gauchet, 2002a, p. 365]. La politique-spectacle jouant sur les émotions est la conséquence directe de la perte de pouvoir du politique.

Comment pouvons-nous accepter de ne plus avoir prise sur notre avenir ? Parce que nous avons l'intime conviction que « tout ira bien, qu'en fin de compte tout ce que nous avons déclenché et qui maintenant nous tombe dessus finira malgré tout par aller dans le sens du progrès » [Beck, 2001, p. 455]. Le Système ne fonctionne que par la dynamique intrinsèque de son mouvement, et par la sourde espérance en une évolution positive qui l'innerve. Inutile de s'interroger sur le sens de cette course aveugle puisque les problèmes finissent plus ou moins par trouver une solution. « Poser la question « où va-t-on et pourquoi ? » a déjà quelque chose d'hérétique » [*idem*].

• Une réflexion bornée

Le capitalisme n'est pas à l'origine de l'individualisation moderne ; il lui a simplement donné une forme particulière. Un mouvement historique plus profond, la réflexivité, a provoqué l'émergence du sujet. Il est utile de rappeler à nouveau son origine [Kaufmann, 2001]. Contre le rêve d'une totalité intégratrice, la société concrète s'est progressivement enfoncée dans des contradictions de plus en plus nombreuses et complexes. Ces hiatus entre représentation et réalité matérielle nécessitèrent un travail intellectuel inlassable pour tenter à chaque fois de les combler. De plus en plus intense et massif à mesure qu'ils s'accentuaient : il fallait réfléchir, non parce que les hommes étaient devenus intelligents ou pour le pur plaisir de la réflexion, mais parce qu'il y avait des problèmes à résoudre. Aujourd'hui, le Système, animé par un jeu de forces antagonistes, et continuellement producteur de nouvelles contradictions, démultiplie à l'infini cette nécessité réflexive : les problèmes à résoudre deviennent innombrables. L'autorégulation contradictoire du Système, sorte d'aboutissement historique, nous plonge (en apparence) dans une réflexivité sans limites. En apparence seulement, car, bien que le développement de la réflexivité soit exponentiel et touche toutes les sphères de la société, les formes dans lesquelles elle se manifeste ne sont pas aléatoires : la réflexion est bornée.

À commencer par le cœur de l'activité réflexive : la pratique scientifique. Tout laisse pourtant penser le contraire. La science a envahi comme jamais la société, dictant ses supposées lois aux individus, qui analysent leurs propres pensées et mouvements tels des objets d'expérience, et aux institutions, qui pensent avoir basculé dans l'ère de la rationalité [Weber, 1959]. Le politique apparaît désormais subordonné au règne des experts. « Les contraintes objectives des spécialistes semblent s'imposer au détriments du pouvoir de décision des chefs. (...) Le politique devient l'organe d'exécution d'une intelligentsia scientifique » [Habermas, 1990, p. 100]. Mais, alors qu'elle devient la référence ultime, la science est elle-même prise au piège du Système, fractionnée et transformée en simple paramètre dans le jeu de forces, perdant l'autorité de la Raison [idem]. La situation est pour le moins paradoxale : « La science perd son aura *et* devient *indispensable* » [Beck, 2001, p. 372, souligné par l'auteur]. Tout en répondant à une demande d'informations grandissante, qui devient un « *besoin naturel institutionnalisé de la société* » [idem, p. 371], elle est désormais, par la critique radicale qu'elle s'applique à elle-même, « inapte à la vérité » [idem, p. 362], et par ses implications multiples, placée dans des cadres de contraintes qui préforment ses questionnements.

Max Weber avait déjà pointé le rôle crucial des bureaucraties dans la société moderne. La rationalisation n'est pas un processus abstrait. Elle est fondée sur une capacité pragmatique de calcul et de mesure mise en œuvre par des corps spécialisés. C'est pourquoi, comme le souligne Marcel Gauchet [1985, p. 260], « L'Etat démocratique est nécessairement un Etat bureaucratique », qui élargit sans cesse son appareil de gestion et de régulation du plus infime, ramenant à lui l'ambition politique de la « subjectivité souveraine » [p. 261]. Les bureaucraties aspirent le politique et le scientifique tout en organisant leur articulation. Elles développent leur propres démarches de construction d'un nouveau savoir, répondant à leurs objectifs de développement. Et pour cela n'hésitent pas à jouer les experts les uns contre les autres, incitant ces derniers à se transformer en prestataires de services [Beck, 2001]. Elles jouent donc un rôle central dans le Système. Non pas en occupant une place hiérarchiquement supérieure. Mais en imprimant un style à la démarche de connaissance, en ramenant sans cesse au cadrage et à la résolution des problèmes plutôt qu'à l'élargissement de la perspective et à l'ouverture de nouvelles questions [Rey, 2003]. En bornant la réflexion ; la délimitant et la réduisant autant que possible. Car les bureaucraties ne réfléchissent guère pour le plaisir de la réflexion ; elles tentent même souvent de développer le principe du moindre effort mental [Ballé, 2001]. Tel est l'aspect contradictoire de notre société individualiste-démocratique, qu'il est utile de bien comprendre : une véritable explosion de réflexivité en chaîne, certes, mais continuellement réduite, canalisée et positivée par les sous-systèmes spécialisés. Le débat démocratique est très souvent beaucoup moins une recherche sans a priori de nouvelles connaissances qu'un affrontement aveugle entre groupes d'opinions fermés.

• Les médias, ventre mou

Je le rappelle : ceci est une fable, un modèle très libre d'analyse, dans lequel je m'autorise bien des simplifications. Il n'y a pas grand chose de commun par exemple entre une multinationale pharmaceutique qui refuse, pour des raisons commerciales, de développer un médicament adapté aux pays pauvres, et un groupe de militants humanitaires qui généreusement soigne les plus démunis. Tous cependant participent au Système, et sont les acteurs d'une même régulation globale, qui s'équilibre par opposition de ses différences internes.

Pour chaque type de personne ou d'institution, il serait nécessaire de détailler les spécificités du positionnement dans le Système. Ce que je ne puis faire ici, excepté (en quelques lignes) pour les médias. Car les assimiler sans autre protocole au Système serait dans leur cas exagérément réducteur. Les médias en effet jouent un rôle très particulier. Il est bien connu qu'ils peuvent être liés aux puissances d'argent, que de nombreux journalistes sont intégrés dans de vastes groupes multimédias organisés autour d'objectifs de rentabilité. Mais fixer l'attention sur ce seul aspect [Halimi, 1997] revient à rater l'essentiel. Excepté dans certains contextes où une situation de monopole parvient à former durablement l'opinion, les médias sont eux aussi régulés par la multipolarité des intervenants. Placés dans des réseaux de dépendance complexes, ils sont orientés prioritairement (c'est la règle d'or de la logique marchande) vers les attentes du public [Neveu, 2001]. Extrêmement diversifiés (un journal de lycéens ou le bulletin d'une association sont aussi des médias), ils débouchent sur la « constitution d'une opinion publique différenciée » [Beck, 2001, p. 424]. La dominante idéologique qui régulièrement se dégage (la « pensée unique ») ne doit pas masquer cette différenciation intrinsèque. Au contraire, l'important est de comprendre pourquoi une variété de points de vues peut concourir à la construction d'une pensée commune. Or ceci est impossible quand on considère d'emblée que les médias sont un bloc, inféodé au pouvoir, imposant d'en haut une vision du monde. Alors qu'ils ne sont qu'un ventre mou du savoir, où continuellement les nouvelles informations grignotent et rabotent les ébauches théoriques ; ils imposent moins par le haut qu'ils ne sapent par le bas.

C'est dans cette position particulière qu'ils jouent le mieux leur rôle critique de contre-poids du Système. Ils soulignent les dysfonctionnements, dénoncent les choix douteux. Une auto-régulation serait impossible sans les médias. Là ne s'arrête toutefois pas leur fonction. Le plus important et le plus étrange, qui explique le mystère de la « pensée unique », est en effet dans la question de la production normative. L'individualisation a pour conséquence logique de briser les repères collectifs ; la société devient plus ouverte et chacun souhaite définir lui-même sa morale et sa vérité. Mais, au-delà de ce principe abstrait de liberté, l'angoisse monte à mesure que les repères deviennent moins visibles et contraignants. J'avais personnellement vérifié ce fait dans une enquête menée sur la plage, formellement espace de la liberté absolue, sorte de laboratoire avancé de la modernité. Or l'activité principale des estivants était de construire secrètement des normes de comportement [Kaufmann, 1995]. Quand chacun peut faire ce qu'il veut, il devient encore plus essentiel d'avoir une idée de ce qui peut être considéré comme normal.

La société toute entière est devenue une immense machinerie à fabriquer les repères du juste et du vrai, du bon et du bien, de la normalité. Et les médias sont au centre de ce dispositif. « Ce sont les médias qui détiennent désormais les clés de l'application réflexive et transformatrice de la société à elle-même » [Gauchet, 2002a, p. 363]. Avec un objectif qui n'est pas la connaissance pure, « puisqu'il a pour critère l'évidence des valeurs communes » [*idem*]. « Il est de faire la lumière sur les manquements au corps de normes autour duquel s'organisent l'accord et le débat général, et d'obtenir leur redressement » [*idem*, p. 371]. La quête de savoir, désormais animée par les médias, est dominée par l'exigence normative qui sourd du cœur des débats démocratiques. Critique politique, justice sociale, efficacité des institutions, projets de développement, évolution des mœurs : la connaissance est étroitement subordonnée à la simple régulation du Système. Ce qui n'est pas condamnable en soi. Le problème est dans l'affaiblissement concomitant d'une véritable démarche autonome de connaissance. Et dans la croyance que la société de l'information crée les conditions d'une réflexivité sans limites. « Voici comment, au milieu de la société la plus savante, la plus pénétrée de science, la plus instruite qui ait jamais existé, la foi idéologique secrète insensiblement la régression intellectuelle » [*idem*, p. 372].

• Morale de cette fable : la passion du Savoir

Ma fable se termine ici. Elle aura pu sembler trop longue, ou hors de propos. Car l'essentiel du lien avec ce qui a été dit en conclusion de ce livre tient dans la morale qui suit. J'ai en effet l'audace de croire qu'il existe une « troisième arme » pour répondre aux défis de l'âge des identités, visant au centre, par le rétablissement de la démarche de connaissance au sommet de la hiérarchie des valeurs. Seule une maîtrise intellectuelle des processus permettrait en effet de dépasser la conduite des affaires du monde par la seule autorégulation du Système. Il faudrait pour cela que la quête la plus désintéressée et exigeante du savoir ne soit pas systématiquement aspirée par les débats de société et les prises de position partisanes. Or la généralisation de la réflexivité rend paradoxalement l'effort de rupture théorique beaucoup plus complexe [Kaufmann, 2001]. Hélas, comme pour aggraver cette conjoncture déjà particulièrement difficile, la mode de l'anti-théorie s'affiche actuellement avec virulence. Le résultat est des plus surprenants. Cependant que l'urgence engendrée pas notre monde sans boussole nécessiterait une véritable mobilisation générale des sciences humaines et sociales sur la question du devenir de l'humanité, chacun s'enferme au contraire dans son univers spécialisé. Des tout petits mondes, perdus dans les tristes recoins d'une société qui ne valorise la science que lorsqu'elle prend la forme d'une technique d'expertise. La démesure entre ce qui est et ce qui devrait être est impressionnante. La production théorique est devenue une activité très marginale. La lecture de cette production l'est encore plus (quelques textes sont écrits mais rarement lus). Sans parler des polémiques théoriques et des espaces de confrontation organisés, qui sont désormais quasiment inexistants.

La société se meurt de ne plus croire aux mouvements de l'histoire, ni à la force de la pensée. De même qu'elle se meurt d'être réduite à une régulation par l'intérêt. Le marché a été installé au cœur de l'autorégulation du Système, et imaginer une sortie de cette régulation opérée par l'argent est impensable ; nous sommes condamnés à partir de ce qui est. Mais, si un monde radicalement autre n'est peut-être pas possible, des perspectives de transformations majeures peuvent être esquissées. Mon intime conviction est que la réduction de la raison à l'intérêt pourrait n'être qu'une parenthèse historique. Une longue parenthèse, de plusieurs siècles, si longue qu'elle donne l'impression que tout devrait toujours continuer à fonctionner ainsi. Certes l'argent, facteur incontournable de refroidissement et de fluidification, ne peut plus être délogé de sa place centrale. Je suis néanmoins persuadé que la réduction de la raison à l'intérêt n'est que provisoire. Et puisque nous sommes dans l'univers du fabuleux, qu'il me soit permis, pour terminer, de rêver.

De rêver notamment à une réouverture du débat sur les passions. Car les passions sont à l'évidence au cœur de l'avenir, sortes de compléments vitaux à la froidure du Système. J'ai montré comment elles se cherchaient, sous des formes très modestes, pour conjurer la perte de sens du sujet moderne. Des passions souvent tranquilles et douces, cohérentes avec le besoin de sécurité et de repos de l'individu fatigué d'être lui-même. Les formations sociales aussi ont besoin de retrouver des passions leur donnant de l'allant, loin de la violence et des haines. Il y a en effet de bonnes et de mauvaises passions. Mais le classement ne serait plus du tout aujourd'hui celui qui avait été défini il y a quelques siècles.

L'intérêt en particulier devrait, à mon avis, suivre un chemin inverse à celui qu'il avait autrefois effectué : retourner vers les plus hauts sommets de la raison. Et surtout, retrouver la passion, la plus folle, la plus dévorante, pour l'exploration des mystères de l'homme et du monde. C'est de cela que nous manquons le plus cruellement : que renaisse la flamme, la passion du Savoir.

BIBLIOGRAPHIE

ADORNO T. *et al.* (1950), *The Authoritarian Personality,* New York, Harper & Brothers.

ADORNO T. (2000), *Des étoiles à terre. La rubrique astrologique du « Los Angeles Times ». Étude sur une superstition secondaire,* Paris, Exils Editeurs.

ALBERONI F. (1993, 1re édition 1979), *Le Choc amoureux. Recherches sur l'état naissant de l'amour,* Paris, Pocket.

ANDRÉ C., LELORD F. (1999), *L'Estime de soi,* Paris, Odile Jacob.

ATTIAS-DONFUT C., LAPIERRE N., SEGALEN M. (2002), *Le Nouvel esprit de famille,* Paris, Odile Jacob.

BACHELARD G. (1983, 1re édition 1957), *La Poétique de l'espace,* Paris, PUF.

BACHMANN C., LE GUENNEC N. (1996), *Violences urbaines,* Paris, Albin Michel.

BADINTER É. (1999), *Les Passions intellectuelles. I. Désirs de gloire (1735-1751),* Paris, Fayard.

BADINTER É. (2002), *Les Passions intellectuelles. II. Exigence de dignité (1751-1762),* Paris, Fayard.

BALANDIER G. (1967), *Anthropologie politique,* Paris, PUF.

BALLÉ M. (2001), *Les Modèles mentaux. Sociologie cognitive de l'entreprise,* Paris, L'Harmattan.

BAREL Y. (1984), *La Société du vide,* Paris, Seuil.

BARTHÉLEMY D. (2004), *Chevaliers et miracles,* Paris, A. Colin.

BARTHE J.-F., CLÉMENT S., DRULHE M. (1988), « Vieillesse ou vieillissement ? Les processus d'organisation des modes de vie chez les personnes âgées », *Les Cahiers de la recherche sur le travail social,* n° 15.

BASTARD B. (2002), *Les Démarieurs. Enquête sur les nouvelles pratiques du divorce,* Paris, La Découverte.

BEAUVOIR S. de (1949), *Le Deuxième sexe,* Paris, Gallimard.

BECK U. (2001), *La Société du risque. Sur la voie d'une autre modernité,* Paris, Aubier.

BECK U. (2003), « Redéfinir le pouvoir à l'âge de la mondialisation : huit thèses », *Le Débat,* n° 125.

BECKER H. (1985, 1re édition 1963), *Outsiders. Études de sociologie de la déviance,* Paris, Métailié.

BELLEAU H. (1997), « Le récit de l'album de photographies : regards sur l'intimité familiale ? », *Mana, revue de sociologie et d'anthropologie,* n° 3.

BENTOLILA A. (2003), « Illettrisme, ghettoïsation et fragilité idéologique », *Le Journal des psychologues,* n° 204.

BERGER P. (1973), *Comprendre la sociologie,* Paris, Centurion.

BERGER P.L., LUCKMANN T. (1986), *La Construction sociale de la réalité,* Paris, Méridiens-Klincksieck.

BERTAUX D. (1997), *Les Récits de vie,* Paris, Nathan.

BOLLIET D., SCHMITT J.-P. (2002), *La Socialisation,* Paris, Bréal.

BOLTANSKI L., CHIAPELLO E. (1999), *Le Nouvel Esprit du capitalisme,* Paris, Gallimard.

BONAFÉ-SCHMITT J.-P. (1992), *La Médiation : une justice douce,* Paris, Syros.

BOURDIEU P. (1979), *La Distinction. Critique sociale du jugement,* Paris, Minuit.

BOURDIEU P. (1980), *Le Sens pratique,* Paris, Minuit.

BOURDIEU P. (1993), « Comprendre », dans BOURDIEU P. (éd.), *La Misère du monde,* Paris, Seuil.

BOURDIEU P., SAYAD A. (1964), *Le Déracinement. La crise de l'agriculture traditionnelle en Algérie,* Paris, Minuit.

BOZON M. (1991), « Apparence physique et choix du conjoint », *INED-Congrès et colloques,* n° 7.

BOY D. (2002), « Les Français et les para-sciences : vingt ans de mesures », *Revue française de sociologie,* n° 1, vol.43.

BOY D., MICHELAT G. (1986), « Croyances aux parasciences : dimensions sociales et culturelles », *Revue française de sociologie,* n° 2, vol. 27.

BROMBERGER C. (1998) (éd.), *Passions ordinaires : du match de football au concours de dictée,* Paris, Bayard.

BURKE P. (1980), « The self : Measurement implications from a symbolic interactionist perspective », *Social Psychology Quarterly,* n° 43.

BURKE P. (2001), « Relationships among multiple identities », dans *The Future of Identity Theory and Research,* Bloomington.

BURKE P., STETS J. (1999), « Trust and commitment through self-verification », *Social Psychology Quarterly,* n° 62.

CAILLOIS R. (1958), *Les Jeux et les hommes,* Paris, Gallimard.

CAMILLERI C. (1990), « Identité et gestion de la disparité culturelle : essai d'une typologie », dans CAMILLERI C. *et al.*, *Stratégies identitaires,* Paris, PUF.

CAMILLERI C. *et al.* (1990), *Stratégies identitaires,* Paris, PUF.

CAPRIOLI E. (2002), « Conservation des traces informatiques : obligations et responsabilités des ISP », *La Revue, The Edhec Journal of Law, NewTechnology and Best Legal Practices,* n° 2, http://legal.edhec.com

CARADEC V. (1996), « Les formes de la vie conjugale des « jeunes » couples « âgés » », *Population,* n° 4-5.

CARADEC V. (2001), *Sociologie de la vieillesse et du vieillissement,* Paris, Nathan.

CARDIA-VONÈCHE L., BASTARD B. (2002), « La médiation familiale : une pratique en avance sur son temps ? », *Recherches et Prévisions,* n° 70.

CAST A., BURKE P. (2002), « A Theory of Self-Esteem », *Social Forces,* n° 80.

CASTEL R. (1995), *Les Métamorphoses de la question sociale. Une chronique du salariat,* Paris, Fayard.

CASTEL R. (2003), *L'Insécurité sociale. Qu'est-ce qu'être protégé ?,* Paris, Seuil.

CASTEL R., HAROCHE C. (2001), *Propriété privée, propriété sociale, propriété de soi. Entretiens sur la construction de l'individu moderne,* Paris, Fayard.

CASTELLS M. (1999), *Le Pouvoir de l'identité (L'ère de l'information,* tome 2*),* Paris, Fayard.

CASTELAIN-MEUNIER C. (2002), *La Place des hommes, et les métamorphoses de la famille,* Paris, PUF.

CASTORIADIS C. (1999, 1re édition 1975), *L'Institution imaginaire de la société,* Paris, Seuil, coll. « Points ».

CEFAÏ D. (2003), *L'Enquête de terrain* (textes réunis, présentés et commentés par Daniel Cefaï), Paris, La Découverte/MAUSS.

CERULO K. (1997), « Identity Construction : New Issues, New Directions », *Annual Review of Sociology,* n° 23.

CHALVON-DEMERSAY S. (1994), *Mille scénarios. Une enquête sur l'imagination en temps de crise,* Paris, Métailié.

CHALVON-DEMERSAY S. (1996), « Une société élective. Scénarios pour un monde de relations choisies », *Terrain,* n° 27.

CHAPERON S. (1995), « Simone de Beauvoir, entre le naturalisme et l'universalisme, entre le sexisme et le féminisme », dans EPHESIA, *La Place des femmes. Les enjeux de l'identité et de l'égalité au regard des sciences sociales,* Paris, La Découverte.

CHAUMIER S. (2003), *Des musées en quête d'identité, Écomusée versus technomusée,* Paris, L'Harmattan.

CHEVALIER G. (1983), *Pensée mythique et rapport au savoir. Contribution à une sociologie des nouvelles formes de croyances,* thèse de troisième cycle, Université Paris 8.

CICCHELLI V. (2001), *La Construction de l'autonomie. Parents et jeunes adultes face aux études,* Paris, PUF.

CINGOLANI P. (2003), *La République, les sociologues et la question politique,* Paris, La Dispute.

COCHOY F. (1999), *Une histoire du marketing. Discipliner l'économie de marché,* Paris, La Découverte.

COHEN É. (2000), *L'Ordre économique mondial,* Paris, Fayard.

COOLEY C. (1902), *Human Nature and Social Order,* New York, Charles Scribner's Sons.

CORBIN A. (1987), « Le secret de l'individu », dans PERROT M. , *Histoire de la vie privée,* tome 4, *De la révolution à la grande guerre,* Paris, Seuil.

CORBIN A. (1988), *Le Territoire du vide. L'Occident et le désir du rivage, 1750-1840,* Paris, Flammarion.

CORCUFF P. (1998), « Justification, stratégie et compassion. Apport de la sociologie des régimes d'action », *Correspondances,* n° 51.

CORCUFF P. (2002), *La Société de verre. Pour une éthique de la fragilité,* Paris, Armand Colin.

CORCUFF P. (2003), *Bourdieu autrement. Fragilités d'un sociologue de combat,* Paris, Textuel.

COSTALAT-FOUNEAU A.-M. (1997), *Identité sociale et dynamique représentationnelle,* Rennes, Presses Universitaires de Rennes.

CROIZET J.-C., MARTINOT D. (2003), « Stigmatisation et estime de soi », dans CROIZET J.-C., LEYENS J.-P., *Mauvaises réputations. Réalités et enjeux de la stigmatisation sociale,* Paris, A. Colin.

CUMMING E., HENRY W. (1961), *Growing Old. The Process of Disengagement,* New York, Basic Books.

DAMASIO A. (1995), *L'Erreur de Descartes. La raison des émotions,* Paris, Odile Jacob.

DAMASIO A. (2002), *Le Sentiment même de soi. Corps, émotions, conscience,* Paris, Odile Jacob.

DECONCHY J.-P. (1980), *Orthodoxie religieuse et sciences humaines,* Paris, Mouton.

DEJOURS C. (2000), *Travail, usure mentale,* Paris, Bayard.

DELAISI DE PARSEVAL G. (2002), « Le secret des origines », dans DORTIER J.-F., *Familles. Permanences et métamorphoses,* Auxerre, Sciences Humaines Éditions.

DEMAZIÈRE D., DUBAR C. (1997), *Analyser les entretiens biographiques. L'exemple des récits d'insertion,* Paris, Nathan.
DESCHAMPS J.-C. (1991), « Identités, appartenances sociales et différenciations individuelles », *Cahiers Internationaux de Psychologie Sociale,* n° 9.
DOBRÉ M. (2002), *L'Écologie au quotidien. Éléments pour une théorie sociologique de la résistance ordinaire,* Paris, L'Harmattan.
DOMURAT-DREGER A. (1998), *Hermaphrodites and the Medical Invention of Sex,* Cambridge, Harvard University Press.
DORTIER J.-F. (2002), « L'univers des représentations ou l'imaginaire de la grenouille », *Sciences Humaines,* n° 128.
DOUGLAS M. (1999), *Ainsi pensent les institutions,* Paris, La Découverte/M.A.U.S.S.
DREYFUS J., MAGLIONE J. (1994), *Cris et écrits de Jean Maglione,* Grenoble, Presses Universitaires de Grenoble.
DUBAR C. (1991), *La Socialisation. Construction des identités sociales et professionnelles,* Paris, A. Colin.
DUBAR C. (1998), « Trajectoires sociales et formes identitaires : clarifications conceptuelles et méthodologiques », *Sociétés Contemporaines,* n° 29.
DUBAR C. (2000), *La Crise des identités. L'interprétation d'une mutation,* Paris, PUF.
DUBET F. (1987), *La Galère : jeunes en survie,* Paris, Fayard.
DUBET F. (1994), *Sociologie de l'expérience*, Paris, Seuil.
DUBET F. (2000), *Les inégalités multipliées,* La Tour d'Aigues, Éditions de l'Aube.
DUBET F. (2002), *Le Déclin de l'institution,* Paris, Seuil.
DUBET F., LAPEYRONNIE D. (1992), *Les Quartiers d'exil,* Paris, Seuil.
DUBET F., MARTUCCELLI D. (1998), *Dans quelle société vivons-nous ?,* Paris, Seuil.
DUBOST F. (1995) (éd.), *Les Résidences secondaires. Nouvelles orientations,* Paris, Rapport pour la DATAR.
DUERR H.-P. (1998, 1re édition 1988), *Nudité et pudeur. Le mythe du processus de civilisation,* Paris, Éditions de la Maison des Sciences de l'Homme.
DUMONT L. (1983), *Essais sur l'individualisme. Une perspective anthropologique sur l'idéologie moderne,* Paris, Seuil.
DUMOULIN L. (2002), « La médiation familiale : entre institutionnalisation et recherche de son public », *Recherches et Prévisions,* n° 70.
DURKHEIM É. (1990, 1re édition 1938), *L'Évolution pédagogique en France,* Paris, PUF.

DURKHEIM E. (1995, 1re édition 1897), *Le Suicide,* Paris, PUF.

EHRENBERG A., (1991), *Le Culte de la performance,* Paris, Calmann-Lévy.

EHRENBERG A., (1995), *L'Individu incertain,* Paris, Calmann-Lévy.

EHRENBERG A., (1998), *La Fatigue d'être soi. Dépression et société,* Paris, Odile Jacob.

ELIAS N. (1975) (1re édition 1939), *La Dynamique de l'Occident,* Paris, Calmann-Lévy.

ELIAS N. (1991a), *La Société des individus,* Paris, Fayard.

ELIAS N. (1991b), *Mozart, sociologie d'un génie,* Paris, Seuil.

ELIAS N. (1993), *Engagement et distanciation,* Paris, Fayard.

ELIAS N. (2001a), « Les relations entre établis et marginaux, essai théorique », dans ELIAS N., SCOTSON J., *Logiques de l'exclusion,* Paris, Pocket.

ELIAS N. (2001b), « Aspects sociologiques de l'identification », dans ELIAS N., SCOTSON J., *Logiques de l'exclusion,* Paris, Pocket.

ELIAS N., DUNNING E. (1986), *Sport et civilisation. La violence maîtrisée,* Paris, Fayard.

ELIAS N., SCOTSON J. (2001), *Logiques de l'exclusion,* Paris, Pocket.

ERIKSON E. (1966, 1re édition 1950), *Enfance et société,* Neuchâtel, Delachaux et Niestlé.

ERIKSON E. (1972, 1re édition 1968), *Adolescence et crise. La quête de l'identité,* Paris, Flammarion.

ESPAPARBÈS-PISTRE S., TAP P. (2001), « Identité, projet et adaptation à l'âge adulte », *Carriérologie,* vol.8, n° 1.

FAVART E. (2001), « Albums de photos de famille et mémoire familiale : regards croisés de femmes de trois générations », *Dialogue,* n° 154.

FERRÉOL G. (1991) (éd.), *Dictionnaire de sociologie,* Paris, A. Colin.

FOOTE N. (1951), « Identification as the basis for a theory of motivation », *American Sociological Review,* n° 16.

FRANCESCATO D. (1992), *Quando l'amore finisce,* Bologne, Il Mulino.

FRANSSEN A. (2002), *La Fabrique du sujet. Transformations normatives, crises identitaires et attentes de reconnaissance,* thèse de sociologie sous la direction de Guy Bajoit, Université Catholique de Louvain.

FREUD S. (1987), « Psychologie des foules et analyse du moi » (1re édition 1921), dans *Essais de psychanalyse,* Paris, Payot.

FREUD S. (2003, 1re édition 1900), *Oeuvres complètes, psychanalyse IV, 1899-1900, L'Interprétation du rêve,* Paris, PUF.

FRIJDA N. (2003), « Passions : l'émotion comme motivation », dans COLLETTA J.-M., TCHERKASSOF A. (éds), *Les Émotions. Cognition, langage et développement,* Liège-Bruxelles, Mardaga.
FURST P. (1974), *La Chair des dieux,* Paris, Seuil.
GANZ M. (2001), « The Power of Story in Social Movements », communication au *Annual Meeting of the American Sociological Association,* Anaheim, Californie.
GARABUAU-MOUSSAOUI I. (2002), *Cuisine et indépendances. Jeunesse et alimentation,* Paris, L'Harmattan.
GARDEY D., LÖWY I. (2000) (éd.), *L'Invention du naturel. Les sciences et la fabrication du féminin et du masculin,* Paris, Éditions des Archives contemporaines.
GAUCHET M. (1985), *Le Désenchantement du monde. Une histoire politique de la religion,* Paris, Gallimard.
GAUCHET M. (1998), *La Religion dans la démocratie. Parcours de la laïcité,* Paris, Gallimard.
GAUCHET M. (2002a), *La Démocratie contre elle-même,* Paris, Gallimard.
GAUCHET M. (2002b), « Les deux sources du processus d'individualisation », *Le Débat,* n° 119.
GAULEJAC V. de (1996), *Les Sources de la honte,* Paris, Desclée de Brouwer.
GAULEJAC V. de (1999), *L'Histoire en héritage. Roman familial et trajectoire sociale,* Paris, Desclée de Brouwer.
GAULEJAC V. de, TABOADA-LEONETTI I. (1994), *La Lutte des places,* Paris, Desclée de Brouwer.
GEHLEN A. (1990), *Anthropologie et psychologie sociale,* Paris, PUF.
GIDDENS A. (1979), *Central Problems in Social Theory,* Londres, Macmillan, Berkeley, University of California Press.
GIDDENS A. (1987), *La Constitution de la société. Éléments de la théorie de la structuration,* Paris, PUF.
GIDDENS A. (1991), *Modernity and Self-Identity. Self and Society in the Late Modern Age,* Cambridge, Polity Press.
GIDDENS A. (1994), *Les Conséquences de la modernité,* Paris, L'Harmattan.
GIORDAN A. (1998), *Apprendre !* Paris, Belin.
GLASER B., STRAUSS A. (1967), *The Discovery of Grounded Theory. Strategies for Qualitative Research,* Chicago, Aldine.
GOFFMAN E. (1973), *La Mise en scène de la vie quotidienne. 2. Les relations en public,* Paris, Minuit.
GOFFMAN E. (1975), *Stigmate. Les usages sociaux des handicaps,* Paris, Minuit.

GREENWALD A. (1980), « The totalitarian ego. Fabrication and revision of personal history », *American Pshychologist,* n° 35.
GUILLE-ESCURET G. (1994), *Le Décalage humain. Le fait social dans l'évolution,* Paris, Kimé.
GURVITCH G. (1963), Préface à MEAD G.H., *L'Esprit, le soi et la société,* Paris, PUF.
HABERMAS J. [1990], *La Technique et la science comme « idéologie »,* Paris, Gallimard, coll. « Tel ».
HALIMI S. (1997), *Les Nouveaux chiens de garde,* Paris, Liber.
HEFEZ S. (2003), « Drogue ou médicament, sortir du paradoxe ? », *Cultures en mouvement,* n° 58.
HEILBRUNN B. (2001), *Le Logo,* Paris, PUF.
HEINICH N. (1999), *L'Épreuve de la grandeur. Prix littéraires et reconnaissance,* Paris, La Découverte.
HEINICH N. (2003), *Les Ambivalences de l'émancipation féminine,* Paris, Albin Michel.
HÉRAN F. (1988), « La sociabilité, une pratique culturelle », *Économie et Statistique,* n° 216.
HÉRAULT B., LAPEYRONNIE D. (1998), « Le statut et l'identité. Les conflits sociaux et la protestation collective », dans GALLAND O., LEMEL Y., *La Nouvelle société française. Trente années de mutations,* Paris, A. Colin.
HÉRITIER F. (1977), « L'identité samo », dans LÉVI-STRAUSS C. (éd.), *L'Identité,* Paris, Grasset.
HÉRITIER F. (1996), *Masculin/féminin, la pensée de la différence,* Paris, Odile Jacob.
HERVIEUX-LÉGER D. (1999), *Le Pèlerin et le Converti,* Paris, Flammarion.
HIRSCHMAN A. (1972, 1re édition 1970), *Face au déclin des entreprises et des institutions,* Paris, Les Éditions Ouvrières - Économie et Humanisme.
HIRSCHMAN A. (1980), *Les Passions et les intérêts. Justifications politiques du capitalisme avant son apogée,* Paris, PUF.
HOGG M., ABRAMS D. (1988), *Social Identifications : A Social Psychology of Intergroup relations and Group Processes,* Londres, Routledge.
HOGG M, TERRY D., WHITE K. (1995), « A Tale of Two Theories : A Critical Comparison of Identity Theory with Social Identity Theory », *Social Psychology Quarterly,* n° 58.
HOGGART R. (1970), *La Culture du pauvre. Étude sur le style de vie des classes populaires en Angleterre,* Paris, Minuit.
HONNETH A. (2000), *La Lutte pour la reconnaissance,* Paris, Cerf.

HUME D. (1968, 1re édition 1739), *Traité de la nature humaine,* Paris, Aubier-Montaigne.

JOUSSE M. (1974), *L'Anthropologie du geste,* Paris, Gallimard.

KASTERSZTEIN J. (1990), « Les stratégies identitaires des acteurs sociaux : approche dynamique des finalités » dans CAMILLERI *et al.*, *Stratégies identitaires,* Paris, PUF.

KATZ J. (1999), *How emotions work,* Chicago, University of Chicago Press.

KAUFMANN J.-C. (1985), « "S'en sortir", "pas de problèmes", "faire avec" : au cœur de la culture populaire », *Anthropologie et Sociétés,* vol.9, n° 2.

KAUFMANN J.-C. (1988a), *La Chaleur du foyer. Analyse du repli domestique,* Paris, Méridiens-Klincksieck.

KAUFMANN J.-C. (1988b), « Que serais-je sans toi ? L'individuel et le conjugal dans le processus d'identification de soi-même », *Dialogue,* n° 102.

KAUFMANN J.-C. (1989), *La Vie ordinaire. Voyage au cœur du quotidien,* Paris, Greco.

KAUFMANN J.-C. (1990), *Famille et pauvreté en Europe,* Rapport pour la Commission des communautés européennes (DGV), Bruxelles.

KAUFMANN J.-C. (1992), *La Trame conjugale. Analyse du couple par son linge,* Paris, Nathan.

KAUFMANN J.-C. (1994), « Rôles et identité : l'exemple de l'entrée en couple », *Cahiers internationaux de sociologie,* vol. XCVII.

KAUFMANN J.-C. (1995), *Corps de femmes, regards d'hommes. Sociologie des seins nus,* Paris, Nathan.

KAUFMANN J.-C. (1996), *L'Entretien compréhensif,* Paris, Nathan.

KAUFMANN J.-C. (1997), *Le Cœur à l'ouvrage. Théorie de l'action ménagère,* Paris, Nathan.

KAUFMANN J.-C. (1999), *La Femme seule et le Prince charmant. Enquête sur la vie en solo,* Paris, Nathan.

KAUFMANN J.-C. (2001), *Ego. Pour une sociologie de l'individu,* Paris, Nathan.

KAUFMANN J.-C. (2002a), *Premier matin. Comment naît une histoire d'amour,* Paris, A. Colin.

KAUFMANN J.-C. (2002b), « Secrets d'albums », introduction à *Un siècle de photos de famille,* Paris, Textuel.

KAUFMANN J.-C. (2003), « Tout dire de soi, tout montrer », *Le Débat,* n° 125.

KAUFMANN J.-C., MESSU M. (1983), *Obsolescences. Étude sur le processus de rejet de certains quartiers,* rapport pour la Direction de la Construction du Ministère de l'Urbanisme et du Logement, LARES, Université de Haute-Bretagne.

KEPEL G. (1987), *Les Banlieues de l'Islam,* Paris, Seuil.

KÖNIG R. (1972, 1re édition 1967), *Sociologie,* Paris, Flammarion.

KRAUS C. (2000), « La bicatégorisation par sexe à l'épreuve de la science », dans GARDEY D., LÖWY I. (2000), *L'Invention du naturel. Les sciences et la fabrication du féminin et du masculin,* Paris, Éditions des Archives contemporaines.

LAFARGUE J. (1998), *La Protestation collective,* Paris, Nathan.

LAHIRE B. (1998), *L'Homme pluriel. Les ressorts de l'action,* Paris, Nathan.

LAHIRE B. (2002), *Portraits sociologiques. Dispositions et variations individuelles,* Paris, Nathan.

LAING R. D. (1991, 1re édition 1961), *Soi et les autres*, Paris, Gallimard, coll. « Tel ».

LAPLANCHE J., PONTALIS J.-B. (1967), *Vocabulaire de la psychanalyse,* Paris, PUF.

LAQUEUR T. (1992), *La Fabrique du sexe. Essai sur le corps et le genre en Occident,* Paris, Gallimard.

LARANA E., JOHNSTON H., GUSFIELD J. (1995), *New Social Movements : From Ideology to Identity,* Philadelphie, Temple University Press.

LATOUR B. (1991), *Nous n'avons jamais été modernes. Essai d'anthropologie symétrique,* Paris, La Découverte.

LAZARSFELD P., JAHODA M., ZEISEL H. (1981, 1re édition 1932), *Les Chômeurs de Marienthal,* Paris, Minuit.

LE BART C., avec la collaboration de AMBROISE J.-C. (2000), *Les Fans des Beatles. Sociologie d'une passion,* Rennes, Presses Universitaires de Rennes.

LE BRETON D. (1999), *L'Adieu au corps,* Paris, Métailié.

LE BRETON D. (2002), *Conduites à risque. Des jeux de mort au jeu de vivre,* Paris, PUF.

LE BRETON D. (2003), *La Peau et la trace. Sur les blessures de soi,* Paris, Métailié.

LE COADIC R. (1998), *L'Identité bretonne,* Rennes, Presses Universitaires de Rennes et Terre de brume.

LE COADIC R. (2001a), « L'identité bretonne, situation et perspectives », dans ELEGOET F., *Bretagne, construire,* Rennes, Tud ha Bro.

LE COADIC R. (2001b), « Le fruit défendu. Force de l'identité culturelle bretonne et faiblesse de son expression politique », *Cahiers internationaux de sociologie,* vol. CXI.

LEGRAND M. (1993), *L'Approche biographique. Théorie, clinique,* Marseille/Paris, Hommes et Perspectives/Desclée de Brouwer.

LEGRAND C. (2003), « Abandon, adoption et quête des origines dans l'Irlande contemporaine », *Dialogue,* n° 161.

LEJEUNE P. (1990), *« Cher cahier... »,* Témoignages sur le journal personnel recueillis et présentés par Philippe LEJEUNE, Paris, Gallimard.

LEJEUNE P.. (1993), *Le Moi des demoiselles. Enquête sur le journal de jeune fille,* Paris, Seuil.

LEMIEUX P. (1997), « Mémoire présenté à la Commission de la Culture de l'Assemblée nationale du Québec », http://www.pierre-lemieux.org

LE RIDER J. (1990), *Modernité viennoise et crise de l'identité,* Paris, PUF.

LEROI-GOURHAN A. (1965), *Le Geste et la parole. II. La mémoire et les rythmes,* Paris, Albin Michel.

LÉVI-STRAUSS C. (1977) (éd.), *L'Identité*, Paris, Grasset.

LIPIANSKY E. M., TABOADA-LEONETTI I., VASQUEZ A. (1990), « Introduction à la problématique de l'identité », dans CAMILLERI *et al., Stratégies identitaires,* Paris, PUF.

LIPOVETSKY G. (1993), *L'Ère du vide. Essais sur l'individualisme contemporain,* Paris, Gallimard.

LOURAU R. (1988), *Le Journal de recherche,* Paris, Méridiens-Klincksieck.

MAALOUF A. (2002, 1re édition 1998), *Les Identités meurtrières,* Paris, Le Livre de Poche.

MAFFESOLI M. (1985), *L'Ombre de Dyonisos. Contribution à une sociologie de l'orgie,* Paris, Méridiens-Klincksieck.

MAFFESOLI M. (1988), *Le Temps des tribus. Le déclin de l'individualisme dans les sociétés de masse,* Paris, Méridiens-Klincksieck.

MALRIEU P. (2003), *La Construction du sens dans les dires autobiographiques,* Ramonville Saint-Agne, Erès.

MARKUS H. (1977), « Self-schemata and processing information about self », *Journal of Personality and Social Psychology,* vol.35, n° 2.

MARKUS H., NURIUS P. (1986), « Possible selves », *American Psychologist,* vol. 21, n° 9.

MARKUS H., WURF E. (1987), « The dynamic self-concept : a social psychological perspective », *Annual Review of Psychology,* n° 38.

MARKUS H., CROSS S., WURF E. (1990), « The role of the self-system in competence », dans STERNBERG R., COLLIGAN J. (eds.), *Competence considered,* New Haven, Yale University Press.

MARQUET J. (1991), *Nomination et réalité dynamiques. Contribution à la sociologie compréhensive,* Louvain-la-Neuve, Academia.

MARTUCCELLI D. (2002), *Grammaires de l'individu,* Paris, Gallimard, coll. « Folio-essais ».

MAURER S. (2001), *Les Chômeurs en action (décembre 1997-mars 1998). Mobilisation collective et ressources compensatoires,* Paris, L'Harmattan.

MCCALL G., Simmons J. (1966), *Identities and Interactions,* New York, The Free Press.

MEAD G.H. (1963, 1re édition 1934), *L'Esprit, le soi et la société,* Paris, PUF.

MERRIEN F.-X. (2002), « États-providence en devenir. Une relecture critique des recherches récentes », *Revue française de sociologie,* n° 2, vol.43.

MESSU M. (1991), *Les Assistés sociaux. Analyse identitaire d'un groupe social,* Toulouse, Privat.

MESSU M. (1997), *La Société protectrice. Le cas des banlieues sensibles,* Paris, CNRS Editions.

MESURE S. , RENAUT A. [1999], *Alter ego. Les paradoxes de l'identité démocratique,* Paris, Aubier.

MEYERSON É. (1908), *Identité et réalité,* Paris, Payot.

MEYERSON I. (1995) (1re édition 1948), *Les Fonctions psychologiques et les œuvres,* Paris, Albin Michel.

MONTBRIAL T. de (2002), *L'Action et le Système du monde,* Paris, PUF.

MONROY M. (2003), « La fragile consistance de l'"être-là" », *Le Journal des psychologues,* n° 204.

MUCCHIELLI A. (2002), *L'Identité,* Paris, PUF, 5e édition.

MUCCHIELLI L. (1998), « Clochards et sans-abri : actualité de l'oeuvre d'Alexandre Vexliard », *Revue Française de Sociologie,* n° 1, vol. XXXIX.

MUCCHIELLI L. (2001), *Violences et insécurité. Fantasmes et réalités dans le débat français,* Paris, La Découverte.

NEVEU E. (2001), *Sociologie du journalisme,* Paris, La Découverte.

NOIRIEL G. (2001), *État, nation et immigration. Vers une histoire du pouvoir,* Paris, Belin.

NOSCHIS K. (1982), « Identité et habitat », *Cahiers internationaux de sociologie,* vol. LXXII.

OAKLEY A. (1972), *Sex, Gender and Society,* Londres, Temple Smith.

OUDSHOORN N. (2000), « Au sujet des corps, des techniques et des féministes », dans GARDEY D., LOWY I., *L'Invention du naturel. Les*

sciences et la fabrication du féminin et du masculin, Paris, Éditions des Archives contemporaines.
OYSERMAN D., MARKUS H. (1990), « Possible Selves ans Delinquency », *Journal of Personality and Social Psychology,* n° 59.
PAROT F. (dir.) (1996), *Pour une psychologie historique. Écrits en hommage à Ignace Meyerson,* Paris, PUF.
PAROT F. (2002), « La chasse au naturel », *Le Nouvel Observateur,* Hors-série n° 46, *La guerre des dieux.*
PAUGAM S. (2000), *Le Salarié de la précarité,* Paris, PUF.
PERETTI-WATEL P. (2002), « Sous les étoiles, rien de nouveau ? L'horoscope dans les sociétés contemporaines » *Revue française de sociologie,* n° 1, vol. 43.
PERROT M. (1995), « Identité, égalité, différence. Le regard de l'histoire » dans EPHESIA, *La Place des femmes. Les enjeux de l'identité et de l'égalité au regard des sciences sociales,* Paris, La Découverte.
PEZEU-MASSABUAU J. (1983), *La Maison, espace social,* Paris, PUF.
PEZEU-MASSABUAU J. (2003), *Habiter. Rêve, image, projet,* Paris, L'Harmattan.
PIAGET J. (1967), *Biologie et connaissance. Essai sur les relations entre les régulations organiques et les processus cognitifs,* Paris, Gallimard.
PIAGET J. (1976), *Le Comportement, moteur de l'évolution,* Paris, Gallimard.
PIOTET F. (2003), « Hommage à Renaud Sainsaulieu », *Bulletin de l'AISLF,* n° 19.
PIZZORNO A. (1991), « Sur la rationalité du choix démocratique », dans BIRNBAUM P., LECA J., *Sur l'individualisme,* Paris, Presses de la Fondation nationale des Sciences politiques.
POITEVIN A. (1998), *Albums de photographies de familles recomposées,* mémoire de maîtrise sous la direction de François de Singly, Université Paris 5.
POLLETTA F. (1998), « Contending Stories : Narrative in Social Movements », *Qualitative Sociology,* n° 21.
POLLETTA F., JASPER M. [2001], « Collective Identity ans Social Movements », *Annual Review of Sociology,* n° 27.
POUSSON-PETIT J. (2002) (éd.), *L'Identité de la personne humaine. Etude de droit français et de droit comparé,* Bruxelles, Bruylant.
QUEIROZ J.-M. DE, ZIOTKOVSKI M. (1994), *L'Interactionnisme symbolique,* Rennes, Presses Universitaires de Rennes.
RAMBACH A., RAMBACH M. (2001), *Les Intellos précaires,* Paris, Fayard.

RAMOS E. (2002), *Rester enfant, devenir adulte. La cohabitation des étudiants chez leurs parents,* Paris, L'Harmattan.

REVILLARD A. (2000), « Les interactions sur l'Internet », *Terrains & travaux,* n° 1.

REUCHLIN M. (1989), *Les Différences individuelles dans le développement cognitif de l'enfant,* Paris, PUF.

REY O. (2003), *Itinéraire de l'égarement. Du rôle de la science dans l'absurdité contemporaine,* Paris, Seuil.

RICŒUR P. (1990), *Soi-même comme un autre,* Paris, Seuil, coll. « Points »,

RICŒUR P. (1991), *Temps et récit,* Paris, Seuil, coll. « Points »,.

ROKKAN S. (1970), *Citizens, elections, parties,* New York, Mac Kay.

ROY O. (2002), *L'Islam mondialisé,* Paris, Seuil.

RUANO-BORBALAN J.-C. (2003), « Les civilisations existent-elles toujours ? », *Sciences Humaines,* n° 143.

SAINSAULIEU R. (1977), *L'Identité au travail. Les effets culturels de l'organisation,* Paris, Presses de la Fondation nationale des Sciences politiques.

SANSOT P. (1991), *Les Gens de peu,* Paris, PUF.

SAUVAGEOT A. (1994), *Voirs et savoirs, esquisse d'une sociologie du regard,* Paris, PUF.

SCHNAPPER D. (2002), *La Démocratie providentielle. Essai sur l'égalité contemporaine,* Paris, Gallimard.

SCHÜTZ A. (1987, 1re édition 1962-66), *Le Chercheur et le quotidien,* Paris, Méridiens-Klincksieck.

SCHWARTZ O. (1990), *Le Monde privé des ouvriers. Hommes et femmes du Nord,* Paris, PUF.

SERPE R. (1987), « Stability and Change in Self : A Structural Symbolic Interactionist Explanation », *Social Psychology Qarterly,* n° 50.

SIMMEL G. (1989), *Philosophie de la modernité. La femme, la ville, l'individualisme,* Paris, Payot.

SINGER J. (1975), « Navigating the stream of consciousness : Research in daydreaming related inner experience », *American Psychologist,* n° 30.

SINGLY F. de (1996), *Le Soi, le couple et la famille,* Paris, Nathan.

SINGLY F. de (2000), *Libres ensemble. L'individualisme dans la vie commune,* Paris, Nathan.

SINGLY F. de (2003), *Les uns avec les autres. Quand l'individualisme crée du lien,* Paris, A. Colin.

SINGLY F. de, THÉLOT C. (1988), *Gens du privé, gens du public. La grande différence,* Paris, Dunod.

SNOW D. (2001), « Collective Identity and Expressive Forms », Center for the Study of democracy, Working Paper.
SOKAL A., BRICMONT J. (1997), *Impostures intellectuelles,* Paris, Odile Jacob.
SPELMAN E. (1988), *Inessential Woman,* Boston, Beacon.
STETS J., BURKE P. (2000), « Identity theory and social identity theory », *Social Psychology Qarterly,* n° 63.
STETS J., BURKE P. (2002), « A Sociological Approach to Self and Identity », dans LEARY M., TANGNEY J., *Handbook of Self and Identity,* New York, Guilford Press.
STRAUSS A. (1992a), *Miroirs et masques. Une introduction à l'interactionnisme,* Paris, Métailié.
STRAUSS A. (1992b), *La Trame de la négociation. Sociologie qualitative et interactionnisme,* Paris, L'Harmattan.
STRYKER S. (1968), « Identity Salience and Role Performance », *Journal of Marriage and the Family,* n° 4.
STRYKER S. (1980), *Symbolic Interactionism : A Social Structural Version,* Menlo Park, Benjamin Cummings.
STRYKER S. (1987), *The Interplay of Affect and Identity : exploring the relationships of social structure, social interaction, self, and emotions,* Chicago, American Sociological Association.
STRYKER S. (2000), « Identity competition : key to differential social movement involvement », dans STRYKER S., OWENS T. & WHITE R., *Identity, self, and social movements,* Minneapolis, University of Minnesota Press.
STRYKER S., SERPE R. (1994), « Identity Salience and Psychological Centrality : Equivalent, Overlapping, or Complementary Concepts ? », *Social Psychology Qarterly,* n° 57.
STRYKER S., BURKE P. (2000), « The Past, Present, and Future of an identity Theory », *Social Psychology Qarterly,* n° 63.
STRYKER S., OWENS T. & WHITE R. (2000) (éd.), *Identity, self, and social movements,* Minneapolis, University of Minnesota Press.
STUCKE T., SPORER S., (2002), « When a grandiose self-image is threatened : Narcisssim and self-concept clarity as predicators of negative emotions and aggression following ego-threat », *Journal of Personality,* vol. LXX, n° 70.
TABOADA-LEONETTI I. (1990), « Stratégies identitaires et minorités : le point de vue du sociologue », dans CAMILLERI *et al.*, *Stratégies identitaires,* Paris, PUF.
TAJFEL H. (1982), *Social Identity and Intergroup Relations,* Cambridge, Cambridge University Press.
TAP P. (1979), « Relations interpersonnelles et genèse de l'identité », *Annales,* UTM, *Homo,* n° XVIII.

TAP P. (1985), « Identité. 2. Psychologie », Paris, Encyclopaedia Universalis.

TAYLOR C. (1998), *Les Sources du moi. La formation de l'identité moderne,* Paris, Seuil.

TERRAIL J.-P. (1990), *Destins ouvriers. La fin d'une classe ?,* Paris, PUF.

TERRAIL J.-P. (1995), *La Dynamique des générations. Activité individuelle et changement social (1968/1993),* Paris, L'Harmattan.

THÉRY I. (1993), *Le Démariage. Justice et vie privée,* Paris, Odile Jacob.

THOITS P. (1992), « Identity Structures and Psychological Well-Being : Gender and Marital Status Comparisons », *Social Psychology Quarterly,* n° 55.

THOITS P., VIRSHUP L. (1997), « Me's and we's : forms and functions of social identities », dans ASHMORE R., JUSSIM L. (éds), *Self and Identity : Fundamental issues,* New York, Oxford University Press.

THOMAS W.I., ZNANIECKI F. (1998), *Le Paysan polonais en Europe et en Amérique. Récit de vie d'un migrant,* Paris, Nathan.

THUILLIER G. (1977), *Pour une histoire du quotidien au XIXe siècle en Nivernais,* Paris-La Haye, Mouton.

TISSERON S. (1996), *Le Bonheur dans l'image,* Le Plessis-Robinson, Les Empêcheurs de penser en rond.

TISSERON S. (2003), *Comment Hitchcock m'a guéri. Que cherchons-nous dans les images ?,* Paris, Albin Michel.

TOCQUEVILLE A. de (1986, 1re édition 1856), *L'Ancien Régime et la Révolution,* Paris, Laffont.

TODOROV T. (2002), « Sous le regard des autres », *Sciences Humaines,* n° 131.

TÖNNIES F. (1977, 1re édition 1887), *Communauté et société : catégories fondamentales de la sociologie pure,* Paris, Retz.

TORT P. (éd.) (1996) *Dictionnaire du darwinisme et de l'évolution,* Paris, PUF.

TOURAINE A., KHOSROKHAVAR F. (2000), *La Recherche de soi. Dialogue sur le sujet,* Paris, Fayard.

TORRES A. (2001), *Sociologia do Casamento,* Oeiras, Celta Editora.

URBAIN J.-D. (2002), *Paradis verts. Désirs de campagne et passions résidentielles,* Paris, Payot & Rivages.

VALLET L.-A. (1999), « Quarante années de mobilité sociale en France. L'évolution de la fluidité sociale à la lumière de modèles récents », *Revue française de sociologie,* vol. XL, n° 1.

VALLEUR M., MATYSIAK J.-C. (2002), *Les Addictions. Dépendances, toxicomanies : repenser la souffrance psychique,* Paris, A. Colin.

VARELA F. (1996), *Quel savoir pour l'éthique ? Action, sagesse et cognition,* Paris, La Découverte.
VARELA F., THOMPSON E., ROSCH E. (1993), *L'Inscription corporelle de l'esprit. Sciences cognitives et expérience humaine,* Paris, Seuil.
VARIKAS E. (2000), « Naturalisation de la domination et pouvoir légitime dans la théorie politique classique », dans GARDEY D., LÖWY I. (2000), *L'Invention du naturel. Les sciences et la fabrication du féminin et du masculin,* Paris, Éditions des Archives contemporaines.
VASQUEZ A. (1990), « Les mécanismes des stratégies identitaires : une perspective diachronique », dans CAMILLERI *et al.*, *Stratégies identitaires,* Paris, PUF.
VILLECHAISE-DUPONT A., ZAFFRAN J. (2001), « Résistances à l'infériorisation sociale chez les personnes en situation d'illettrisme », *Revue française de sociologie,* n°4, vol.42.
VINSONNEAU G. (1999), *Inégalités sociales et procédés identitaires,* Paris, A. Colin.
VINSONNEAU G. (2002), *L'Identité culturelle,* Paris, A. Colin.
WAGNER P.(1996), *Liberté et discipline. Les deux crises de la modernité,* Paris, Métailié.
WEBER M. (1959) (1re édition 1921), *Le Savant et le politique,* Paris, Plon.
WEBER M. (1964) (1re édition 1920), *L'Éthique protestante et l'esprit du capitalisme,* Paris, Plon.
WELZER-LANG D. (1992), *Arrête ! Tu me fais mal ! La violence domestique,* Montréal, VLB-Le jour.
WIEVIORKA M. (2001), « Avant-Propos » à ELIAS N., SCOTSON J., *Logiques de l'exclusion,* Paris, Pocket.
WOLTON D. (2003), *L'Autre mondialisation*, Paris, Flammarion.

INDEX

TABLE DES MATIÈRES

DEUXIÈME PARTIE

L'IDENTITÉ ENTRE SES CONTRAIRES

TROISIÈME PARTIE

LE SOCIAL REFORMULÉ PAR L'IDENTITÉ

Composition réalisée par NORD COMPO
Imprimé en Espagne, par LIBERDUPLEX (Barcelone)
HACHETTE LITTÉRATURES – 31, rue de Fleurus – 75006 PARIS
Collection n° 25 – Édition 02
Dépôt légal : 68524-01/06
ISBN : 201.279263.4